海外华商

历史传统、跨国网络与经济互动

林勇等 著

图书在版编目（CIP）数据

海外华商：历史传统、跨国网络与经济互动 / 林勇等著. —广州：世界图书出版广东有限公司，2019.1（2025.1重印）

ISBN 978-7-5192-5833-7

Ⅰ.①海… Ⅱ.①林… Ⅲ.①华人经济—研究 Ⅳ.①F063.6

中国版本图书馆CIP数据核字（2019）第004787号

书　　名	海外华商：历史传统、跨国网络与经济互动 HAIWAI HUASHANG: LISHI CHUANTONG、KUAGUO WANGLUO YU JINGJI HUDONG
著　　者	林　勇 等
责任编辑	程　静
装帧设计	米非米
责任技编	刘上锦
出版发行	世界图书出版广东有限公司
地　　址	广州市新港西路大江冲25号
邮　　编	510300
电　　话	020-84451969　84453623　84184026　84459579
网　　址	http://www.gdst.com.cn
邮　　箱	wpc_gdst@163.com
经　　销	各地新华书店
印　　刷	悦读天下（山东）印务有限公司
开　　本	787mm×1092mm　1/16
印　　张	14.5
字　　数	300千字
版　　次	2019年1月第1版　2025年1月第2次印刷
国际书号	ISBN 978-7-5192-5833-7
定　　价	88.00元

版权所有　侵权必究

（如有印装错误，请与出版社联系）

咨询、投稿：020-84451258　gdstchj@126.com

目 录

第一章 抗战时期华侨在国内的投资 ··001
  第一节 政府招徕与华侨投资 ··002
  第二节 西南、西北地区 ··003
    一、西南地区 ··004
    二、西北地区 ··016
  第三节 闽粤琼地区 ··024
  第四节 华东地区 ··029
    一、社会公用事业 ··029
    二、农矿业 ··032
  第五节 结语 ··035

第二章 中国和平崛起与印尼华商的跨国资本运作 ····················037
  第一节 中国崛起与印尼华商的机遇和挑战 ························038
    一、印尼土生土长华人的"再华化"（Resinicization）现象 ····041
    二、印尼华人商业扩展的有利时机和严峻挑战 ··············041
  第二节 印尼华人家庭策略与商业经营 ································043
    一、北马鲁古群岛华人商业街区的形成 ··························046
    二、"以店为家"：总体策略下的商业垄断 ······················055
    三、"多处为家"：跨界流动与商业网络的扩展 ··············060
    四、"空巢"商店：家庭结构的变迁与经营隐患 ··············064
  第三节 社会资本化实践与跨国资本运作 ····························068
    一、族群网络与社会资本化实践 ······································069
    二、非华人关系网与社会角色重塑 ··································071
  第四节 余论：印尼华商跨国实践的经验与启示 ················077

第三章 跨国主义视角下海外华商与"海丝"核心区互动研究 ····079
  第一节 相关文献综述及概念的界定 ····································080

一、相关文献综述 ………………………………………………… 080
　　二、海外华商及华商网络概念的界定 …………………………… 085
　第二节　海外华商是"海丝"核心区建设的巨大优势 ……………… 090
　　一、海外华商的发展现状 ………………………………………… 090
　　二、海外华商是"海丝"核心区建设的巨大优势 ……………… 092
　第三节　"海丝"核心区发展现状、问题和对策 …………………… 099
　　一、"海丝"核心区发展背景 …………………………………… 099
　　二、"海丝"核心区的主要优势 ………………………………… 102
　　三、"海丝"核心区的发展现状 ………………………………… 103
　　三、"海丝"核心区发展存在的问题 …………………………… 115
　　四、"海丝"核心区发展的对策 ………………………………… 118
　第四节　跨国主义视角下海外华商与"海丝"核心区互动 ………… 131
　　一、海外华商与"海丝"核心区互动现状 ……………………… 131
　　二、海外华商与"海丝"核心区互动取得的成效 ……………… 135
　　三、海外华商与"海丝"核心区互动存在的问题 ……………… 140
　　四、进一步推动海外华商与"海丝"核心区互动的对策建议 … 141

第四章　侨(外)资影响创新驱动经济增长的机制研究 ……………… 146
　第一节　侨(外)资影响创新驱动增长的现状 ……………………… 146
　　一、侨(外)资对经济增长影响的概况 ………………………… 146
　　二、侨(外)资的技术溢出效应对经济增长的作用 …………… 150
　　三、侨(外)资企业的创新活动驱动经济增长的现状 ………… 152
　第二节　FDI影响创新驱动增长的研究现状 ……………………… 155
　　一、FDI的相关理论 ……………………………………………… 155
　　二、FDI对技术创新影响的研究现状 …………………………… 157
　　三、FDI与经济增长理论 ………………………………………… 164
　第三节　侨(外)资影响资本驱动增长的机制分析 ………………… 168
　　一、问题提出 ……………………………………………………… 168
　　二、侨(外)资影响资本驱动增长的模型构建和均衡增长路径分析 … 168
　　三、侨(外)资影响资本驱动增长的实证检验 ………………… 172
　　四、结论与政策意义 ……………………………………………… 178

第四节　侨(外)资与自主创新的协同度分析
　　　　——以福建、浙江、广东为例 ················· 179
　一、引言 ················· 179
　二、自主创新与利用侨(外)资的协同机理 ················· 181
　三、模型建立 ················· 185
　四、实证分析 ················· 186
　五、结论及对策建议 ················· 190

第五节　侨(外)资对创新驱动增长影响机制的理论分析 ················· 191
　一、问题提出 ················· 191
　二、侨(外)资影响创新驱动增长的机制 ················· 192
　三、侨(外)资驱动增长的替代效应 ················· 197
　四、小结 ················· 198

第六节　侨资影响创新驱动增长的模型构建和实证检验 ················· 198
　一、问题提出 ················· 198
　二、研究设计 ················· 199
　三、实证分析 ················· 206
　四、研究结论 ················· 209

参考文献 ················· 211

第一章 抗战时期华侨在国内的投资

海外华侨是中华民族的重要组成部分。抗日战争爆发后，身居海外的游子并未因战争阻隔切断与国内的联系，相反，从人力、物力、财力等方面直接或间接地支持着祖国的抗日战争，为抗日战争的胜利做出了重要贡献。经济方面，华侨主要通过投资、捐赠、汇款的形式给予国内支援。如果说捐赠和汇款起到了"输血"作用的话，投资就是变"输血"为"造血"，带给中国抗战经济的影响更为深远。抗战爆发后，国内经济霎时停滞，不单单侨眷聚集的闽粤地区，几乎全国各省都在此时发出了欢迎华侨投资的呼声。① 目前学界关于抗战时期华侨投资国内的研究主要集中在闽粤地区，其他省份较少涉及。② 笔者通过查阅近代期刊、档案等资料，发现这一时期的华侨投资几乎遍及全国各省，从西北、西南，至东部沿海都有华侨投资的身影；投资行业包罗万象，既有农矿业，也有金融业、社会公共事业。同时，应注意到的是华侨在国内的投资选择是通过切实考察和政府宣传共同造成的，不同地区的华侨投资时间、行业均存在差异。这种差异与国内政策、地域特色等有密切关系。

---

① 如张治中：《欢迎华侨投资》，《华侨战线》1938年第1卷第5-6期；董直：《华侨投资与浙江建设》，《浙江省建设月刊》1933年第7卷第4期；庸：《欢迎南洋侨胞投资华北》，《侨声》1942年第4卷第9期；吉鸿昌：《劝告两粤同志南洋侨胞兴办西北实业文》（特载），《华侨周报》1933年第23-24期；吴铁城：《华侨对建设西南应有的认识和责任》，《西南实业通讯》1940年第1卷第6期。

② 张赛群对抗战时期华侨在国内的投资从总体上进行了概述，参见张赛群：《抗日战争期间华侨在国内投资分析》，《八桂侨刊》2008年第4期。除闽粤外，其他地区以西南研究最多，如钟铁：《论抗战时期华侨对西南后方的经济开发》，《华侨华人历史研究》1992年第4期；周龙：《抗战时期东南亚华侨在西南大后方的投资》，《贵州文史丛刊》2013年第3期。对西北地区的研究有曾瑞炎：《华侨支援抗日根据地的事迹述略》，《西南师范大学学报》（人文社会科学版）1987年第2期；钟铁：《抗战时期华侨在延安和重庆投资的比较》，《八桂侨史》1993年第4期。这两篇论文均关注的是抗战时期华侨在根据地的活动情况，并未关注到华侨在整个西北地区的投资开发情况。

第一节　政府招徕与华侨投资

抗战爆发后，国民政府提出了"抗战"与"建国"并重的口号，"不抗战则建国无从实行，不在抗战中以建国，则抗战无从进展。……抗战与建国，必要同时进行，互为关系"。①建国需要大量资金，时人提出"关于筹集资本的办法有三：华侨投资；利用外资；人民集款"。②人民集款自不必说，至于利用外资，"虽就是号称社会主义的苏俄，在它们的五年计划建设时期，亦还需欧美各国之资助"，因此吸引华侨投资成为国民政府的必然选择。③1928—1941年，国民政府、农矿部、农林部、侨委会等接连发布关于奖励华侨投资的条例，内容涉及工业、农矿业、金融业等各方面。

就国外而言，促使这一时期华侨投资国内的原因主要与世界经济危机的爆发密切相关。1929年爆发的世界经济危机给作为殖民地的东南亚造成重创。"泗水最大布商远大号俞建英之破产，共损失二十七万余盾。有一某输入商，单独受损九万余盾。陇川之远茂号损失负债亦达十三万盾。北加郎岸林庆达商号亦宣告破产，所负债项约二万盾。……综计各埠侨商所受损失，共约计七十万盾。"④至1932年底，仅南洋华侨归国者就超过二十八万人，约占南洋全体华侨十分之三。⑤不仅东南亚，美国、加拿大、墨西哥、澳大利亚、朝鲜、苏俄的华侨工商业也因不同原因受挫⑥。如何寻找新的经济增长点，摆脱经营困境，成为海外工商业界华侨亟需解决的问题，而国内熟悉的环境即成为他们的首要选择。

华侨回国投资的地域选择是政府和华侨同时面临的另一个问题。中央层面，国民政府早在1931年即制定了《实业建设程序案》，提出："对于东北、西北及

---

① 陈安仁：《华侨对于西南后方建设注意的要点》，《华侨先锋》1940年第2卷第5期。
② 陈高傭：《开发西北与华侨》，《华侨周报》1933年第23—24期。
③ 关于抗战时期国民政府侨务政策的研究可参考武菁：《抗战时期的侨务政策与华侨的历史作用》，《安徽大学学报》2006年第10期；陈国威：《1924—1945年国民党海外部与侨务工作考论》，《华侨华人历史研究》2008年第3期；任贵祥：《抗日战争时期国民政府侨委会侨务工作述评》，《史学月刊》2016年第1期。
④ 《荷属各埠华商多家破产》，《华侨半月刊》1933年第24期。
⑤ 《南洋华侨归国者逾二十万人》，《聚星》1933年第3期。
⑥ 叶绍纯：《从几种统计数目上来观察南洋华侨的苦况》，《南洋情报》1933年第1卷第3、4、5、6期；林作梅：《华侨之危厄及救济》，《新闻前锋》1931年第2卷第1期；杨世海：《加拿大第四批失业华侨被遣回国》，《南洋研究》1936年第5卷第6期。

西南之开发，应努力从事，如交通之建设，土地矿产之开辟，移民及田垦之举办，应由国民政府按照当地情形，并参酌国防之需要，拟定详密计划，限期实行。"①其后，限于国内情势动乱，计划迟迟未能有效开展。抗战爆发后，鉴于华侨积极投资国内，曾任侨务委员会委员的陈安仁发表《华侨对于西南后方建设注意的要点》一文，建议华侨将垦殖、畜牧、交通、纺织、建筑五方面作为投资国内的重点领域。②地方层面，西南、西北地区均采取积极姿态，或撰文指导投资，如宁夏、湖南、陕西等省；或派员宣慰海外，如广西、广东、福建等省。

总之，在抗战时期国民政府的积极招徕和海外华侨转移经营地点的双重因素作用下，海外华侨掀起了一场投资国内的高潮。

第二节 西南、西北地区

从地理版图来看，西南、西北分属两个不同区域，但是在抗战时期同属对日作战的大后方。③关于抗战时期华侨在西南、西北的投资，以往的研究较少。近些年随着抗战史料的出版，关于战时大后方经济的研究日益增多，有关华侨投资的情况也逐渐清晰明朗起来。④华侨在西北、西南的投资时间并不完全一致，大致来说，30年代初期集中于西北，30年代后期至40年代集中于西南。造成这一现象的原因主要与国民政府制定的战略规划有关。1930年，南京国民政府建设委员会制定《西北建设计划》，后又决定将西安定为陪都，一时间西北地区成为全国关注的焦点，"西北建设，不是一个地方问题，是整个国家的问题"。这一时期上至政府高层，下至普通学生，纷纷赴西北考察，提出了不少西北建设计划，华侨也是众多考察、开发西北团体中的一员。反观这一时期的西南，"不特割据的现象依然存在，而且苛捐杂税日益加重"，以蒋介石为首的国民党势力尚未完

---

① 浙江省中共党史学会编印《中国国民党历次会议宣言决议案汇编》（第一分册），1980年，第395页。
② 陈安仁：《华侨对于西南后方建设注意的要点》，《华侨先锋》1940年第2卷第5期。
③ 关于抗战大后方的定义、内涵、外延讨论较多。周勇将大后方分为核心、拓展、外围三个层面，并认为中共和国民党话语体系中的大后方存在差异，参见周勇：《抗日战争研究视角、方法与途径的探讨——以大后方研究为例》，《抗日战争研究》2012年第3期。
④ 近些年出版的有关大后方抗战的史料主要有中国社会科学院近代史研究所与中国第二历史档案馆合编的《抗战时期西北开发档案史料选编》《抗战时期大后方经济开发文献资料选编》等。相关学术探讨主要集中在西南地区，较少涉及西北地区。

全控制。①直至1937年国民政府迁渝,重庆成为全国的政治中心,对建设以重庆、四川为中心的西南地区开始日益重视,华侨也将投资的视线由西北转移至西南。

华侨在西北、西南地区的投资除在时间上分为前、后两个阶段外,在具体实践过程中也存在不同。根据资料整理,共有华侨8批33人次前后亲赴西北考察,但实际投资于此的人则寥寥无几;反观西南,华侨投资设立的企业遍及农工矿金融各业。

一、西南地区

(一)华侨投资西南与国民政府建设西南政策

1941年12月太平洋战争爆发,抗日战争进入后期,随着国民政府内迁,西南地区成为抗战的大后方。中国政治、军事中心的转移,带动了相关资源的转移。这一时期也成为西南地区开发建设和工业发展的重要时期。国民政府开发建设西南的措施是全面的,一方面颁布制定《工业奖励法》《工矿业赞助暂行条例》等一系列鼓励经济发展的政策措施,另一方面成立西南经济建设委员会,领导西南建设。抗战后期,由于东北、华北成为沦陷区,华侨投资也主要集中于抗战的大后方,西南地区成为这一时期华侨投资的重要区域。曾任国民党中央海外部部长的吴铁城就曾发表《华侨对建设西南应有的认识和责任》一文,指出"除大部分应由国营、省营外,其余则一律应由人民投资,尤其是鼓励华侨投资"。②"开发西南就是增加抗战的力量,故投资开发西南也就是一种救国工作。同时,因为这种工作又是生利的工作,故不特对于国家有益,并且对于侨胞自己也有益,既可增加国家的抗战力量,又可获得私人的经济利益,实是一举两得的事"。③另外,"我们希望华侨投资建设西南,还有一个特殊的理由。……换言之,即我们建设西南,必定需用许多外国机器材料等,这些器材之输入,都非靠侨胞的投资不可,故侨胞对开发西南所负的责任也特别大"。④

在政策制定方面,国民政府先后出台《华侨回国兴办实业奖励办法》《非常

---

① 潘洵:《论抗战大后方战略地位的形成与演变——兼论"抗战大后方"的内涵和外延》,《西南大学学报》(社会科学版)2012年第2期。
② 吴铁城:《华侨对建设西南应有的认识和责任》,《西南实业通讯》1940年第1卷第6期。
③ 吴铁城:《华侨对建设西南应有的认识和责任》,《西南实业通讯》1940年第1卷第6期。
④ 吴铁城:《华侨对建设西南应有的认识和责任》,《西南实业通讯》1940年第1卷第6期。非常

时期华侨投资国内经济事业奖助办法》《华侨投资国内矿冶业奖励条例》等。国民政府对于西南地区另拟定侨胞投资办法五条：（一）将各地物产及需要开发之实业由侨务委员会列表转知海外各地华侨，以资参考；（二）由侨委会转知海外各地侨胞，组织考察团回国考察，以便兴办乐于投资之事业；（三）侨胞因投资关系从事各种生产及市场调查，政府尽量予以便利；（四）侨胞投资兴办之事业，通饬各地政府切实保障其安全；（五）侨胞投资之事业，其所购进之材料除减轻税率外，并予以运输上之便利云。①西南各省也根据实际情况制定了《指导归侨垦殖暂行办法》《指导归侨垦殖滇南暂行办法》《移送港澳加侨胞入省居住暂行办法十一条》等。1940年财政部拟定下一年度工作计划，也将下一阶段侨务工作的重心放在劝谕侨胞将大宗存资转移回国，用于购买国债、存放政府银行或者投资各类生产事业。②

在机构设立方面，为吸引华侨回国投资，国民政府及侨务委员会指导成立了华侨投资委员会。1939年10月，云南省政府成立侨胞垦殖委员会，"划思晋、腾永、开蒙三区域为垦殖区域"，具体负责对愿意回滇从事垦殖事业的侨胞进行辅导工作。侨胞垦殖委员会由云南省政府按月拨给新滇币1000元作为办公经费。委员会成立不久，即与泰国侨领陈怡文、罗汉"会同办理侨胞入境，指导安置报告事宜"。③随后，又决议在川康交界的雷马屏峨区，云南思茅普洱区、打洛，广西龙州等地设立垦殖区，接济失业华侨归国。④这些垦殖区虽然由政府规划，但实际投资多来自于华侨。中国银行亦组织西南视察团，在西南各省的重要地点设立分行办事处，把大部分侨资引向西南。⑤

除此之外，侨务委员会还在西南各省发放《华侨回国调查投资表》⑥，创作《华侨总动员歌》，⑦充分调动华侨回国投资的积极性和热情。

就华侨自身而言，太平洋战争爆发后，日本进占泰国、缅甸等东南亚国家，

---

① 《政府鼓励工厂内迁，多种工业移往川省》，《大公报（香港版）》1938年11月5日。
② 《财政部拟1941年度工作计划》，中国第二历史档案馆编《中华民国史档案资料汇编》第五辑第二编财政经济（一），江苏古籍出版社，1997年，第109页。
③ 《云南侨胞垦殖委员会工作概述》，《现代华侨月刊》1940年第1卷第5期。
④ 《财政部钱币司关于五届七中全会决议鼓励华侨投资等事项与农林部等单位的来往文书》，中国第二历史档案馆藏，全宗号：三(6)，案卷号：375。
⑤ 任贵祥：《华侨对祖国抗战经济的贡献》，《近代史研究》1987年第5期。
⑥ 《重庆市政府公报》《华侨回国调查投资表》，《重庆市政府公报》1940年第12-13期。
⑦ 《云南侨胞垦殖委员会工作概述》，《现代华侨月刊》1940年第1卷第5期。

侨居此地的华侨也颇受其害，纷纷回国避难。西南地区是战时环境较为安定的地区，加之靠近泰、缅等地，一时成为华侨避难的首选之地。至1942年11月，仅疏散到广西境内的避难华侨就达11万人。① 如此"大规模之移殖，自以东北、西北为唯一地域，可是救济南洋失业侨胞以充实边疆，则以移实滇边为最合适"。② 为此行政院颁布《紧急时期护侨指导纲要》，筹设"回国侨民事业辅导委员会"，并在闽、粤、滇、桂四省设立回国侨民临时接待所及归侨指导员，用于联络当地救侨机关，办理回国侨民接待、登记、指导、救济、遣送等事宜，其中位于西南地区的有八处，分别是畹町、龙州、昆明、贵阳、南宁、柳州、岳墟、金城江。③

此外，南洋各地华侨鉴于政府积极推行抗战建国计划，而川滇两省宝藏满地，农产丰富，且地方交通及政治已有良好改进，决定向祖国投资，协助开发，如仰光之缅甸华侨与总商会组织考察团回国入川滇考察，星洲华侨商业巨子亲赴川滇实际调查，泰国侨领蚁光炎赴成都考察等。④ "积极投资国内生产事业，或移家入居西南各省，不特国家财政将因外汇而益趋安定，抑且可谋家族之安宁。"⑤

西南地区区划问题也是需要说明的一点。关于西南地区的范围，自民国以来呈现出的意见岐乱纷呈，抗战后逐渐形成以西南五省（川滇黔桂康）说为主导的看法。⑥ 翻检这一时期的报刊，虽时人口中的西南仍"是包括川、康、青、藏、陕、甘、宁、新、滇、黔、湘、桂等地而言"，但"为避免战时威胁，保障建设之安全计，西南之开发似应以广西、四川、贵州、云南等省为主要着手之处"。⑦

---

① 广西壮族自治区地方志编纂委员会：《广西通志·侨务志》，广西人民出版社，1994年，第118页。
② 李拂一：《南洋失业华侨与开发滇边》，《新亚细亚》1931年第2卷第6期。
③ 《回国侨民事业辅导委员会三十一年度工作报告》，中国第二历史档案馆编《中华民国史档案资料汇编》第五辑第二编政治（四），江苏古籍出版社，1998年，第743页。东兴、钦县两处民国时期行政上隶属广东省管辖，新中国成立后行政区划调整，划归广西管辖。
④ 《华侨纷至川滇考察》，《大公报（香港版）》1938年10月15日；《蚁光炎将赴蓉，将考察各地建设情形，返暹后鼓励侨胞投资》，《大公报（香港版）》1939年7月21日。
⑤ 《我驻暹领事馆通告——华侨家族应移居川滇黔各省同时应积极投资国内》，中国第二历史档案馆编《中华民国史档案资料汇编》第五辑第二编政治（四），江苏古籍出版社，1998年，第745页。
⑥ 关于历史上西南区域的界定可以参考方国瑜、唐泽江、谢本书、陈红民、张轲风等人的研究。方国瑜：《中国西南历史地理考释》，中华书局，1987年；唐泽江主编《论大西南战略地位及其开发》，四川省社会科学院出版社，1986年；谢本书、冯祖贻主编《西南军阀史》（第1卷），贵州人民出版社，1991年；陈红民：《胡汉民、西南政权与广东实力派（1932—1936）》，《浙江大学学报》（人文社会科学版）2007年第1期；张轲风：《民国时期西南大区域区划演进研究》，人民出版社，2012年。
⑦ 中国人民银行上海市分行金融研究室编《金城银行史料》，上海人民出版社，1983年，第684页。

下文所述西南以今四川、重庆、云南、广西、贵州、西藏南部六省市为主要区域。

(二)华侨及香港同胞投资西南概况及其特点

表1-1　抗战后期华侨及香港同胞投资西南各地情况

侨居国(地区)	发起人及其祖籍地	投资地区	投资领域	投资公司名称
加拿大、美国	黄寄生、黄远	广西	垦殖	广西露塘垦殖公司
中国香港	张任民、张兆棠、王逊志、方振武	广西	垦殖	鹊山新村
新加坡		广西	垦殖(植桐)	华侨垦殖有限公司
马来西亚	周之贞(广东)	广西	矿产	侨安公司
缅甸		云南	矿产	
新加坡	胡文虎(福建)	云南	矿产、道路	
新加坡	胡文虎(福建)	云南	垦殖、矿产、交通、金融	华侨滇边实业模范区
新加坡	胡文虎(福建)	云南		华侨实业公司
新加坡	胡文虎(福建)	四川	制糖	资中糖厂
马来西亚	王振相(福建)、王金兴、庄怡生(福建)	云南、贵州、四川	橡胶车轮	中南橡胶厂
马来西亚	王振相(福建)、王金兴	四川	矿产	
新加坡		广西	垦殖	华侨种植公司
新加坡、泰国	陈嘉庚(福建)、陈守明(广东)	广西、云南、贵州、四川	垦殖、矿产	华西垦殖公司
越南		云南	垦殖	
马来西亚、新加坡	梁桑南(广东)、黄重吉(福建)、胡文虎(福建)、林金殿(福建)	广西	矿产	中华公司
泰国		云南	垦殖	
印尼	建元公司	四川	制糖	

(续上表)

侨居国(地区)	发起人及其祖籍地	投资地区	投资领域	投资公司名称
缅甸	广东	云南	垦殖	
马来西亚	广西	广西	垦殖	
马来西亚	刘伯群(广东)	广西、云南	矿产	华侨复兴矿业有限公司
菲律宾	陈荣芳(福建)	川、滇、黔、康	农工矿	建设银公司
马来西亚	邱克静	云南	垦殖	新华垦殖公司
新加坡	邢受姬	云南	垦殖	
泰国	罗 汉	云南	垦殖	回国垦殖团
中国香港		云南、重庆、贵州	进出口贸易	华侨实业公司
	刘文辉	四川、云南、西康		大华实业公司
泰国		云南	垦殖(树胶)	
泰国		云南	道路	
越南	冯颂乾	广西	海防	
美国、中国香港	黄华庵、梅恩士、赵公浩、何河山	四川	代乳粉	
	重庆	四川	织布	
泰国	张百基		矿产、农林、工商、铁路	建国实业公司
新加坡	谢吉安	四川	炼油	
马来西亚		云南	垦殖、矿产	
新加坡	谢吉安	川康		华侨实业公司
新加坡		广西	制糖	广西糖业公司
	蒋在(作)岩	云南、广西等地		侨民福东橡胶公司
		云南	制瓷	
马来西亚		广西	矿产	中华矿业公司
美国、印尼				侨充汽车动力公司

（续上表）

侨居国（地区）	发起人及其祖籍地	投资地区	投资领域	投资公司名称
新加坡、马来西亚	南洋华侨筹赈总会陈嘉庚（福建）、侯西反、郭兆麟	四川	制药	扩充组织中国制药提炼股份有限公司
新加坡、马来西亚	连瀛洲、刘伯群、许生理、何葆仁	重庆、广西	金融	华侨联合银行
美国	谭赞	重庆	金融	中国工矿银行
菲律宾、缅甸、泰国、美国	戴愧生、曾纪华、孙雪樵、司徒美堂	重庆	金融	华侨兴业银行

资料来源：《桂李函吉隆坡华侨回国垦荒》，《华侨半月刊》1934年第47期；《星华侨将投资广西植桐》，《香港华商月刊》1935年第1卷第9期；《南洋华侨集资开发桂省矿产》，《禹贡半月刊》1936年第4卷第10期；《官商合办华侨垦殖公司》，《农业建设》1937年第1卷第5期；《华侨投资合办川省糖厂》，《中外经济情报》1937年第40期；《华侨及国内要人发起组织华西垦殖公司》，《申报》1938年11月24日；《暹罗华侨将归国垦殖，从事开发西南各地》，《大公报（重庆版）》1939年8月27日；《计划与动向》，《西南实业通讯》1940年第1卷第6期；《年来海外华侨纷纷投资经营西南实业》，《华侨先锋》1940年第2卷第8期；《侨胞回国投资垦殖》，《西南实业通讯》1940年第2卷第2期；《侨胞纷纷集资开发祖国实业》，《华侨先锋》1940年第2卷第8期；《华侨企业公司投巨资开采滇省矿产》，《湖南省银行半月刊》1941年第2卷第6期；区琮华：《劝导华侨投资几个问题》，《西南实业通讯》1941年第4卷第4期；《南洋华侨投资祖国开发西南五省矿业》，《陕行汇刊》1941年第5卷第5期；郑源深：《一年来之华侨投资开发祖国资源动态》，《现代华侨》1942年第2卷第2-3期合刊；《归国侨胞开发西南筹设建设银公司》，《大公报》(桂林版)1943年10月13日；田青青：《抗战中后期华侨对大后方银行业的投资》，《重庆交通大学学报》（社会科学版）2018年第2期。

注：金融业是华侨在西南投资的重要行业，关于这一时期华侨在西南地区投资金融业的情况，将在下文专作说明。

上表所列仅是笔者搜集到的部分情况，虽不能展现这一时期华侨投资西南的全貌，但也可从中窥见一二。

1. 开发领域以垦殖、矿产为主，遍及各行各业

抗战时期华侨在全国各地均有投资，投资领域既与政府倡导、投资者经营状况有关，也与各地实际情况相适应。广西、云南"地广人稀，荒芜原野，所在皆是"，且"五金及非金属矿产，蕴藏甚富"①，"而长江上游的水力，更能供给无穷

---

① 《云南侨胞垦殖委员会工作概述》，《现代华侨月刊》1940年第1卷第5期。

的享用",但限于此前交通不便,开发颇为不利。此前虽也有华侨调查团前往考察,但均进展缓慢。抗战后期,随着国民政府"建设西南"口号的提出,经济部采金局及西南各省政府均积极调查本省矿产蕴藏情况,并分发邮寄海外各地,以便指导华侨归国投资。①在这种情况下,西南各省的矿产资源始得到开发。滇桂二省的矿产资源以煤、锡、钨、铜等为主,均是军事工业所急需的资源。虽然这种结构不够完善,但确是当时条件下矿业经营者的正确选择。②

垦殖是华侨投资西南地区的另一重点领域。以广西为例,在这一时期来此避难的华侨中,从性别来看,男性占了相当大的比例;从年龄上来说,青壮年占了绝大多数,③为垦殖开发提供了大量的劳动力。云南地区的垦殖业开发,亦与这一时期的国际形势相关。1938年,由于暹罗政府中的亲日派上台,掀起了大规模的排华运动,旅暹华侨处境艰难,在此情形下,暹罗华侨抗敌救国后援会向侨务委员会委员长陈树人去函,希望"划定边境之任一区域为暹罗华侨回国投资垦殖区,并予以保护及种种利便"。④后又因"一旦有事,则此二百万同侨逃生无路"而呈请建筑佛昌公路。⑤中央政府经过与云南省方面的协调,最终决定在云南毗邻缅甸的地方设立侨垦区,吸收侨胞回国从事垦殖工作。

上述华侨投资领域与国民政府的设想基本一致,由此可知中央和地方政府在引导华侨投资方面做了不少切实的工作。

2. 投资者多来自东南亚,祖籍不限于西南地区

从上表可见,逾80%的华侨投资者来自东南亚地区,其中又以马来西亚、新加坡为最多,其次为泰国、缅甸等。新马地区历来为东南亚华侨聚集之地,且经济实力雄厚,因此这两个地区自然成为抗战后期华侨投资者的主要来源地。地处西南的云南、广西自古以来也有不少民众出国,主要集中在泰国、缅甸、越南等。太平洋战争爆发后,日军进占东南亚,亲日派纷纷上台,掀起了大规模的排华运动。在这种情况下,回国避难并转移财产就成为风雨飘摇中的滇桂华侨的必

---

① 《开发桂省金矿》,《湖南省银行半月刊》1941年第2卷第6期。
② 唐凌:《论抗战时期西南矿业生产布局的形成》,《玉林师专学报》(哲学社会科学版)1994年第2期。
③ 万东升利用《广西救侨工作总报告》(油印本),对抗战时期到广西避难的华侨进行了统计和分析,参见万东升:《抗战时期广西难民群体构成管窥》,《广西地方志》2010年第2期。
④ 《暹罗华侨抗战救国后援会为请设立滇边暹罗华侨垦殖区致侨委会呈批》,中国第二历史档案馆编《中华民国史档案资料汇编》第五辑第二编政治(四),江苏古籍出版社,1998年,第746-748页。
⑤ 《暹罗华侨抗战救国后援会为建筑佛昌公路以利侨胞投资等致侨委会呈批》,中国第二历史档案馆编《中华民国史档案资料汇编》第五辑第二编政治(四),江苏古籍出版社,1998年,第722-723页。

然选择。

投资者的祖籍地并不限于西南地区。闽粤作为传统侨乡出国者众多,且在这一时期涌现出如陈嘉庚、胡文虎、司徒美堂等影响力巨大的侨领。这些华侨领袖心系祖国,并未将视野局限于自己的家乡。在他们的带领下各地华侨均在国内西北、西南地区有投资。

3. 经营方式既仿照西方,又官商合办

国民政府虽鼓励外国及华侨投资的进入,"得许洋商投资或合资共同经营之",但仍对此有诸多限制,如:华股须占全部股份百分之五十一以上,华人董事须占多数,董事长及总经理等职应由华人充任之,商人合资应受中国公司法及其他法律之限制等。① 加之华侨久居海外,经营方式亦多仿照西方,实行股份制,官商合办成为这一时期华侨投资西南的主要经营方式。以华西垦殖公司、广西露塘垦殖公司为例:

华西垦殖公司系陈果夫、龙云、贺国光、陈立夫、邓锡侯、刘文辉、潘文华、钱新之、萧吉珊等发起组织,以开发华西资源、增强国力、繁荣边疆、便利战区同胞移殖及海外侨胞投资为宗旨。资本定一千万元,由经济部、四川省政府、云南省政府、中中交农四银行各担任一百万元,其余由国内殷商及海外华侨募集,总公司设于重庆,其他如昆明、成都均已成立办事处。②

陈守明、陈嘉庚、庄西言、周崧等13人与国内地方实力派龙云、刘文辉和缪云台等13人合资500万元,创办华西垦殖股份有限公司,其股本中,经济部与西南有关各省占40%,地方实力派私人方面占10%,侨资占50%,其宗旨是开发华西富源、增强国力、繁荣边疆、为战区服务,经营滇、甘、川及青海等省的农垦和工矿事业。③

(广西露塘垦殖公司)暂定之一百五十万资金,将拟采用官民合办股东制,除桂省府与诸侨胞为当然股东外,地方或省外各界人士,亦得认购股份,每股定为国币五百元,此数在国内似稍嫌过高,实则仅及美金二十七元余。在奖助诸侨胞踊跃认购之原则上言之,数额不算大,侨胞中积蓄二十七元余者不乏其人,且能广泛招募普及海外大众,但侨胞中凡不能认购者亦可加入垦殖,并无绝对之限

---

① 《行政院抄发关于政府利用外资提案及投资方式给工商部密令》,中国第二历史档案馆编《中华民国史档案资料汇编》第五辑第一编财政经济(五),江苏古籍出版社,1994年,第123页。
② 《华西垦殖公司在菲招股,侨胞认股踊跃》,《大公报(香港版)》1939年10月24日。
③ 《陈守明视察西南将投资开发实业》,《华侨先锋》1939年第1卷第9期。

制。①

（广西露塘垦殖公司）投资办法划分五种：投资港币一万元者，得地五十亩，房屋一间；投资港币六千元者，得地三十亩，房屋一间；投资港币五千元者，得地二十五亩，房屋一间；投资港币四千元者，得地二十亩，房屋一间；投资港币三千元者，得地十五亩，房屋一间。②

本（广西露塘垦殖公司）公司股本暂定为国币壹百伍拾万元，分为一万五千股，每股一百元一次招足，本公司暂委托广西银行桂林总行及各分行为代收股款机关。③

4. 开发范围集中在川滇桂

就地理形势划分而言，"西南"地区还包括湖南、广东三分之二部分。1938年初，国民政府曾拟定了《西南西北工业建设计划》，其中也规定了新的工业基地"其地域以四川、云南、贵州、湘西为主"。④但就经济建设而言，西南大后方建设的重中之重则在川、滇、黔、康四省，除接近战区的省份外，后方各省工业之增长，要以四川为最速。⑤从上表所列各投资企业的主要经营范围可以看出，滇桂二地虽投资者众多，但主要以第一产业中的垦殖、矿产为主，而对经济发展起主要促进作用的工业则集中于川渝一带。

（三）华侨在西南地区投资金融业情况

金融业是华侨在东南亚的重要领域，主要包括银行、信局等，用于沟通国外华侨与国内亲眷的经济生活。华侨在西南地区开设的银行主要服务于这一时期的华侨投资，"银行为掌握金融之机构，操持事业生死之权，当急需资本时，得其融通，便能乘机直上，进行顺利，关系之大，近人皆知"。⑥华侨投资银行业试图为海外侨胞建立金融中心，便利款项汇兑，使其资金内流，为祖国建设出力。

---

① 《国大代表黄寄生离桂时谈话：国内民气振奋充满乐观信念，深信海外侨胞必能追随奋斗》，《大公报（香港版）》1941年2月3日。
② 《旅港桂侨发起在柳州建设新村，已成立筹备处开始招股，港方由张兆棠负责办理》，《大公报（香港版）》1941年2月5日。
③ 《广西露塘垦殖股份有限公司招股启事》，《大公报（香港版）》1941年2月18日。
④ 《经济部关于〈西南西北工业建设计划〉的总说》（1938年），重庆市档案馆、重庆师范大学合编《中国战时首都档案文献·战时工业》，重庆出版社，2014年，第4—5页。
⑤ 《经济部统计处关于战时后方工业统计报告》，中国第二历史档案馆编《中华民国史档案资料汇编》第五辑第二编财政经济（六），江苏古籍出版社，1997年，第321页。
⑥ 翁善甫：《华侨回国投资应有的准备》，《华侨半月刊》1932年第4期。

1941年12月国民政府财政部公布《修正非常时期管理银行办法》，规定新设银行除县银行和华侨资金内移设立银行者外，一概不得设立。后为防止投机者假借华侨名义开设银行，国民政府又制定《华侨资金内移请设银行审核标准》，提出"华侨出资最低额须达资本总额百分之五十一以上方准设立""申请设立银行之华侨随申请设立银行注册文件一并呈送以凭审核"等条件。①

表1-2 抗战时期华侨在西南地区开设的部分金融机构

名称	额定资本	主要华侨发起人	开设地点	创办时间
华侨工业银行*	国币八百万元	戴愧生、曾纪华、周浩东、赖文清、孙雪樵	重庆	1943年
华侨实业银行		刘伯群、林文田、张珠、胡文虎、胡文豹、冯相、王振相、杨溢璘、陈永、胡万里	重庆	1943年
侨通实业银行	国币一千万元	李仰鹏、林协余、李伯航、司徒美堂、林庆年	重庆	1943年
华侨建设银行	国币五千万元	司徒美堂、陈益迪、阮本万、谭南、李圣策、蔡文玄、朱绍兴、张振帆、冯苍我	重庆	1943年
中国侨民银行*	国币一千五百万元	梁金山等	昆明	1942年
华侨联合银行	国币一千万元	连瀛洲、许生理、何葆仁、林庆年、黄树芬、李文珍、许文顶	重庆	1943年
南洋华侨银行	国币五千万元	王振宇、赵如九、李镜天、董仲文、邓永汉、杨茂东、刘经武、尹耀华、邝金保、陈宗珍、梁邕耘、宗久安、董辅臣、李种德、王昭、李日泳、杜科章、金当渔、张相诚、曹汉臣、杨绍山、尹振华、张自省	昆明	1944年
中国工矿银行		谭赞	重庆	1942年

① 《财政部关于华侨实业银行注册事宜的有关文书（附股东会议录、章程等）》，中国第二历史档案馆藏，全宗号：三(6)，案卷号：1020。

※华侨工业银行后改名为华侨兴业银行,中国侨民银行后改名为中国侨民商业银行。

资料来源:《华侨兴业银行请准注册等事项与财政部等单位的来往文件》《财政部关于华侨实业银行注册事宜的有关文书(附股东会议录、章程等)》《财政部关于侨通实业银行注册事宜的有关文书》《财政部关于华侨建设银行注册事宜的文书(附章程)》《中国侨民银行请准注册等事项与财政部等单位的来往文件》《财政部派员检查华侨联合银行业务情况报告及有关文书》《南洋华侨银行核备注册事项卷》《中国第一产物保险公司核备注册、增资及改名为中国侨民产物保险公司等事项案》《王泉笙呈请创立南侨信托股份有限公司案》,以上均来源于中国第二历史档案馆藏;《华侨投资设立银行》,《华侨先锋》1943年第5卷第1期。

从上表可以看出,华侨在西南地区开设银行的时间大多集中在抗战后期1942—1944年,总行多设在重庆,这与国民政府迁渝密切相关。此外,由于华侨开设的银行多为股份制,认股资本动辄百千万,非富商巨贾、权威人物难以号召及承担,因此各银行发起人之间多有重叠,且多为享誉海外的侨界领袖。除总行外,各银行还在国内外重要商埠设立分支行及办事处,其设立的依据与各地经济及时局变化有关,西北以西安、兰州为主,西南以成都、昆明、腾冲为主。[1]

除上表所列各银行外,这一时期在西南地区(主要是以重庆为中心)还成立了中国侨民产物保险公司、南侨信托股份有限公司等其他金融机构。

(四)华侨投资西南的作用与局限

抗战后期的华侨投资促进了这一地区工业发展和合理布局。以四川为例,战前工厂不过有电力厂1家、水泥厂1家、面粉厂5家、纸厂1家、机器厂11家;抗战初期,后方约有600家工厂开工;至抗战后期,开工工厂数猛增至近3000家。[2] 就产业结构而言,国民政府主导的工厂内迁及新建工业均以重工业为主,厂数总计约占工厂总数的35%,资本约占整个工业的50%。[3]华侨重点投资的垦殖、矿产、金融等行业有力地补充了公营工业在这些方面的不足。根据经济部关于后方经济的调查统计,后方之基本工业及重工业均已在公营势力范围之内,而民营占优势之工业则均属于轻工业之范畴。[4]

---

[1] 抗战时期的侨资银行组织体系完备,经营方式灵活多变,关于这部分内容另作专文说明。

[2] 杨桂和:《战时工业管窥》,唐润明主编《抗战时期大后方经济开发文献资料选编》,重庆出版社,2012年,第518页。

[3] 杨桂和:《战时工业管窥》,唐润明主编《抗战时期大后方经济开发文献资料选编》,重庆出版社,2012年,第518页。

[4] 《经济部统计处关于战时后方工业统计报告》,中国第二历史档案馆编《中华民国史档案资料汇编》第五辑第二编财政经济(六),江苏古籍出版社,1997年,第325页。

表1-3 四川战时工业之公营民营百分比/%

类别	厂数			资本数/元			动力设备	
	合计	公营	民营	合计	公营	民营	公营	民营
总计	100.00	9.43	90.57	100.00	62.95	37.05	28.21	71.79
冶炼工业	100.00	27.27	72.73	100.00	86.97	13.03	86.80	13.20
饮食品工业	100.00	3.07	96.96	100.00	14.03	85.97	29.63	70.37

资料来源：四川省档案局编《抗战时期的四川：档案史料汇编》(下)，重庆出版社，2014年，第1372页。

虽然华侨对西南的投资轰轰烈烈，但效果与之并不相称。对于这一时期华侨投资无成绩的原因，时人归结于"侨胞'对于真实投资充实抗战后方之念未切，而于忍劳耐苦复兴国家之志未坚'，而认为'若真有意愿来内地投资，应抱艰苦卓绝之精神，切实与当地有关机关连络商洽'"。[①] 不可否认，时局不稳、交通不便、海内外沟通不畅的确是造成华侨投资事倍功半的原因之一。[②] "实在说起来，侨胞对于回国投资开发生产事业，并不是不热心的，近年来侨胞回国来来去去，至今一无所成，其原因，在主观方面，一来是侨胞对内地情形不无多少隔膜，二来在人事上也不无若干问题，最显著的一点，即如滇建厅张厅长也说省府和侨胞之间彼此情意不能畅通，以致'省府自省府，侨胞自侨胞'。"[③]

除此之外，政府缺乏全面整体的规划和切实有效的措施也是造成华侨投资收效欠佳的原因。以云南为例，抗战两年多来，"比较有计划的大规模的采冶垦殖的开发事业，除了就原有的规模最近由官商加股加以扩充者（如昆华煤业铁业两公司等）之外，实在再举不出来。现在所能说的还只是公私方面的若干计划各拟议而已"。再"譬如过去划滇南数县为旅暹侨胞移资垦殖之所，而那些地方实际交通阻塞，荒芜不治，结果侨胞虽往，又格于实际困难而复离去。故此后接受侨资，必须以主要事业及稳妥条件为基础"。至于产业布局方面，政府的先期引导作用体现得更为充分：

譬如在西南某地设立纺织厂，先须研究当地是否急切需要，是否已具可以实

---

① 李昌庆：《冲破开发的困难》，《大公报（香港版）》1939年12月28日。
② 陈安仁：《华侨对于西南后方建设注意的要点》，《华侨先锋》1940年第2卷第5期。
③ 李昌庆：《冲破开发的困难》，《大公报（香港版）》1939年12月28日。

现之条件，有何困难之点，当地对于外来投资是否可以合作等等，以及地方环境、治安、水电设备、交通原料、人工、金融营运等等，须先有相当之调查与计划，以供有志从事工业建设者之参考。在目下交通困难，大量机件未能运入内地之前，不妨从小范围之轻工业，或就地改良之小工艺手工业入手，比较轻而易举，容易见效，且鼓吹各地相率举办，促进省际贸易，亦能普遍进行。①

二、西北地区

（一）开发西北计划与华侨投资意愿的转移

"九一八事变"后，国内兴起了一股"开发西北"的热潮，国民政府要员蒋介石、戴季陶、宋子文、张人杰等均先后前往西北考察，并提出了一系列开发西北经济的计划。②与此同时，许多民间团体和个人积极参与其中，赴西北的各类考察人员络绎不绝，上至政府官员下到普通百姓皆对西北产生浓厚的兴趣，全社会上下掀起了一场轰轰烈烈的开发西北运动。此次开发、建设西北的热潮几乎席卷全国，不仅国内不少实业家、舆论界人士、学者、学生等纷纷赴西北考察，身处海外的华侨亦积极投身于这次活动之中，或组织团体，或派代表赴西北考察、开发。

国民政府对西北的开发大致以1937年"卢沟桥事变"为界限，前期虽对西北进行过简短考察，但具体的开发计划尚未明确，加之政府内迁后提出了"西南是抗战的根据地，西北是建国的根据地"的口号，西南地区的地位明显重于西北地区。抗战全面爆发后，西南边境成了抗日的最前线，"无论从哪一方面去估计西北，西北在今天实不容再忽视了。它的资源开发，它的国际运输，它的拓殖增产和它的文化再发扬，都足以补足抗战根据地西南的不足"。③这一时期报纸上有关华侨开发西北主张的报道比比皆是，④不仅舆论鼓励华侨回国开发西北，行政院、陕西省建设厅、宁夏省主席吉鸿昌也纷纷撰文，鼓励华侨回国考察西北。

---

① 潘文安：《华侨投资与国货工业》，《大公报（香港版）》1940年11月24日。
② 朱德莉：《国民政府要员的西北经济开发主张及启示意义》，《党史文苑》2015年第6期。
③ 徐旭：《西北建设论》，中华书局，1944年，第21页。
④ 如黄吉宸：《开发西北与抗日救国：上月在侨务委员会纪念周演讲》，《华侨半月刊》1932年第1期；陈树人：《西北与华侨》，《西北问题研究会会刊》1934年第1卷第1期；何挺杰：《欢迎侨胞向西北投资去》，《海外月刊》1934年第16期；韶倦：《怎样去奖励华侨投资》，《西北春秋》1934年第17期；《张继希望归侨投资西北》，《华侨半月刊》1935年第68—69期。

"陕省据黄河之上游，扼西北之要冲，山脉纵横，地多未发之实，风俗淳朴"，"查陕西土厚山高，蕴藏至富，若延长之石油，若镇安之铜铁，若神木之番堉，若镇坪之石棉，若商县之笔铅，若横山之石板，若韩鄜澄白同官永寿之煤炭，皆历经中外人士之探访调查，认为含量最富而最有希望者也"。① 宁夏省主席吉鸿昌列铁路、水利、特产（盐、碱、皮毛、甘草）、烟煤四项为华侨投资产业的指导，并宣扬"宁夏省既为入西北之门户，而门户之内，有如此雄厚之蕴藏，可资吾人企业之经营"。②

华侨开发西北也有移民垦殖的考虑，这一时期"因世界经济恐慌，而产生之华侨失业问题，日形严重，在本年内，记载华侨失业归国消息，几每一艘轮船由英法荷属来港都有志及"。③ 与国内政治家、舆论界不同的是，华侨将移民的群体由国内扩展至国外，即在世界经济危机中受到冲击而失业的海外华侨，提议"政府苟筹集巨资，以助侨胞归国，然后移往西北工作"。④ 对此，行政院也将"开发西北，收容失业华侨"作为国内救济失业华侨的办法之一。⑤ 另外，"华侨虽然离去国内，但其在各国居留地中，仍继续从事于农垦者实在不少，试观安南、暹罗各地，华侨从事于农殖方面者常占全侨总额百分之二十强，且能在当地农业上占有优厚的势力"。⑥

(二) 华侨西北实业考察

关于这一时期华侨赴西北的考察情况大多见诸于报端，根据笔者统计有30多人次，以考察西北投资环境、经济基础、资源分布等为重点。

1. 林义顺考察西北

亲赴西北考察的侨领当属林义顺。1931年，林义顺因足疾从新加坡到上海治疗，适逢"国难会议"在洛阳举行，被聘为"国难会议会员"，会后被邀与张继、

---

① 《陕西建设厅欢迎国内及华侨实业家来陕投资兴办各项实业启》，《安徽建设公报》1931年第9期。
② 吉鸿昌：《劝告两粤同志南洋侨胞兴办西北实业文》(特载)，《华侨周报》1933年第23-24期。
③ 《本年内南洋各属华侨归国统计》，《华侨周报》1932年第4期。
④ 林鸿滨：《国民政府应如何救济南洋华侨》，《华侨周报》1932年第4期。移民垦殖西北并不仅是针对归国失业华侨的，而是国民政府开发西北的措施之一，上海、湖南等地也都鼓励民众赴西北开垦。《西北移垦团决定扩大范围》《湘省移民之种种》，《农业周报》1931年第72期。
⑤ 萧吉珊：《行政院通过救济失业华侨办法》，《时事月报》1933年第9卷第4期。
⑥ 蒋展民：《从侨垦计划说到利用侨资与复兴农村》，《侨务月报》1935年第2卷第2-3期。

居正等国民政府要员一同赴西北考察建设"陪都"①及开辟西北事宜。此次考察由陈立夫、褚民谊带队，1932年3月10日一行人从郑州搭平汉快车北上，过石家庄转往太原，分两批于12日和14日下午先后抵达潼关、临潼，4月16日在西安民乐园开欢迎大会，张继、褚民谊、林义顺分别发表演讲。②随后林义顺又分别与阎锡山、赵戴文、傅作义等人会面，洽商西北之事。考察历时六个月，至年底林义顺才返回北平，后又赴南京，与张溥泉、刘守中等会商开发西北进行办法，并于次年1月11日下午至中国广播电台讲演开发西北富源问题。

林义顺关于西北开发的建议大致可以分为三个部分。第一部分是国人要有开发西北的信心和决心。记者曾在采访林君时问道："以目前国家与人民如此贫乏，恐不易于进行耳。"林义顺则认为"无钱亦可进行，若待国家与人民均已富裕，开辟西北，则恐终无开辟之一日矣"。他以自己的好友孙中山为例谈道："孙总理之从事革命，其初虽无钱复无兵又无一军舰，而革命卒得成功，此何故耶。盖三民主义即其资本耳，吾人今言开辟西北，虽云无钱，而土地（矿产）与人工，即为吾国之资本。若能善为利用外国资本及科学，则开辟西北不难进行也。"③第二部分是成立具体的组织机构。林义顺建议"成立一开辟西北委员会于南京，而设一办事机关于上海，并附设一陈列于上海办事机关之内"。至于委员会的人员组成，则"应以西北各省之建设厅及实业厅之厅长为当然委员，而由中央更委派人数参加组织之，凡委员有所决议，须经实业部及内政部批准，始得实行"。④第三部分是开发西北的具体举措。林义顺主张"开辟西北应以修筑公路及广植森林为首要"。至于筑路，他大胆地提出"可利用本地之犯人为之"，这样一方面可以节省犯人坐吃耗费，一方面可减轻犯人的铁窗痛苦。如犯人不够，还可招募当地军人及居民。如此为之，"则十年以后西北之交通可不患阻滞矣"。而"植广森林，亦关重要"，"十年二十年之后，西北当可不致再有旱灾之发生及今日缺材缺水之现象"。

此外，林义顺还从实业家的角度对开发西北过程当中的一些操作细节进行了

---

① 此处的陪都指的是西安，1932年3月5日举行的国民党四届二中全会决议以西安为西京，并成立西京筹备委员会。
② 《十一中委连袂抵平》《张继等昨抵西安，办理陪都筹备事宜》《陕军政界欢迎张继，张报告到陕筹备陪都计划》，《大公报（天津版）》1932年3月12日、4月15日、4月17日。
③ 《华侨林义顺谈开发西北富源》，《华侨周报》1932年第19期。
④ 《华侨林义顺谈开发西北富源》，《华侨周报》1932年第19期。

论述，认为"开辟西北各种事业，均可与外人合股经业，惟董事人数须相等，董事长须属于中国人"，发行的股票亦分为两种，"一种为白纸，一种为红纸，白纸者属于外人，红纸者属于中国人，红纸与白纸之股息虽相等，但红纸之股权则大于白纸者，是则虽系合股经营，主权仍属于我"。"至于开辟西北实业，应分为甲乙两种进行。其大规模者属于甲种，小规模者属于乙种。甲种者，规定由中外合办（倭寇及苏俄除外），而由开辟西北委员会其管理其事；乙种者，则由国人自办。"①

最后，林义顺以美洲为例，谈及"华盛顿革命以前，一片荒芜，人烟稀少，较之我国现在之西北，殆尤过之，后经续渐加以开辟，……至今遂成为世界第一繁华之所在。今吾国西北各省，人民如是之多，人工如是之贱，苟亦能实地作去，积极加以开辟，他日何患不能如今日美洲之繁盛"。

2. 西北视察团

1934年国民党海外代表为参加原定的五全大会陆续抵达南京。因国民党党内斗争，会议突然宣布延期，已先期抵达的海外代表遂决定前往西北及各地考察。②此次考察团共计15人，分别为德国康士品，法国丘正欧，暹罗梁士俊、陈寄虚、李显庭、温爕南，缅甸黄壬成，印度张国基，英属北婆罗洲伍朝海，英属雪兰莪朱普元，安南郭恨刼，古巴黄魂醒、陈孟瑜、何麟溪（夫妻）③。考察团此行主要前往青海、甘肃、宁夏、陕西一带，调查垦殖、牧畜及矿产各方面的情况。临行之前，此次西北考察的发起人陈寄虚曾言及考察的缘由在于"吾国号称'地大物博'，然苟舍边疆各地而言本部，实无当于此'地大物博'四字也。今东四省已失，内外蒙事实上亦非我有。新疆青海康藏，或则为独立之状，或则为外人之势力圈"。④同时，"海外侨商，皆知爱国，年来受世界经济恐慌之影响，外力之压迫，正苦投资无所，若得归国投资，宁非甚愿？侨工方面，亦遭同样之困厄，正苦于失业流离，果能向内开发，亦所求之不得"。⑤因此，华侨投资开发西北"既可拯救无数痛苦之侨胞，亦可增加国家之富源"。

---

① 《华侨林义顺谈开发西北富源》，《华侨周报》1932年第19期。
② 参加五全大会的海外代表共计60余名，除组织前往西北考察外，另有代表组团前去湖南、湖北、安徽等地考察，参见《海外代表参观国货工厂》，《国货运动报》1934年第44期；《海外代表赴湘》，《大公报（天津版）》1934年12月17日；《海外代表团昨晨离湘赴汉》，《大公报（天津版）》1934年12月20日。
③ 《陕西省建设厅训令》，《陕西建设公报》1933年第10期。
④ 《送海外代表考察西北》，《华侨半月刊》1933年第29期。
⑤ 《送海外代表考察西北》，《华侨半月刊》1933年第29期。

行政院对于这批考察团极为重视,训令"交铁两部转饬沿途国营舟车免费,并令沿途各机关照料,且由中央发给各代表每日津贴食宿费三元"。①至于考察的其他经费,共计一万五千四百元,均由中央统一拨付。同时,还派出罗光海、曾剑鸣二人沿途照料。②考察路线原定为由津浦路经华北战区至西北,由平汉经豫鄂赣匪区返京,并拟于西北考察告竣后赴四川西康一行。③8月28日上午十时考察团由京经津浦、龙海、平汉,北上至北平,30日赴张北游览,9月5日抵西安,邵力子在省府设欢迎宴,由省指委张志俊等作陪。在陕西停留约十天后转绥远,沿平绥路赴张垣、大同、绥远、包头等地,原意乘绥新汽车道入新疆,后因交通关系于10月初由包头过北平,21日即返回南京。④古巴代表陈孟瑜将漫游西北的所见所闻以连载的形式发表在《华侨半月刊》上,并编成《西北考察日记》一书,由中央宣传委员会出版分赠海外华侨。⑤

从陈孟瑜发表在《华侨半月刊》上的报道来看,由于考察团员皆为参加五全大会的海外代表,西北各地政、商、社会界人士均十分重视,与之座谈不断,而深入实地的考察并不多。

3. 赵昱携全家考察西北

在所有考察西北的华侨中,赵昱的经历颇为引人注目,从当时的报纸以《华侨赵昱变产开发西北实业》为题进行报道,足可见其考察西北的决心。赵昱为粤籍旅美华侨,同盟会元老,曾与宋子文同时留学美国,追随孙中山从事革命事业达数十年,寄迹南洋群岛、菲律宾群岛及澳大利亚等地多年。"九一八事变"后,"鉴于国难日急,为唤醒国人注重实业起见",加上旅美侨胞的推派,赵昱回国将其位于上海的私产尽行变卖,率同家眷十口,不避艰险到西北各省作实地工作,经河北、察哈尔、绥远、山西、宁夏、甘肃、青海、陕西、河南等省,时间也从1934年一直延续至1943年前后。

赵昱的考察路线大致"先至绥远探矿,由宁夏转兰(州)来青(海),前往亹

---

① 《海外代表赴西北考察》,《海外月刊》1933年第13期。
② 《海外代表考察西北》,《申报》1933年8月28日。
③ 体仁:《海外代表将赴西北考察》,《侨务月报》1935年第2卷第4期。
④ 《西北情报》,《西北春秋》1934年第17期;《五全会海外代表考察团已抵西安》,《华侨半月刊》1933年第31期;《三批海外代表抵张垣》,《申报》1934年12月30日;《五全会海外代表团离陕赴平》,《申报》1933年9月29日;《五全大会海外代表到陕考察》,《申报》1933年9月7日。
⑤ 陈孟瑜:《西北考察旅途杂记》,《华侨半月刊》1933年第31、32期;《海外代表分别出国》,《申报》1935年2月14日。

源、八宝、转风窑一带探采金矿",后又"转往贵德、同德,由同德再溯河而上至星宿海一带探采,此期工作完成,再赴金沙江上游之通天河沿岸探查",并打算将来再行前往新疆。① 由于赵氏对矿产及畜牧均有深刻研究,因此其考察的重点也在农业及矿产方面,"尤其对于金矿,如有发现可以开采时,即拟投资,其次为牧畜,因甘青等省系属高原地带,颇宜于牧畜,倘能将牛羊种加以改良,其生产率必大"。② 对于赵昱的此次考察活动,《申报》《华侨先锋》《开发西北》《蒙文周报》《边疆》等均有所报道。③

赵昱还利用自己的政治地位与阎锡山关于开发西北有过详细探讨。而在绥远考察完毕后,赵昱也"呈请绥远省政府,请依照中央颁布之华侨回国兴办实业奖励法,指定绥远地方单行奖励办法,以利侨胞投资"。④

除了亲自参与西北考察外,赵昱还电邀其他有志于开发西北的华侨实业家参与进来。南洋华侨实业家甄建文就曾受其邀请,"组织边疆实业考察团赴绥、包等地考察,并在绥远城南八十余里之太水营子地方觅得良田八百余顷,计划筹办农林场及牧畜场"。⑤ 同时,赵昱还将自己在西北各地的考察情况分类撰写,"投寄海外各报纸发表,以唤起华侨投资之兴趣"。

4. 其他考察团体及个人

在当时无数考察西北的华侨团体及个人中,林鹏侠是为数不多的女性之一,并以独行考察西北而闻名海内外。林鹏侠祖籍福建莆田,少年时期曾求学于天津、上海等地,并赴美、英等国留学学习军事航空,时称"我国唯一女飞行家"。"一·二八"事件后,林鹏侠奉母命回国,"服务战地"。后在偶遇自西北归来的女教士及母亲的鼓励下,决意赴西北考察,"以开发西北,为侨胞辟新生路以济其穷"。临行前,父母资助路费一千六百金,并勉励其"努力前进,勿坠志"。1932年11月24日林鹏侠从上海出发,抵南京,再由平浦线至徐州,换陇海线抵

---

① 《华侨赵昱变产开发西北实业》,《边疆》1937年第2卷第11期。
② 《旅美侨胞赴西北实地考》,《开发西北》1935年第4卷第1-2期。
③ 《高桂滋离并赴汾阳》,《申报》1934年12月17日;《归侨筹组西北考察团》,《华侨先锋》1943年第5卷第1期;《旅美侨胞赴西北实地考》,《开发西北》1935年第4卷第1-2期;《华侨赵昱考察归来谈:白灵庙东北矿产丰富》,《蒙文周报》1934年第59期;《探矿专家赵昱抵拉加寺》,《边疆》1937年第3卷第1-2期。
④ 《归侨筹组西北考察团》,《华侨先锋》1943年第5卷第1期。
⑤ 《归侨筹组西北考察团》,《华侨先锋》1943年第5卷第1期。

潼关，30日到达西安，开始对陕、甘、宁、青开展考察活动。①考察活动历时半年，林鹏侠将自己沿途的所见所闻以日记的形式写成《西北行》。根据日记记载，此次考察路线可分为5段，乘坐的交通工具包括火车、汽车、骡车、马、皮筏，途中"四肢酸软，几难举足，乃紧扣牙关，奋力踏雪，出众前以进。寒风拥雪，扑面如剑刺，步步喘咳"，②其路途之艰辛可见一斑。关于此次考察的情况，她在《西北行》中有详细的描述。从中可以看出，林鹏侠虽注意收集有关西北各方面的资料，但在民族、妇女、宗教、教育等方面笔墨较重，是其关心的重点，这与其女性身份、宗教信仰有关。而对于华侨如何投资、开发西北，她虽在书中专门辟有"敬告海外侨胞"一节，但未提出具体的措施和办法。其后，林鹏侠还曾于1933年底赴新疆考察，③但关于此行的报道极少，对于此次考察的情况我们无从得知。

1931年，长江通讯社西北考察团主任记者罗靖带八人考察西北，华侨罗正刚一同随行。④长江通讯社为国民党的情报机关，除组织西北考察团外，还组织过华北考察团等。除了长江通讯社的身份外，考察团员还是由罗靖、蒋继中等发起组织的开发西北同志会会员。⑤此次考察的行踪极为神秘，除《长江通讯社西北考察团史料两件》外，当时的报刊上没有任何关于考察活动的报道。从罗靖等向国民政府行政院呈送的报告可知，此次考察是为开发西北实业做准备，考察的重点集中在垦牧、石油、毛呢、纺织、煤铁五个方面。报告还详细阐述了开发西北的理由、策略、步骤等，并提出引进侨资等措施。

跟随其他团体到西北考察的华侨亦有白晓农。他"幼侨南洋，服务陈嘉庚制帽厂"，⑥1934年跟随国货西北流动展览团至西北宣传国货，⑦并考察陕西、甘肃、

---

① 林鹏侠：《为开发西北敬告海外侨胞》，《美术生活》1935年第5期；《林鹏侠深入青海》，《女声（上海）》1933年第1卷第12期；《女飞行家林鹏侠抵兰》《西北问题》1933年第1卷第3期；《林鹏侠从西北来的信》，《大亚画报》1933年第357期。
② 林鹏侠著，王福成点校《西北行》，甘肃人民出版社，2002年，第133页。
③ 《女飞行家林鹏侠明日赴新疆考察西北国防状况及回汉纠纷》，《申报》1933年11月5日。
④ 关于此次考察的时间，现有的研究均按其提交给实业部的呈文时间认定为1932年，但是根据《申报》关于开发西北同志会的报道，此次考察的时间应为1931年。参见《开发西北同志会昨在沪举行年会》，《申报》1932年11月7日。
⑤ 开发西北同志会于1929年在汉口成立，发起人为长江通讯社罗靖、蒋继中等人。
⑥ 《亡友白晓农君遗像》，《新医药刊》1935年第33期。
⑦ 关于国货西北流动展览团的活动情况参见马敏、洪振强：《民国时期国货展览会研究：1910—1930》，《华中师范大学学报》（人文社会科学版）2009年第4期。

宁夏三省，更由宁夏到达绥远，将由绥远到察哈尔，完成考察工作。"根据绥报所载白君谈话，此行采得各种原料甚多，一俟整理化验后，即寄往海外向各华侨报告，以便研讨投资办法。"①除白晓农外，还有部分东南亚华侨企业加入了此次国货展览团，各厂家皆派经理货物人员，每厂三四人不等。②据此来看，此次展览团中应该还有部分东南亚华侨的身影。

1934年，《时事月报》报道"南洋华侨陈振奎等五人，近以中央力谋开发西北，奖励投资，决回国兴办实业，现已筹集巨款一百三十万元，特先推派陈振奎回国接洽，并将赴平津及西北一带考察，据陈氏云，彼等拟赴新疆致力于开矿及交通事实云"。③但此后并未再见有关报道，此次考察最终是否成行未知。

1937年，越南华侨郭流尧、澳大利亚华侨叶某来到张垣，调查察省收畜皮毛矿产情形及兴业投资手续。此次考察活动仅见于《西北导报》报道，据称"郭君等均为华侨巨商，富有资财，对于兴办商业，颇具热心，尤注意于边地实业情形，此次来张调查，即为准备回越集资，从事开发云"。④

1942年10月5日，中央海外部海外工作检讨会开幕，会议通过了组织侨领西北考察团的决议，并言明此次考察的目的在于"就近投资兴办实业，加强抗战力量案"。考察范围"暂定为川、陕、甘、青、宁、新疆等省，由侨领十人以上组成，并请中央派遣专门人才同行"。⑤准备工作进展极为缓慢，至1943年6月才再次召开筹备会议，"决定由陈庆云、黄铁铃、何葆仁等七人为筹备委员，团员人数暂定十五名，并由侨领中推选马来西亚归侨五人、缅甸四人、越南二人及美洲、菲律宾、印度、泰国各一人组成，经费由该部转谓中央拨发。考察范围暂定为兰州、迪化、西安及沿途各大要镇"。⑥此后的考察活动未见记载。

（三）华侨开发西北的实践与困境

华侨考察西北的热潮大多集中在"九一八事变"后的十年内，其开发西北的实践也大致循此踪迹。

---

① 韶倩：《华侨与开发西北》，《西北春秋》1934年第16期。
② 具体参展厂商名单参见《西北流动展览团之出发》，《中行生活》1934年第28期；《国货西北流动展览团之消息》，《西北问题季刊》1934年第1卷第1期。
③ 萧吉珊：《华侨陈振奎拟住西北办实业》，《时事月报》1934年第10卷第6期。
④ 《半月来之西北简讯：察哈尔》，《西北导报》1937年第3卷第3期。
⑤ 《侨领将考察西北，海外工作检讨会议闭幕》，《大公报(重庆版)》1942年10月10日。
⑥ 《海外部检讨会议圆满闭幕，曾讨论侨教问题并组西北考察团》，《大公报(重庆版)》1943年6月5日。

作为东南亚侨领的胡文虎热衷公益事业，虽未亲自赴西北考察，但曾在陕西、察哈尔、甘肃捐资建校各十所，每所国币三千五百元，并捐助陕省产科医院一万元。①

华北实业股份有限公司成立于天津，"由回国华侨所组织"，总经理全景琮，"该公司是以集资兴办实业，开发富源，其经营目的，系以提倡农垦改良畜牧为宗旨"。②虽然未从报纸上查得有关该公司考察西北的报道，但根据"铁道部对于该公司之转运驼毛、羊毛等，特分饬平绥北宁两路，令按照四等最低价格收费，以示奖励云"可知，公司的主要经营地域在西北地区，营运模式是将西北地区特产通过陆路转运至天津。

至于金融业方面，抗战时期成立的侨资银行大多在西北设有分行或办事处，如华侨兴业银行在西安、兰州、南郑成立分支行，在平凉、武威设立办事处。③此外，这一时期成立的侨资银行华侨建设银行、侨通实业银行、华侨联合银行、南洋华侨银行、中国侨民银行等也多在西北设有分支行或办事处。

从上文所述的华侨考察西北和开发西北的情况可以明显地看出，虽然华侨考察西北的活动开展得轰轰烈烈，但实际投身于开发的华侨公司及个人少之又少，且设立的侨资公司大多集中分布在西安、兰州等西北经济重镇。

第三节 闽粤琼地区

侨乡是飘零海外的华侨魂牵梦绕的故乡，也是华侨积极投身实践的场所。以往对于侨乡的研究多集中在侨汇（侨批）、移民历史、人物等，④近些年一些新的

---

① 《察省增设小学，胡文虎氏捐资兴建》，《大公报（天津版）》1937年7月16日；《胡文虎计划兴建，民众学校一千所》，《大公报（上海版）》1937年5月1日；《胡文虎返国助建各地医学卫生事业》，《中华医学杂志（上海）》1934年第20卷第12期。

② 《华侨集资开发西北富源》，《畜牧兽医季刊》1935年第1卷第3期；《华北公司欢迎华侨实业代表之盛况》，《大公报（天津版）》1924年9月19日。

③ 《华侨兴业银行请准注册等事项与财政部等单位的来往文件》，中国第二历史档案馆藏，全宗号：三（6），案卷号：1001；《云南华侨兴业银行呈设平凉、华阳、新都、武威、灌县等办事处备核业务情况报告书等事项卷》，中国第二历史档案馆藏，全宗号：三（6），案卷号：2495。

④ 戴一峰、宋平：《福建侨乡研究的回顾与前瞻》，《华侨华人历史研究》1998年第1期；潮龙起、邓玉柱：《广东侨乡研究三十年：1978—2008》，《华侨华人历史研究》2009年第2期；蒋婉：《广西侨乡研究的回顾与思考》，《八桂侨刊》2009年第2期；徐文永：《青田华侨华人与侨乡研究综述》，《丽水学院学报》2011年第6期；石坚平：《近年来广东侨乡研究述评》，《五邑大学学报》（社会科学版）2012年第2期。

研究视角将侨乡研究的范围拓展至体育、旅游、建筑景观、社会治理等，并从方法论的角度对"侨乡"进行了重新审视，①但这样带来的一个直接后果是对传统侨乡研究重点的忽视，如华侨投资。20世纪八九十年代福建人民出版社和厦门大学出版社先后出版了林金枝、庄为玑编的《近代华侨投资国内企业资料选辑》福建、广东、上海三卷。②林金枝还相继发表了一批研究成果。③之后有关近代华侨投资的研究似乎戛然而止，虽然仍有学者从事相关研究，但并未掀起研究的高潮。④究其原因，一方面在于有关华侨投资的研究不仅涉及到了历史学，更要求研究者具有一定的经济学背景，才能自如地处理相关数据；另一方面尽管近代曾有过华侨投资的浪潮，但改革开放后巨额侨资的涌入掩盖了此次投资高潮。

闽粤琼地区地处中国最南部，自古就有出海传统，几乎是家家有侨亲，户户有侨眷，其与海外的联系始终存在。抗日战争前广东、福建的侨资企业约80%—90%集中在沿海城市或主要侨乡；抗战爆发后，沿海城市先后为日寇占领，华侨

---

① 如张应龙：《输入与输出：广东侨乡文化特征散论——以五邑与潮汕侨乡建筑文化为中心》，《华侨华人历史研究》2006年第3期；郑德华：《关于侨乡概念及其研究的再探讨》，《学术研究》2009年第2期；张恒艳、庄国土：《侨乡研究的知识积累和现代资料体系建设》，《华侨大学学报》（哲学社会科学版）2016年第1期；夏翠君：《地方建构视角下的青田侨乡——幸村之民居景观研究》，《华侨华人历史研究》2016年第4期；段颖：《作为方法的侨乡——区域生态、跨国流动与地方感知》，《华侨华人历史研究》2017年第1期；陈凤兰：《华侨村官与侨乡社会治理资源的跨国动员——以福建省明溪县为例》，《华侨华人历史研究》2017年第1期等。
② 根据前言可知，此项调查工作于1958—1960年展开，负责人为庄为玑、林金枝，1960—1961年整理出《近代华侨投资国内企业史资料选辑》初稿，但由于客观原因，直到1985年才开始陆续出版，分上海、广东、福建三卷。下文如未特别说明，《近代华侨投资国内企业史资料选辑》指的是福建卷。
③ 如林金枝：《近代华侨投资国内企业的几个问题》，《近代史研究》1980年第1期；《近代华侨在福建的投资及其作用》，《福建论坛》1982年第1期；《近代华侨投资企业的历史及其特点》，《中国社会经济史研究》1983年第3期；《1875—1949年华侨在厦门的投资及其作用》，《厦门大学学报》（哲学社会科学版）1987年第4期；《两次世界大战期间东南亚华侨汇款及其作用》，《近代史研究》1988年第3期等。
④ 张莉：《近代华侨投资与东南沿海地区的社会经济变迁——以闽南地区为中心》，《重庆工商大学学报》（社会科学版）2010年第4期；胡乐伟：《近代梅州侨资房地产业与三级商业体系》，《五邑大学学报》（社会科学版）2013年第3期；胡乐伟：《近代汕头的侨资房地产业及其对城市发展的影响》，《汕头大学学报》（人文社会科学版）2014年第1期；贺金林：《20世纪三四十年代华侨在广西的投资与侨乡发展》，《八桂侨刊》2016年第3期。

投资转移至内地各县。①关于近代福建、广东、海南②地区的华侨投资研究相对较为充分,资料也最为丰富③,下文仅从研究相对较少的农业方面简述一二。

林金枝在《近代华侨投资国内企业资料选辑》中将华侨投资企业的类型分为工业、农矿业、交通业、商业、金融业、服务业、房地产业共七类。1989年出版的《福建华侨档案史料》则将侨资企业分得更加细致,共分为十四类,包括银行、保险,综合公司,电灯、电话、自来水公司,渔业公司,食品公司,贸易公司,纺织公司,造纸公司,化工厂,农林矿公司,汽车公司,轮船、航空、三轮车公司,归侨生产合作社,其他企业。本节所考察的农林渔牧产业主要集中于上文分类中的农林矿公司。④

侨资在侨乡近代经济的发展过程中扮演着极为重要的角色,以农业为主的第一产业向来并非华侨投资的重点,关于这方面的研究相对也最为缺乏。⑤如果说电力、电话、工厂等投资推动了城市发展的话,农业的投资则正是对基层侨乡经济的有利促进。林金枝认为,福建地区农业的投资高潮并不与整个华侨投资趋同,出现在1937—1945年,即华侨投资的低潮时期。出现这种现象的原因是"当时福建官僚买办资本抬头,使得民族资本、华侨资本难于维持,华侨只好投资于

---

① 林金枝、庄为玑编《近代华侨投资国内企业史资料选辑》(福建卷),福建人民出版社,1985年,第44页;林金枝、庄为玑编《近代华侨投资国内企业史资料选辑》(广东卷),福建人民出版社,1989年。
② 1988年海南建省,此前行政上一直隶属广东省管辖,下文依照旧制将抗战时期华侨在海南的投资情况合于广东省一并考察。
③ 仅资料整理方面就有林金枝、庄为玑编《近代华侨投资国内企业史资料选辑》(福建卷),福建人民出版社,1985年;林金枝、庄为玑编《近代华侨投资国内企业史资料选辑》(广东卷),福建人民出版社,1989年;福建省档案馆编《福建华侨档案史料》,档案出版社,1990年;林金枝编《近代华侨投资国内企业史资料选辑》(上海卷),厦门大学出版社,1994年;耿素丽选编《民国华侨史料汇编》,国家图书馆出版社,2011年;福建省图书馆辑《民国时期福建华侨史料汇编》,国家图书馆出版社,2016年。至于其他论著更是不胜枚举。
④ 矿业不在本文的考察对象之中。
⑤ 关于近代华侨投资农业方面的研究,专题有贺金林:《抗战期间华侨与国内的垦殖事业》,《抗日战争研究》2010年第1期。具体到闽粤二省则有吴元:《近代华侨在闽投资分析——以农林渔牧产业为中心》,《八桂侨刊》2018年第2期;吴建新:《华侨与近代广东农垦事业》,《学术研究》1987年第5期;肖文燕:《华侨与近代侨乡农业变迁——广东省梅县个案研究》,《东南亚研究》2007年第2期;肖仁龙:《民国时期广东侨资垦殖问题研究》(1939—1949),暨南大学硕士学位论文,2008年。

冷门的'农垦事业'来增加一些省内的粮食"。① 广东地区虽未有明确说明，但大致也符合这种情况。②

表1-4　1930—1945年华侨投资广东、福建农业重要公司一览表

	年份	企业名称	主要投资人	资本额
广东	1930	梅县梅南垦殖公司	林孝逵（印尼）	10000双毫
	1930	开平民生公司	司徒振估（菲律宾）	20000双毫
	1930	广四豪布农场	邓享（马来西亚）	30000国币
	1932	儋县联昌公司	吴业添（美洲）	35000银元
	1932	儋县永泰公司	黄永泰（新加坡）	30000银元
	1932	文昌老张园公司	郭臣川（马来西亚）	40000银元
	1933	儋县万发矿殖公司	谭元贵（马来西亚）	37650银元
	1933	儋县仁和胶园	邹仁轩（马来西亚）	18000银元
	1933	儋县义合公司	朱土胜（马来西亚）	15000银元
	1934	儋县厚生矿殖公司	黄泰（马来西亚）	30000银元
	1934	儋县有利矿殖公司	史济（马来西亚）	20000银元
	1934	儋县继明矿殖公司	刘继明（印尼）	20000银元
	1934	儋县南强公司	朱嘉祥（马来西亚）	20000银元
	1934	儋县林具矿业公司	林寿南（印尼）	20000银元
	1934	儋县联具公司	钟克明（印尼）	20000银元
	1934	儋县志成公司	邓楚翘（马来西亚）	15000银元
	1934	儋县万丰公司	韩修（马来西亚）	15000银元
	1935	儋县万利矿植公司	朱康（马来西亚）	10000银元
	1935	儋县赵业橡胶园	赵彩兴（印尼）	20000银元
	1936	琼崖富华垦殖公司	刘家诛（马来西亚）	50000国币
	1936	儋县民安公司	陈汉滔（马来西亚）	14500银元
	1936	儋县日初胶园	江士林（马来西亚）	18500国币
	1937	儋县志刚橡胶园	邵福聪（马来西亚）	18000国币

---

① 林金枝、庄为玑编《近代华侨投资国内企业史资料选辑》（福建卷），福建人民出版社，1985年，第44页。
② 根据林金枝关于广东华侨投资农矿业中重要公司的整理，1906—1948年共有42家相关侨资企业成立，其中27家成立于1930—1945年，占比高达64.3%。林金枝：《近代华侨投资国内企业史资料选辑》（广东卷），福建人民出版社，1989年，第281-282页。

(续上表)

	年份	企业名称	主要投资人	资本额
广东	1937	儋县文明橡胶园	陈德舜（美洲）	30000银元
	1938	海南南洋橡胶公司	马来西亚	50000国币
	1938	儋县新发胶园	邵新发（马来西亚）	18000国币
	1940	儋县江永丰垦殖场	江玉堂（马来西亚）	20000国币
福建	1930	南安紫阳艺植农场	吴道渊（南洋）	70000银元
	1934	闽南养蜂场	庄缦星（南洋）	15000银元
	1938	南安华侨种植有限公司	苏松柏（马来西亚）	150000国币
	1938	永春民生农场	潘和文（马来西亚）	21000国币
	1939	永春实业公司	李汉青（马来西亚）	1700000国币
	1939	福州中国林业公司	蔡建文（新加坡）	200000国币
	1940	德化华侨种植公司	郑荆伦（南洋）	200000国币
	1941	晋江安海西棣垦荒会	倪世桢（南洋）	300000国币
	1943	莆田侨业承垦国有荒土公司	林鸿宾（南洋）	150000国币

资料来源：根据林金枝、庄为玑编《近代华侨投资国内企业史资料选辑》（广东卷），福州：福建人民出版社，1989年，第281-282页；林金枝、庄为玑《近代华侨投资国内企业史资料选辑》（福建），福州：福建人民出版社，1985年，第184页整理。

从上表可以发现闽粤二省在华侨投资方面既有相同之处，也存在差异。相同之处在于：（1）投资地区相对集中，福建省以闽南的漳泉及闽西北为主，广东则主要集中在海南的儋县、文昌、琼海三县，占该业在广东全省投资总数的60%。[1]（2）投资者以东南亚华侨为主，马来西亚、印尼是投资者主要来源国。马来西亚、印尼华侨大多数是劳动者，根据1931年的统计，从事农业和渔业的占一半还多，[2]多从事开矿与树胶业。他们对这些行业既熟悉，又富有经验，便于上手操作。

差异之处主要表现在不同省份的投资种类方面，广东的农业多为农垦、矿产兼营[3]，行业为种植树胶；福建则以稻谷、木材为主。存在差异的原因主要与两省

---

[1] 林金枝、庄为玑编《近代华侨投资国内企业史资料选辑》（广东卷），福建人民出版社，1989年，第280页。

[2] ［日］成田节男：《华侨史》，东京萤学书院，1941年，第296页。

[3] 根据林金枝等人的调查，这些企业初期多为开采矿产，矿产开采完毕后在原有地方种植树胶，由此兼营农矿业，参见林金枝、庄为玑编《近代华侨投资国内企业史资料选辑》（广东卷），福建人民出版社，1989年，第287页。

省情有关，广东华侨投资垦殖业为出口型经济驱动，福建则自销与出口并存。福建"米粮缺乏，闽南尤甚，而据建设厅测量及调查所得，闽北崇安等十五县有荒田十八万三千四百二十市亩，闽南德化一县，有荒田十八万五千八百五十六市亩，苟尽取而用之，于粮食自有重大裨补"。①著名侨领陈嘉庚也曾主张福建经济建设"尤注意于粮食，教育，两种问题，该次两事，一为支持抗战之主力，一为完成建国之基础，无论政府与民众，均当全力以赴之"。②因此，华侨在福建选择投资农业主要是为了解决本省粮食缺乏的问题。"闽北闽西各县出产：竹、木、茶、菰、笋、樟树、油桐，生源极广，即以杉木一项，想来外销年计约七百余万"；③"糖、茶二类，更普遍于环球"。④至于广东，从种植的作物橡胶即可看出，以出口为主。

第四节 华东地区

以浙江、江苏、上海为中心的中国东部沿海自明中后期始渐成为中国经济中心。国民政府定都南京后，以上海、南京为中心的长江三角洲地区经济发展迅猛，也成为华侨投资的重要区域之一。关于近代华侨在上海地区的投资，林金枝在《近代华侨投资国内企业史资料选辑》（上海卷）中已有大致概述，⑤但对于长江流域的其他地区未有涉及。华侨在江浙地区的投资并非始于抗战时期，早在20世纪初期即已有开发浙江三门湾、投资南京城市建设等活动，并与之后抗战时期投资息息相关。具体而言大致分为以下几个方面：

一、社会公用事业

1927年国民政府定都南京后，即着手对首都城市建设进行规划，计划书几经修改后于1929年底正式公布，此后掀起了持续十余年的建设高潮。根据计划书的介绍，首都建设计划共分二十八项，涉及南京城市建设的方方面面。由于城市建设花费颇多，首都建设委员会以发行建设公债、专款存储等形式多方筹措经

---

① 振道：《香港闽侨组建设公司》，《闽政月刊》1940年第7卷第3期。
② 振道：《侨领陈嘉庚氏返闽慰问》，《闽政月刊》1940年第7卷第3期。
③ 振道：《香港闽侨组建设公司》，《闽政月刊》1940年第7卷第3期。
④ 《洪应士为创办四维农场志》，福建省档案馆编《福建华侨档案史料》（下），档案出版社，1990年，第928页。
⑤ 林金枝编《近代华侨投资国内企业史资料选辑》（上海卷），厦门大学出版社，1994年。

费，华侨也纷纷捐款以作"修筑首都之用"。①

1930年，印尼华侨汤腾汉向中央侨务委员会提出"颁布实业计划以作华侨归国兴办实业之指南"，希望"各省市政府将各辖内各种实业合于华侨投资开发者"征集详拟计划书以便华侨投资之用。②鉴于此时正值首都建设时期，南京提出"发展首都新工业"提案，"将现应举办之各项工厂逐一说明，如创办罐头厂、水鲜厂、砖瓦厂、水泥厂、制纸厂、印刷厂、面粉厂、棉织厂、榨油厂、制革厂、酒精厂等"。③此提案后来以"欢迎华侨投资之首都实业"为题登载于《中央侨务月刊》，对于各项实业复以详细说明。④根据南京市政府调查，这些华侨可以投资兴办的工厂，或为"日用之品需要极大"，或为"若设立大规模工厂必获大利"，或为"挽回国产利权获利甚大"。⑤很快，这份提案就得到了海外侨商的回应，槟城华侨许文麻经槟榔屿书报社驻京代表张伊卿向中央侨务委员会提出，希望能够独资兴建菜市场。后经首都工务局、首都卫生局、首都建设委员会与许文麻共同磋商，确定由许文麻投资二十万元兴建二十四个菜场，专利期为十五年。⑥鉴于华侨来往海外与南京不便，不久工商会议委员、中央侨务委员会委员陈安仁又提议在首都划一区域安置有志于投资国内实业的华侨。随后该提案以"首都工商业及住宅等区均经分别拟划侨民投资，在各该区内兴办事业似宜与本会接洽，俾可按其事业之性质予以领地之利便"而被搁置。⑦1932年，马来西亚华侨吴世荣再次致函中央侨务委员会，称"现拟邀集殷实华侨回国投资，在南京地方兴办实

---

① 《中国国民党中央执行委员会公函》，《中央党务月刊》1928年第3期。此外，各银行还根据现实需要在海外设有分支行。
② 《中国国民党中央侨务委员会主任委员萧吉珊函国民政府文官处为据爪哇中华会馆代表汤腾汉呈请颁布实业计划以作华侨回国兴办实业指南等情转陈通饬征集详细计划书以便转知》，"台北国史馆"，档案号：00101282000005006。
③ 《行政院函国民政府文官处为奉交中国国民党中央侨务委员会函据汤腾汉等呈请颁布实业计划以便华侨回国兴办实业之指南一案经饬据工商部拟呈发展首都新工业提案请核转中国国民党中央侨务委员会宣传海外侨胞等情函请查照转陈鉴核转送》，"台北国史馆"，档案号：00101282000005013。
④ 《欢迎华侨投资之首都实业》，《中央侨务月刊》1930年第3、4期，与前一提案相比，增加了电车、自来水、平民住宅、无轨电车、农具制造厂、缫丝厂等内容。
⑤ 《欢迎华侨投资之首都实业》，《中央侨务月刊》1930年第3、4期。
⑥ 《函南京市政府暨首都建设委员会据槟城华侨张伊卿呈请转函维持原案准将京市菜场归侨商许文麻承办等情特函查核办理见复由》，《中央侨务月刊》1931年第11期，根据《首都建设计划》南京共筹建四个大菜场，二十个小菜场，即南京所有菜场均由许文麻承办。
⑦ 《函海外各埠总支部直属支部中华商会为检送首都划区安集投资华侨议案希查照转知各殷实侨商由》，《中央侨务月刊》1931年第9期。

业，或建筑、或路政、或商业，有合华侨投资建设者，请求详示计划等"。①首都市政府在回函中仍列之前所提的五项，但未见吴世荣下一步的投资行动。

公共交通是华侨投资南京的另一重要行业。《首都计划》中曾对南京公共交通做了详细规划，决意将电车及无轨电车作为城市建设的重点，并对其优劣之处各做比较。但"限于经费不能亲自经营，于是出于招商承办之法"，1930年黄享彦、罗永葆两人募集华侨资本额十万元承办公共汽车，6月17日经南京市政府核准定名为兴华汽车有限公司。②至于该公司的经营状况，由于"公司为旧式商民，事守秘密，不肯将其营业真相透示于人，数次探诱卒不肯告，盈亏至何程度固不得而知之，即询之工务局内主管人员，彼亦若在五里雾中也"。③根据观察，"兴华"似乎赚钱蚀本都满不在乎。④合同期满后，兴华公司以"营业不振，亏蚀其巨"为由，与南京另一家江南汽车公司订立合同，将全部生财尽数售卖，并于六月底停止营业。⑤

1934年，实业部部长陈公博赴南洋宣慰华侨，出示《侨商投资南京市兴办各项事业说明书》，提及首都"区域辽阔，主要干路已择要先后开辟，亟应筹办无轨电车，以利公共交通。惟预算需款一百五十万元，此为华侨可以投资之事业五也"。⑥随后"槟城华侨愿投三百万至五百万，以经营首都无轨电车"，并请实业部函首都市工务局调查核办。但首都市长石瑛称"侨胞愿投资举办本市无轨电车，本府自应欢迎"，但目前首都两家公共汽车公司"其营业状况，大都获利甚微，且有亏蚀者，如兴办无轨电车，诚恐难于获利，本府为慎重侨胞资本，免其对国内投资折耗发生反感起见，自当据实以告"。⑦至于后情如何，虽"无从探悉"，但根据调查"最近一二年内不一定能实现"。⑧

除了投资实业外，印尼华侨温菊朋将目光转向了建筑业，向华侨集资两百万

---

① 《函送侨商投资兴办本市各项事业说明书案》，《南京市政府公报》1932年第114期。
② 韩兆岐：《南京市工务行政总报告书》，《南京市政报告之财务工务行政》，第29-30页。一说经营主体为华商，承办方为南京市政府，参见《南京市公用事业及公用主管机关详述》。
③ 韩兆岐：《南京市工务行政总报告书》，《南京市政报告之财务工务行政》，第31页。
④ 《南京市公共汽车情况：兴华与江南之比较调查》，《道路月刊》第46卷第3号。
⑤ 《首都兴华汽车公司归并江南公司》，《海外月刊》1935年第32期。
⑥ 《首都拟辟花园住宅区由华侨投资建筑》，《中南情报》1934年第2期。
⑦ 《南洋侨胞拟投资举办本市无轨电车案》，《南京市政府公报》1934年第114期。
⑧ 韩兆岐：《南京市工务行政总报告书》，《南京市政报告之财务工务行政》，第35页，根据调查请求兴办电车的侨商为南洋华侨王振相。

元承领建筑下关至新街口中间的花园住宅区。

二、农矿业

江浙地区虽自明代开始逐渐成为中国经济中心，但抗战时期华侨在此地区的投资却较少涉及工商业，而是将投资视线放在农矿业方面。农业是抗战时期华侨在江浙地区经营的另一个重要领域。当然这里的农业是广义上的农业，包括垦殖、渔盐等相关行业，这其中首推华侨对于三门湾的开发。三门湾地处浙江省海宁县南门外，"交通便捷，且可容轮舶停留，藉以作货物轮转之处"①，是一个天然的优良港口。华侨对于三门湾的开发并非始于抗战时期。早在1916年、1920年、1922年海外侨胞就曾三次与中央侨务委员会、浙江省政府商议决意联袂开辟三门湾，其中1920年、1922年的两次开发较为充分。1920年，南洋回国侨商郭春秧、林荣正、张鸿海、邹辉清向浙江省实业厅厅长云韶建议，请政府特辟浙江三门湾地方为商埠，以便侨民回国经营，"所有建筑经费由侨民承担，政府派员监督，则殷实侨商乐归故国，而农工商矿诸实业皆可着手开办，次第振兴"。②后经浙江省主席咨复，称"三门湾系属内地，若辟作自开商埠，则恐杂居制度，徒启外人争竞之端，且分侨商优胜之势；若只准侨商经营，专作侨民居留之地，则名义无所依据，难免流弊丛生"。因此，"拟请明令将三门湾先定为模范自治农垦区域，并一面由部咨请外交部电行各埠领事，将特辟该区试办实业，招徕侨团，切实优待之计划"。③"浙督卢永祥亦曾转呈大总统明令特许三门湾为模范自治农垦区域，作华侨经营实业之地。"④同年，于杭州、石浦两地成立三门湾模范自治农垦筹备处，由浙江省实业厅厅长云韶兼管，并于十月电召海外华侨代表来杭州会议商讨开发三门湾事宜。⑤十月，海外侨胞代表共计37人在杭州举行会议商讨

---

① 高寒梅：《论华侨投资屯垦三门湾》，《上海报》1935年1月11日。
② 《民国九年内务、农商两部呈请规定三门湾为试办模范自治农垦区域文》，《浙江经济》1946年第5期。
③ 《民国九年内务、农商两部呈请规定三门湾为试办模范自治农垦区域文》，《浙江经济》1946年第5期。
④ 屈若搴：《三门湾辟埠之港湾经济的检讨》，《中国实业》1935年第1卷第9期。
⑤ 《曾令准部咨侨团代表来杭会议改在十月饬即知照由》，《浙江实业月刊》1920年第2期。

办法，并实地赴三门湾进行考察，①由代表郭春秧拟定开发方针十九项，涉及诸多方面，俨然意将三门湾打造为一世外桃源之地。②之后，还曾出台有关浙江三门湾试办模范自治条件的草案，③但囿于种种原因，此次华侨投资计划流产。④

进入20世纪30年代，浙江省建设厅再次发起开发三门湾计划。有感于此，柴连复、周梅阁决议成立三门湾华侨建设委员会，并"自备川资，前往南洋群岛宣传，召集侨胞归国，共同合作，开辟三门湾"。⑤次年，柴连复偕同南洋侨胞领袖黄丕安，与暨南大学南洋文化部刘士木组织三门湾华侨建设委员会，并与实业家徐信孚、刘宝余、刘秉森等一行三十余人于9月25日至10月3日实地视察三门湾。同行者徐伯陶、王衷海分别在《东方评论》和《海事》（天津）发表有关此次考察活动的文章。考察结束后，于同年底在上海召开三门湾华侨建设委员会第一次会议，确立了基本组织章程。其后，由于华侨"进湾考察之后，一时殊感无

---

① 《时报图画周刊》记录了此次华侨代表的影像，并录有名录，华侨代表分别为黄弼庭、李清泉、谭镜明、曹让之、梁创游、师君、周子庭、江政卿、林紫垣、戴正中、黄展云、尤列、谢碧田、蔡忠杰、王丙庆、马聘三、周祖煨、谭吉生、黄月亭、张孝吉、邹辉清、郑淇郁、丘心荣、谢复初、阮紫阳、吴荫培、温菊朋、唐伯瑚、郭顺、马玉山、周益卿、王荫乔、孔兆成、柴丙生、李南麟、杨纯美、朱香青等37人。《浙省三门湾华侨全体摄影》，《时报图画周刊》1920年第27期。其中不少人成为抗战时期华侨投资国内的先驱，如李清泉、谢复初、温菊朋等。
② 郭春秧拟定的十九条开发方针详细如下：（一）设银行以为收集股本及流通市面；（二）开各种矿期取地利；（三）开垦农业种植天然出产；（四）新法渔业以收天然海利；（五）开辟马路以为利便交通；（六）开水道以资灌溉田园；（七）开自来水以利人之卫生；（八）设自来火以便事人之乐业；（九）建筑码头利便行人货之出入；（十）建船坞以便船只往来之停泊；（十一）建市区以便四方八达贸易之交通的地二千亩；（十二）建铁道南通福建北接宁波以便商务发达；（十三）设火帆船海业南通香港北达上海以通行旅货物之运输；（十四）开辟地段一万亩择山水明秀之区以通招徕华侨建筑居宅；（十五）建筑兵房以为兵工之住居；（十六）建筑公园以便居人游玩而保公众之卫生；（十七）建设参政会以保自治范围之安乐；（十八）建孔庙行孔圣大道养成区域内居民人格戒贪私淫杀皆行道德以为中国文明模范村；（十九）以外事业及各种制造厂均作本国人内外公共事业听人方便惟遵守三门湾自治区域章程约束不得有出范围惟外国人不存此例。《经营三门湾最近消息》，《工业杂志》。
③ 参见《三门湾之自治草案》《三门湾之自治草案》（续），《大公报》1920年10月22、23日。
④ 虽然此次华侨投资的失败原因大多归结为战争因素，但华侨与当地绅商之间的矛盾也不容忽视，如浙江省议员王爱斯就曾针对将三门湾辟作南洋模范自治农垦区提出七条质疑，《浙江三门湾农垦质问》，《大公报》1920年5月28日。议员杜棣华、汪展等27人也曾联名致浙江省政府就华侨开发三门湾详加考察，《议员杜棣华等请政府限制有外国籍之华侨不得至浙江三门湾农垦区域营业案》，《参议院公报》第3期第2册。此外，根据内务部特派办事员郑国贤亲赴三门湾调查，认为三门湾实无荒地可作农垦，水浅不能泊大船，若大施工程，费巨而获利少。此次为招徕华侨回国兴办实业之第一声，苟大亏血本，后来者闻而生畏，殊于实业前途有碍，不如另筹他法为佳。
⑤ 《三门湾华侨建委会昨在沪开第一次会》，《申报》1931年11月20日。

从下手",后经柴连复奔走联络,与以许廷佐为代表的沪商共同出资二十万成立三门湾兴业公司,合作开发三门湾。① 至于此次开发三门湾的目的,徐信孚在接受《时事公报》记者采访时表示"拟将海外失业侨胞、国内被灾同胞,设法尽量移往湾内,从事垦辟,以救灾弭患,而充实湾中人力,以推进垦辟事业,同时亦可稍尽赈济灾民之心力"。除此之外,王阁臣、徐信孚等人还组织四十人合作社,"以十万元基金,一千亩地产,专种瓜菜,创办一种新村事业",②"以期群策群力,众擎易举"。

1932年6月24—29日以三门湾华侨建设委员会为主体,美国工程师、浙江省政府及各界代表约三十人再次赴三门湾考察。③ 此次活动除记录三门湾气候、环境外,对三门湾目前的开发状况进行了详细考察,探得除许廷佐"集资在三门湾巡检司左近购地、筑码头、设堆栈、建旅馆、开商店"外,亦有"南洋侨胞亦已购定鳌山村南一带地方为建筑住屋及兴办工厂之用,故该处收用地价每亩已在百元以上,至盐场之地每亩三百元"。④ 同年底,许廷佐因"个人所办商业数起,精力不能兼顾",遂将承办开发三门湾的特权出让,以沪商为主体改组成立三门湾辟埠公司,华侨身影渐退。

1933年,浙江省民建两厅开始筹辟三门湾,并在《上海宁波日报》发表社评,提出"三门湾开发主权,仍纯属于国家经营计划之一部,而无关于个人企业者,此为扼要之实业政策",否则"将使地方事业成为私产,国民经济限于无救,是实不堪其可虑者也"。⑤ 随后,形势急转直下,个人投资三门湾遭遇阻滞,但华侨投资仍然得到鼓励。同年,徐醒夫在《南洋情报》上发表《欢迎华侨开发三门湾》,并附《国民政府工商部中央建设委员会浙江省政府派员会勘三门湾港埠报告》《三门湾华侨建设委员会调查摘要》。次年,三门湾健坝区领户组织华侨三门湾视察团于4月1日赴三门湾考察,"研求开港与兴发该地市面各业状况"。⑥

至1935年,虽然仍有政界及媒体人士等仍在报刊上呼吁华侨投资开发三门

---

① 《三门湾兴业公司昨开发起人改组会议》,《申报》1931年11月21日。
② 《浙省三门湾辟埠将从小组织入手》,《大公报》1932年5月24日。
③ 《三门湾视察记》(一),《申报》1932年6月30日。
④ 《三门湾视察记》(二),《申报》1932年7月1日。
⑤ 《开发三门湾问题》,《上海宁波日报》1933年9月8日。
⑥ 《三门湾建栈埠开航路》,《申报》1934年3月24日。

湾,①但华侨投资开发三门湾的身形渐行渐远。②

华侨在华东地区的投资开矿主要集中在江苏、安徽、山东三省交界处。1930年侨务委员会电函各省征集华侨投资实业指南,随后江苏省复函称"查有省营萧县白土寨煤矿"可供华侨"筹款归国举办"。③此外,江苏南部的衡山铜矿、安徽北部的烈山煤矿、浙江奉化的金矿开采也都曾有华侨涉足其中。④值得注意的是,华侨在江苏、安徽等地投资开采的矿产大多此前已经开发,但"因管理不善,以致营业减色,产量减少"。

第五节 结语

孙中山先生曾对华侨给予高度评价,称他们是"革命之母"。此结论既是针对华侨为辛亥革命所作之贡献,亦可适用于华侨在抗日战争中发挥的作用。抗日战争将海外华侨与国内民众紧密联系在一起。从战时华侨在西北、西南、华东地区的投资可以看出,华侨在国内的投资在不同阶段、不同地区存在较大差异,而这种现象的产生又与国内外政治、经济形势密切相关。闽粤地区作为传统侨乡,自近代始便陆续有华侨回乡投资开发,投资时间长且涉及行业广泛。1929年世界经济危机爆发后,南洋及其他地区侨胞受波及影响,将投资视线由海外转移至国内。恰逢国民政府提倡西北开发,在此感召下,华侨纷纷组团至西北各地考察;另一方面,1928年国民政府正式定都南京,成立南京国民政府,首都建设成为复兴民族和重新建国的象征,海外华侨为向政府表示政治忠诚积极投入到首都建设中来,并将资金投入到主要由政府规划建设的社会公用事业之中。此后一段时间,与首都相连的江苏、浙江、安徽等华东地区也成为华侨投资的方向。随着战

---

① 高寒梅:《论华侨投资屯垦三门湾》,《上海报》1935年1月11日;萧吉珊:《华侨拟投资屯垦三门湾》,《时事月报》1935年第12卷第2期。

② 至1935年后,投资开发三门湾的华侨还有黄丕安、毕文光、袁法章等。他们联合柴连复、胡佩珍、周美介等组织三门湾拓殖公司,从事农垦开发,参见赵镜元:《浙江省亟应开辟的一个港坞——三门湾》,《浙江青年》1935年第1卷第6期;华侨集资在龙游县开设农场种植油桐,参见《令浙江省建设厅龙游县私立华侨务本林场呈请饬主管官署特别保护等情抄同原呈件转饬保护由》,《实业部公报》1937年第322期。

③ 《行政院函国民政府文官处为据江苏省政府呈送合于华侨投资之萧县白工寨煤矿计划及矿图函达查照》,"台北国史馆",档案号:00101282000005009。

④ 《浙江奉化金矿由南洋华侨投资开采》,《矿业周报》1935年第324期;《烈山煤矿招华侨资本谋发展》,《矿业周报》1934年第316期;《侨商拟集资开探横山铜矿》,《工商半月刊》1934年第6卷第14期。

争的进行，西北、华东地区被日军占领，1937年国民政府正式迁渝，华侨将投资的重点转移至以重庆为中心的西南地区。1942—1944年成为华侨在西南地区投资的高潮。农矿业、工业、金融业是这一时期华侨在西南地区投资的重点。

  华侨华人研究是一门边缘交叉学科。研究者除了具备一定的历史学基础外，还应了解社会学、人类学、经济学、国际关系学等其他学科，并将其研究方法应用到华侨华人研究中来。在发掘、梳理资料的过程中，除了一些基本史实外，还出现了大量相关数据。这些数据涉及侨资企业的资本额、利润率、营业支出、员工数量等诸多方面。如果仅简单地以图表形式展示，显然并不能更好地体现抗战时期华侨投资对国内经济发挥的作用。只有通过经济学、统计学的手段，在构建模型的基础上处理数据，才能从定量的角度对侨资企业的作用进行描述。而这也将是笔者下一步将要进行的研究。

（吴元　林勇）

第二章　中国和平崛起与印尼华商的跨国资本运作

经过改革开放四十年的高速发展，中国不但改变了过去贫穷的面貌，而且在2010年就已然成为世界第二大经济体，经济实力、科技实力和国防实力等位居世界前列。世界银行最新发布的2017年各国国内生产总值（GDP）排名显示，全球两大经济体——美国和中国之间的差距正在不断缩小。从2016年到2017年，中国的GDP增长了2万亿美元，而美国只增长了1.4万亿美元。[①]中国不仅是世界上最大的制造业国家，同时在世界产品出口方面的比重也相应增加。过去的十几年里，中国深度开展对外经贸合作与人文交流，日益扩大国际影响力，"中国崛起"的话题高居国际新闻报道的榜首。和平崛起的中国正以崭新的姿态屹立于世界舞台的中央，不仅展现出大国的气度、自信，还具有世界大国的担当，积极参与全球社会治理，努力"为人类对更好社会制度的探索提供中国方案"。近年来，我国倡导并积极推动的"一带一路"倡议和构建"人类命运共同体"的理念，正是为建立和平共赢的国际新秩序提供的"中国方案"。构建"人类命运共同体"是为应对全球化风险、生态环境污染和重大传染性疾病所提供的中国思路；同时，也是为化解霸权主义、恐怖主义、战争冲突和逆全球化思潮等多元矛盾而传播的中国理念。

在这个人类社会发展的壮丽蓝图中，海外华侨华人作为中国与世界沟通的桥梁，既是"人类命运共同体"中身体力行的实践者，同时又是实实在在的受益者。一方面，随着中国的崛起及与各国友谊的增强，海外华人的族群认同和文化信心都有所增强。日本京都大学东南亚研究所教授施蕴玲（Caroline Hau）认为，2000年以后，东南亚华人群体过去曾被贬低、被压抑的华人性（Chineseness）复

---

① 世界主要经济体2017年GDP排名情况_财经频道_东方头条 http://mini.eastday.com/a/170424165732216.html.

兴，华人在当地社会的接受程度更高，能够公开而活跃地体现自己的族群认同。[1] 可见，强大的祖籍国依然是海外华人文化自信的坚实保障。另一方面，中国致力于同各国一起搭建政策沟通不断深化、设施联通不断加强、贸易畅通不断得到保障、资金融通不断扩大的跨国合作平台，为许多从事跨国贸易的海外华人提供了新的商机。华人拥有与中国企业合作的丰富经验，在文化和价值理念上与中国商人自然地接近，再加之他们在中国与住在国都积累了一定的社会资源，因而成为中国商人首选的贸易合作伙伴。此外，会说中文并掌握与中国商人合作的技巧，也已成为中国崛起背景下跨国贸易中不可或缺的文化资本。

第一节　中国崛起与印尼华商的机遇和挑战

华人向东南亚迁徙的历史悠久，从早期的"下南洋""过番"，直至华南—东南亚双边社会的形成，时间跨度长达数个世纪，华人的活动遍及整个东南亚地区。《汉书·地理志》载，王莽派遣使者往返于黄支国（今印度），途经东南亚地区。唐宋时期海外贸易繁荣，东南亚的许多"港口公国"[2]出现了华商聚居地，例如爪哇岛的满者伯夷、万丹，苏门答腊岛的三佛齐、旧港等。活跃于我国东南沿海至马六甲海峡的华商于不同港口停驻和经商，在来来往往间构筑了古代环南中国海的贸易网络。到了明朝，郑和下西洋带动了闽粤一带华人"下南洋"的浪潮。明代虽实施海禁政策，但官方在1567年开放了漳州月港，放松了对私人出海贸易的限制，使得我国东南沿海移居东南亚的人数逐渐增多。根据王赓武教授的研究，1683年随着郑成功家族在台湾统治的结束，其追随者向东南亚迁移，华侨华人数量更是大为增加。[3] 到鸦片战争前夕，有超过100万华侨华人定居在东南亚。[4] 到了19世纪中后期，随着西方殖民者在东南亚的扩张和对劳动力的需求，大量东南沿海移民以"契约华工"的方式进入东南亚。中国在鸦片战争后逐渐沦为半殖民地半封建社会，也使得生计无着的人们前往东南亚地区寻找安身立命之

---

① Caroline Hau, "Becoming Chinese in Southeast Asia", in Peter J. Katzentein(ed.), *Sinicization and the Rise of China*, London and New York: Routledge, 2012, pp.175–206.

② Leur Jacob Cornelis Van. *Indonesian Trade and Society: Essays in Aian Social and Economic History.* The Hague and Bandung: W wan Hoewe, 1955.

③ 王赓武：《华人与中国——王赓武自选集》，上海人民出版社，2013年，第208–209页。

④ ［美］约翰·卡迪著，姚楠译《东南亚历史发展》（上册），上海译文出版社，1988年，第301页。

地。在鸦片战争打开中国国门后的短短100年间，有超过1000万的华人从中国迁移到全球各地，其中三分之二以上移民到东南亚，成为殖民地开发和发展国际贸易的主力军。[①]这一时期到达东南亚的华工，被殖民者安排进入种植园劳作，也有人开矿或者从事手工业。大部分华工凭借吃苦耐劳积累了小额资本，慢慢开始成为"卖货郎""挑担客"，或者开小船往返于不同岛屿间经商。另一方面，华人社区逐步出现了多元的社会组织，包括宗亲会、同乡会和帮派等具有族群特性的社团。这些社会组织不仅是华侨华人保护权益和社会自救的重要力量，同时还有助于拓宽他们的商业网络。在荷属东印度，华人还充当着殖民政府和当地人的中介角色，以中间商为主。

晚清至民国时期，中央政府取消了对侨居国外民众的身份限制，华侨可以自由往返于海内外，遂与侨乡保持着密切的往来。东南亚华侨不仅热心于家乡的赈灾、修桥、办学、建善堂、修宗祠和家庙等公益事业，还支持国内的民主革命运动。到了20世纪中叶，世界民主革命运动风起云涌，随着东南亚地区现代民族国家的相继建立，寄居该地的华人面临着公民身份的抉择。已经成为他国公民的东南亚华人仍然以多种形式对我国东南侨乡实现"反哺"。即使是在制度性排华浪潮下，华人虽于住在国处境艰难，被切断了与祖籍国的跨国流动，但仍心系家乡。因此，在中国实行改革开放后，东南沿海侨乡掀起了一场南洋华侨"寻根"热。东南亚华侨华人通过侨汇、投资、捐赠和公益事业等途径来支援家乡的经济建设。

有关20世纪下半叶亚太地区经济的快速增长，一个不争的事实是华人企业以及华人商业资本的跨国运作对区域发展作出了卓越的贡献。全球化时代，"民族"和"国家"等行政边界越来越被高速而频繁的人流、物流、信息流所打破。区域合作组织和密集的跨国网络越来越成为当今世界区域经济发展的助推力。其中，华人商业网络颇受关注，《福布斯》杂志甚至以"竹节网络"（Bamboo Network）的术语来说明散居在外的华人非正式、强有力的个人联系对商业网络的重要性。[②]一些以商贸活动为主的社团总会组织的建立，更加促进了华人跨国资本运作。印度尼西亚作为东南亚最大的海洋国家，也是海外华人的主要聚集地。根据2010年印度尼西亚政府的统计，印尼华人总人口为2832510，约占全国

---

① 丘立本：《国际人口迁移与华侨华人历史研究》，郝时远主编《海外华人研究论集》，中国社会科学出版社，2002年，第43页。

② Andrew, Tanzer, The Bamboo Network, Forbes, 1994, July 18, pp.138–144.

总人口的1.1%。① 印尼华人积极搭建跨国交流平台，各类商贸组织在本世纪的激增也是有目共睹的。例如，2001年，印尼中华总商会在著名华商陈大江的推动下成立，其使命是推动并配合海内外华商积极地发展实业，特别是在印尼与中国的经贸往来中发挥突出的中介桥梁作用。印尼华商总会、印中商务理事会、印尼工商会馆中国委员会、印中经济社会与文化合作协会等也陆续出现。此外，随着印尼与中国及东南亚区域内商贸的广泛开展，以宗亲社团为基础的商会组织也相继成立。如印尼广肇总会于2002年8月26日成立，其成员分布于印尼国内12个城市，并发展出20多个分会。②商业行会与宗亲会、同乡会的共同运作，进一步推动了印尼华商的跨国实践。

从21世纪始，中国积极采取"走出去"的战略，加大了对东南亚地区直接投资的速度和力度。这些投资主要包含三种形式，其一是大型国有企业对煤矿、铁矿、石油等重要自然资源的投资；其二是中小型企业在周边国家的投资；其三是在各国进行的基建项目建设投资。例如，印尼雅万高铁的兴建便是中印跨国大型基建合作项目的代表。随着中国的和平崛起，尤其是近年来"一带一路"倡议的推动，众多惠及民生的跨国合作项目落地。尽管国际上对于中国的崛起有不同的解读与反应，但是许多东南亚人士认为，其中的机遇大于挑战和问题。例如马来西亚前首相阿杜拉在2004年说，中国"是当今世界上最高层次的一个财富创造者。马来西亚与中国的政治和社会的联系肯定随之产生"。③刘宏认为，中国的崛起对东南亚地区有着经济和文化的双重含义。首先，它为东南亚民众，尤其是华人，创造了新的机会；其次，中国国家影响力的扩大也带动了中华文化的传播。他还指出，中国崛起对东南亚华人社会造成的影响及后者所产生的变化是非均衡性的，即在不同国家会出现不同的社会现象。④毫无疑问的是，随着中国的和平崛起，东南亚华侨华人社群的联系无论是在深度、广度抑或是频度上都得到了空前加强。由于不同国家社会生态的差异，各国华人所面临的机遇和挑战不尽相同。对于印尼华人而言，中国的和平崛起主要带来了诸多机遇和挑战。

---

① 数据来源于2018年12月，印尼华人学者赖剑文（Harryanto Aryodiguno）在"海上丝绸之路与东南亚华侨华人：历史、现状与展望"国际学术会议上的主题演讲"印尼华人史与印尼华人政治地位的变化"。
② 杨宏云：《东南亚华侨华人的跨国实践与认同流变——以印尼华商为例》，厦门大学出版社，2017年，第119页。
③ Denis D. Gray, China's Reach Extending to South-east Asia, *The Seattle Times*, April 29, 2004.
④ 刘宏：《中国崛起时代的东南亚华侨华人社会：变迁与挑战》，《东南亚研究》2012年第6期。

一、印尼土生土长华人的"再华化"(Resinicization)现象

印尼华人经历了苏哈托执政32年的强制同化时期,华人的认同意识和文化传承都受到很大程度的破坏。21世纪以来,随着印尼国内政治经济形势的好转,再加之中国和平崛起,以及与印尼关系的改善,印尼华人的文化自信和族群认同普遍得到加强,被压抑的华人性(Chineseness)得以复兴。这主要表现在,苏哈托时期近乎消失的"海外华人文化三大支柱"——华文学校、华人社团和华文报刊的复兴。在华文教育方面,21世纪以来,印尼掀起了一股"华语"学习热潮。老一辈华人由于在苏哈托时期丧失了学习华语的权利,因而一直致力于华文教育和中华传统文化的弘扬。这一类群体多半在20世纪60年代前接受过印尼华校的教育,对中华文化有极大热情,同时有着强烈的华人族群认同。他们敢在公共场所讲华语,在店铺门口贴"福"字,甚至悬挂印尼文、中文的双语招牌。同时,其中的一些侨领还集资筹措开办中文补习班和三语学校。[①]印尼三语学校众多,比较知名的有八华三语学校、巴中三语学校、雅加达客属崇德三语学校、万隆曙光三语学校、日惹崇光三语学校、三宝垄三语国民学校、巨港三语学校、棉兰崇文中小学等。2012年10月印尼还成立了三语学校协会,凝聚华社团体的力量来推动印尼华文教育的发展。同时,越来越多的印尼华人青年前往中国求学,成为推动印尼华语学习的生力军。在华人社团方面,印尼华人商业行会、同乡会、宗亲会以及其他互助型组织如雨后春笋般出现。以印尼客家人为例,1999年8月8日,印尼雅加达客属联谊会(印尼客属联谊总会的前身)就获批成为合法团体。随后,印尼梅州会馆也于2002年1月26日正式成立。从1998—2008年,印尼客家社团蓬勃发展至三十多个。印尼华文报刊的复兴也是印尼华人"再华化"的标志。同样以印尼客家人为例,2001年由熊德龙创办的《国际日报》即被誉为印尼第一大华文报纸。2014年印尼客属联谊总会又创立了《印华日报》。华人社团、华文报刊和华文教育的恢复与壮大,推动了印尼华人文化的复兴。华人的文化自信和族群认同增强,能够公开地展演华人传统文化风俗。

二、印尼华人商业扩展的有利时机和严峻挑战

印尼华人在与中国经济的双向互动中整合了商业资本,进一步扩展了贸易。

---

① 张小倩:《二十一世纪以来印尼华人再华化现象研究》,《世界民族》2016年第1期。

一方面，中国经济的高速发展吸引了更多印尼华人的投资。印尼华商在苏哈托下台后成立了许多印尼华人参与度极高的商业组织，其中较著名的是印尼—中国经济、社会与文化合作协会（Association of Indonesia-China Economic, Social and Cultural Cooperation）、印尼工商会馆中国委员会（Indonesian Chamber of Commerce and Industry-China Committee）、印尼中华总商会（Indonesian Chinese Chamber of Commerce）。

这些商业组织不仅团结了印尼华商，同时还推动了中国与印尼间的经济联系。例如，印尼中华总商会成立于2001年，其宗旨是强调对内加强互助合作，建设繁荣经济，对外要加强与世界各国华商的联系，尤其是与中国企业家之间的联系。[1]而印尼的一些知名华商大企业如三林集团（Sallim Group）、芝普拉特集团（Ciputra Group）等都在中国各地进行大规模的投资。另一方面，中国也积极开展在印尼的商业投资和大型基建项目。印尼华商因拥有雄厚的商业资本、在两国不可小觑的人脉资源，以及诚信的经营而获得中资企业的青睐，成为其商业合作伙伴。在"一带一路"倡议推进落实的背景下，印尼华商俨然成为中资企业与印尼本土社会联系的媒介。

中国的和平崛起不仅给印尼华商的发展带来机遇，同时也使其面临前所未有的挑战。正如刘宏所言，在全球化时代，东南亚华人社会的稳定与和平发展仍面临挑战。由于历史和现实的原因，华侨华人与中国同东南亚政治和外交关系密不可分。因此，他们的地位和作用既受国家内部种族和政治关系的制约，也可能受外部政策及其内化的影响。同时，华人内部多元性和韧性的变化同样带来风险。具体而言，印尼华商在中国和平崛起背景下面临如下挑战：

第一，国内民族主义对华人族群地位提高的担忧。现代印尼建国后，印尼华侨华人政治认同和对国家的忠诚度一直是关系到华人生存境遇的敏感问题。印尼华人经历了制度性排华的浪潮，尽管经济地位较高，但政治地位一直十分低下。后苏哈托时期，印尼华人中的政治领袖也积极参与国家公共事务，期望为华人争取合法权益，提高社会地位。华人在印尼经济实力的增强和社会地位的提高，受到少部分民族主义者的质疑。尤其近年来，中印两国民间社会往来日渐频繁，华人作为连接桥梁，常常与中国政府和企业接触。一些担心华人政治认同倾向的言论甚嚣尘上，并担忧印尼华人族群地位的提高。

---

[1] 《专访印尼中华总商会副秘书长陈立志》，http://www.mofcom.gov.cn/article/nbh/subject/200510/20051000577928.html。

第二，新移民对印尼华人社会的影响。中国改革开放以后，东南沿海地区的人口大量向外输出，而到东南亚的新移民超过了250万。进入21世纪，随着中国经济崛起和对外贸易的发展，东南亚地区的新移民呈上升趋势。以印尼为例，根据福建省的调查数据，1996年前往印尼的新移民及其子女约为30900人，而到2005年，仅在印尼的福州籍新移民已激增至51311人。[①]新移民的增加给印尼华人社会带来了不同的政治文化传统和社会实践，使其内部呈现出更加多元化的特征。同时，新移民与本土华人之间的关系十分复杂，彼此既有合作，又有竞争。从积极方面来看，通过与新移民的商业合作，印尼华人能够更好地打通到中国的贸易网络；同时，大量新移民的进入也与印尼土生华人在商业上形成了竞争。

第三，低成本中资企业的进入对印尼华商生存空间的挤压。众所周知，印尼华人以经商为主，且大部分从事跨国贸易。近年来中资企业在印尼本土的扎根对印尼华商，尤其是跨国经贸商造成一定冲击。其原因在于，原本这一部分印尼华商在中国进口电子、服装、五金和小商品，再分销到印尼各地，以赚取中间差价为生。而中资企业在印尼本土建立工厂和分销仓库后，降低了成本，减少了中间商，以更为低廉的价格在市场上销售，实际上挤压了印尼本土从事同类行业华商的利润空间。

诚然，中国的和平崛起和对外开放给印尼华商带来了上述挑战，但总体而言，给其带来的机遇和财富也是不可估量的。鉴于印尼华商在中印贸易中的突出地位，印尼政府对华人表现出了前所未有的重视。印尼华人的商业贸易无论是在宽度、广度抑或是类型上都有极大扩展。地处偏远地区以小型区域中转贸易为业的印尼华商也因中国企业的进入而被卷入跨国贸易之中。与印尼那些华人传统分布地带的大商人相比，偏远地区的华商面临更为复杂多变的政治经济环境。他们的商业经营和跨国资本运作自有一套体系。以下章节将以地处印尼东部的马鲁古群岛华商为例，在长时段田野调查的基础上，来探讨全球化和中国崛起背景下印尼非核心区华人的跨国资本运作模式。

第二节 印尼华人家庭策略与商业经营

近些年来，中外学术界分别从不同的角度对海外华人商业的成功进行阐释，

---

① 庄国土：《东南亚华侨华人数量的新估算》，《厦门大学学报》2009年第3期。

可大致归纳为三种主要分析框架。其一，强调华人的文化传统、族群性与商业经营模式间的关联，尤其是突出由"家"观念及其衍生出的一整套行动逻辑，还有以血缘、地缘为基础的在地化社会组织在华人资本积累与商业网络拓展中的关键作用。这类研究也多以华人家族企业为案例来展开讨论。其二，突破华人族群的界限，关注华商与非华商之间的社会互动，从跨国商业网络的社会、经济和政治层面来进行综合研究，试图建立具有说服力的理论框架。其中以刘宏教授对华人企业家的"社会资本化"实践方式以及当代华人跨国主义[①]研究的影响最为广泛。其三，也有一些学者质疑"华人方式"经商是华人企业家获得成功基础的观点。他们认为有些华人企业家甚至疏远了传统以家族、同乡为纽带的"关系网"，而根据居住地特定的社会与政治状况来确定是否认同为特定的移民社群。迈克尔·雅各布森就认为印度尼西亚北苏拉威西万鸦老华人企业家更强调对万鸦老社会的融入和归属感，有意无意地脱离了华人移民社群带来的族群特性和身份认同。[②]

以上三种研究思路各有侧重，并集中展现了海外华人商业经营过程中个人、家庭、社群以及与"非中国"环境中的其他族群与地方社会的复杂互动。围绕这一主题，国内外学者争论的焦点即在于，儒家传统影响下的家庭观念以及族群内部关系网络的建立是否对于华人商业的发展起到关键性作用。尤其在当代华人全球商业网络的形成与发展中，这套传统经商模式到底还有多大程度的适用性。陈达先生指出早期南洋闽粤华侨社会中存在"两头家"的现象，而家族制度和社会习俗又不断影响着移民的日常生活与资源管理。[③]此外，田汝康先生对沙捞越华人的研究也重申了家族观念和宗族组织在华人社群经济发展中的重要作用。[④]可见，"家"观念构成华人生活中的一种普遍共有的文化意识形态，指导了早期华人移民在"故乡"与"他乡"间的跨国实践与生计生活。

家庭既是人类社会的细胞，也是工商业经营的基本单位。诚然，华人在"跨

---

① 刘宏：《社会资本与商业网络的建构：当代华人跨国主义的个案研究》，《华侨华人历史研究》2000年第1期。

② 迈克尔·雅各布森：《脱离华人移民社群：北苏拉威西万鸦老的华人企业家》，《南洋资料译丛》2007年第1期。

③ 陈达：《南洋华侨与闽粤社会》，商务印书馆，1938年。

④ Tien Ju-kang, *The Chinese of Sarawak: A study of Social Structure*, London School of Economics and Political Science, 1953.

国文化圈"的经济活动通常借助了族群内的各类组织[①],"跨界中华"[②]中形成的多层社会网络也是其经济发展的重要基础,但这并不意味着海外华人的"家"文化实践是一成不变的。同时,华人在商业经营过程中也并非单向度地传承传统的经商模式,而是必须适应其居住的国家与地方在意识形态、文化传统与族群关系影响下所形成的区域社会结构。家庭策略的研究,提供了一个将宏观社会变迁的背景与家庭成员互动结合起来考察的视角和机会。[③]海外华人家庭在由移民社会进入在地化社会的过程中,并不是被动地接受居住地政治经济结构与社会变迁的影响,而是根据家庭内部原有的特点做出反应,及时地调整家庭策略来应对外部社会的压力与挑战。陈杰研究的华南侨乡的"两头家"就是早期华人移民为维持故乡与他乡生活平衡而采取的家庭策略。[④]欧爱玲对印度加尔各答客家人制革商的研究就特别注意到个人与家庭在移民国社会中的产业发展与所采取的策略,重点分析印度种姓制度给华人商业社区制造的种族角色的外部局限,展现了加尔各答华人制革家庭通过不断调整策略而推动发展循环的动态过程。[⑤]本文试图从华人的文化传统与族群性是否对华人家庭的商业成功起主导作用的学术争论中脱离出来,主要聚焦于商业经营与家庭策略间的互动关系,将这种互动关系当作海外华人接受和融入在地文化的社会过程来进行研究。

中国与有着"香料群岛"之称的印度尼西亚北马鲁古群岛间自古就存在着频繁的贸易往来。至迟在元代,中国海商就已经越过中间商,直接来到北马鲁古群岛从事香料贸易的活动。偏僻的地理位置、特殊的历史背景以及地方政治经济因素,都使得北马鲁古群岛的华人一直维持着较低的人口增长率。目前,有关印度尼西亚华侨华人的学术成果相当丰富,而针对香料群岛华人社群的研究则并不多见,尤其缺乏对群岛北部华人社会以实地调查为基础的人类学研究。北马鲁古群岛的华人直到今天仍保持着以家庭为单位的小商业经营方式。区域内90%的华人都经营着规模不大的商铺,剩余10%为律师、医生,以及在商店经营的基础上涉

---

① 麻国庆:《全球化:文化的生产与文化认同——族群、地方社会与跨国文化圈》,《北京大学学报》2000年第4期。

② 刘宏:《中国崛起时代的东南亚华侨华人社会:变迁与挑战》,《东南亚研究》2012年第6期。

③ 樊欢欢:《家庭策略研究的方法论——中国城乡家庭的一个分析框架》,《社会学研究》2000年第5期。

④ 陈杰:《两头家:华南侨乡的一种家庭策略——以海南南来村为例》,《广西民族大学学报》2008年第3期。

⑤ 欧爱玲:《血汗和麻将:一个海外华人社区的家庭与企业》,社会科学文献出版社,1993年,第15页。

猎房地产、资本借贷等行业的商人。占区域总人口不到0.5%的华人社群在保持自身文化特性的同时，还几乎垄断了当地所有的商业资源。华人在当地商业的成功，与其灵活地转换家庭策略有着深刻的关联。本文以在北马鲁古省最主要的华人聚居区特尔纳特岛瓜马拉马商业街为期半年的调查为中心，辅以对哈马黑拉岛贾伊洛洛、托贝洛华人社群的考察，来展现作为地方"绝对少数"的华人在保持自身族群特性的同时，如何利用传统华人家庭的经商模式来维持生计，同时又根据地方社会的政治经济条件不断调整家庭结构和居住模式，以此来推动家庭小商业经营的动态过程。

一、北马鲁古群岛华人商业街区的形成

中国与北马鲁古群岛之间的经济联系最早可追溯至汉代。公元前2世纪，原产于今天印度尼西亚东部北马鲁古群岛的丁香经由东南亚海域各族群的转运抵达中南半岛，再经由陆路传入中国。随后，这些来自东南亚神秘岛屿的香料又经由陆地"丝绸之路"经过中、西亚驼队的运输传入地中海地区。尽管丁香是早期亚洲内部贸易（intra-Asian trade）和亚欧贸易（Euro-Asian trade）体系中最重要的商品之一，但由于路途遥远以及中间商的贸易垄断，当时国人并不知晓被称为"鸡舌香"的神奇香料来源于何地。三国时期，东吴遣康泰、朱应出使位于中南半岛的扶南国，康泰正是从当地居民那里获知丁香来自于更遥远的东南海域。《太平御览》卷七八七引康泰《吴时外国传》："诸薄之东有马五洲，出鸡舌香，树本，多花少实。""诸薄"在今爪哇岛，"诸薄之东"虽然指出了丁香产地在爪哇岛以东，但无法推断所指地区就是北马鲁古群岛。尽管10世纪以前的中文文献中就已出现了丁香进口与贸易的记载，但所记录地点多为集散地，而不是真正的产地。不少学者根据中外史料中丁香原产地记载的缺乏，以及丁香贸易多集散中心的情况推论，10世纪以前的丁香贸易是一种"沿线式"（down in line）的交换系统。① 也就是说，10世纪以前的马鲁古丁香是经由越南、泰国、爪哇等东南亚不同集散中心的转口贸易供应到中国的。

宋以降，中国香料消费市场的扩大以及造船、远洋技术的进步，激发了中国海商直接前往马鲁古群岛进行香料贸易的渴望。14世纪以前丁香主要经由两条线路到达中国，其一为北线，从马鲁古经西伯斯海，向北穿过苏禄海和菲律宾到达

---

① 熊仲卿：《亚洲香料贸易与印尼马鲁古群岛的社会文化变迁》，《中山大学学报》2015年第3期。

南中国海，北上至泉州、漳州等东南沿海地区；其二为西线，经群岛南部的安汶往西横渡爪哇海，到达今天的西印度尼西亚，再经由中南半岛陆路或海岸沿线抵达广州港等中国南部沿海地区。帕塔克（Roderich Ptak）指出宋代运载丁香的商船大多向西绕远经爪哇航线到达中国。而爪哇、室利佛逝、巨港、蒲端国（位于今菲律宾班乃岛西岸）是丁香到中国和东北亚地区最主要的转口地。这一时期很少有商船可以直接通过西伯斯海，运载丁香的商船在到达爪哇海之前必须在蒲端国等地转手。①随着经婆罗洲至苏拉威西岛南部，再抵达马鲁古群岛航线的开辟，中国海商开始直接参与到北马鲁古群岛的丁香贸易中。

元代汪大渊根据亲身经历所著的《岛夷志略》首次清楚指出了中国船队远航至马鲁古群岛贸易。书中有"地产丁香，其树满山，然多不常生，三年中间或二年熟。有酋长，地每岁望唐舢板其地，往往以五梅鸡雏出，必唐船一只来；二雏雏出，必有二只，以此占之，如响斯应"的记载。②汪大渊称马鲁古群岛为"文老古"，有学者根据其对当地气候、地理、水文以及社会风貌的描述，考证元代中国商船抵达的是位于北马鲁古群岛的特尔纳特岛（Ternate）或蒂多雷岛（Tidore）。因为丁香在17世纪以前只生长在群岛北部最大岛屿哈马黑拉岛西边呈南北分布的特尔纳特、蒂多雷、莫蒂、马基安、巴占这五个小火山岛上。特尔纳特和蒂多雷这两个岛屿在12世纪前后就建立了较为完备的酋长制。两个岛屿的首领家族在15世纪初先后皈依了伊斯兰教，并建立了特尔纳特苏丹王国与蒂多雷苏丹王国。15世纪中期，特尔纳特王室邀请中国、阿拉伯和爪哇的商人永久定居在岛上，并从他们那里获得农业生产的技术和知识。③

特尔纳特人相信，中国人是第一个到达当地进行丁香贸易的海外族群，他们的祖先正是从中国人那里了解到丁香的价值。今天，特尔纳特岛还流传着元代中国人在马鲁古群岛活动的传说。根据当地土生华裔的普遍叙述，元代来自中国的海商不仅在当地进行丁香贸易，还帮助刚刚皈依伊斯兰教的特尔纳特苏丹王室建造清真寺。岛屿上的Dufa-dufa、Tokome、Tarau、Jambula和Falajawa村被认为是

---

① Roderich Ptak, "China and the Trade in Cloves, Circa 960–1435", *Journal of the American Oriental Society*, Vol.113, No.1, p.10.

② [元]汪大渊著，苏继顾校释《中外交通史籍丛刊：岛夷志略校释》，中华书局，1981年，第204页。

③ Willard A. Hanna, Des Alwi. *Turbulent Time Past in Ternate and Tidore*. East Indonesia：Rumah Budaya Banda Naira Moluccas, 1990, pp.5–6.

最早由中国移民建立的村庄。相传这些中国海商是来自中国福建省的穆斯林,在特尔纳特岛与同样留居当地的阿拉伯移民联姻。这些拥有中国与阿拉伯血统的后裔还有一部分生活在岛屿东海岸的Falajawa村庄。其中姓氏为"Huat sing""Bok yin"的居民声称他们的祖先是元代来自中国的穆斯林。与特尔纳特岛等盛产丁香的小岛不同,哈马黑拉岛贾伊洛洛与托贝洛的华人来源则另有说法。13世纪末蒙古出兵征战东爪哇,其中一部分人兵败后向东逃至马鲁古群岛。这些中国士兵由于不懂马鲁古的土著语言,最初躲进了哈马黑拉岛中部的深山中,后与当地土著妇人结婚,逐渐融合于当地。

从北马鲁古群岛中国先民居住地点的分散可以推断出,14—15世纪留居在当地的中国人为数极少,且未形成华人聚居的村落与社群。中国商船访问马鲁古群岛并直接购买丁香的时期相当短暂。元末的亦思巴奚兵乱对以泉州港为中心的福建对外贸易造成了严重破坏,再加之明初实行海禁政策,以及朝贡贸易体系等一系列政治因素的影响,明代中国海商不再直接前往马鲁古群岛。明代,北马鲁古群岛华人的来源主要分为两部分:其一是郑和下西洋时滞留不归的士兵;其二是活跃于西伯斯海、苏禄海海域的华侨。

明代中国海商虽然不再直接从马鲁古进口丁香,但以北马鲁古群岛为起点的亚欧丁香贸易在16世纪东南亚贸易体系中仍然占据着举足轻重的地位。以丁香贸易为中心,北马鲁古群岛、爪哇与苏拉威西岛的望加锡(Makassar)结成了稳固的"三角贸易关系"。而这种固定贸易网络得以维持的根本即是地区间在经济上相互依赖的平衡关系。马鲁古群岛用丁香来交换爪哇中部马打兰等内陆王国出产的大米。分散在爪哇岛各处的港口公国再将丁香转运到东南亚各地,进而供应至更遥远的市场。由于路途遥远和资本转化的需要,望加锡成为爪哇与马鲁古群岛贸易的中介地带,望加锡人、布吉斯人再加上活跃于该区域的华侨成为维持三地贸易网络稳固的核心族群。[1]菲律宾处于我国福建至马鲁古群岛的中间地带,并长期作为中国与荷属东印度群岛各地贸易的中转站,因此明朝时期当地华人数量已相当可观。《明史》有云:"闽人以其地近,且饶富,商贩者至数万人,往往久居不返,至长子孙。"尽管尚无历史资料直接显示有望加锡、菲律宾等地的华侨移居至马鲁古群岛,但不可否认的是东南亚海域东部各地间之所以能够建立联系,是因为区域内人的流动构建出了各种网络。

---

[1] Meilink Roolofsz, *Asian Trade and European Influence in the Indonesia Archipelago between 1500 and about 1630*, Den Haag: Springer Netherlands, 1962, p.97.

与此同时，为了获取更多来自神秘东方的珍贵香料，无数西欧的商人、探险家、传教士踏上了前往东南亚海域的寻香之路。最先到达马鲁古群岛的葡萄牙人与特尔纳特苏丹王国结成同盟，达成收购丁香的协议。随后，西班牙也参与到垄断马鲁古群岛丁香贸易的竞争中。1593年，为争夺马鲁古群岛的控制权，西班牙人从已控制的菲律宾群岛征调华人参加与葡萄牙人的战争。《明史》载："酋郎雷蔽里希劳侵美洛居（明代称马鲁古群岛为美洛居），役华人二百五十助战。有潘和五者为其哨官。蛮人日酣卧，而令华人操舟，稍怠，辄鞭挞，有至死者。"此次入侵马鲁古群岛的行动虽以华人反叛"架舟以归"告终，但暗示了菲律宾华侨南迁至马鲁古群岛的可能性。另张燮在《东西洋考》卷五"东洋列国考"中，也将马鲁古群岛称为"美洛居"，并第一次提到当地华人。16世纪末葡萄牙与荷兰争夺马鲁古群岛，云"兵征美洛居，驱涧内华人，命当一队刑法酷急华人"，又云"华人某者流寓彼中，慧而黠有口辩，游说两国，闲分万老高山山半为界，山北属和兰，而山南属佛郎机，各罢兵，并雄兹土"。①从这段文献中虽难见华人的数量，但仍能看出明代华人在马鲁古群岛是区别于其他族群的。

在对北马鲁古群岛的争夺战中，荷兰人最终获得了胜利。1607年荷兰东印度公司在特尔纳特岛的东海岸建造了BentengOranje古堡作为总督府来加强对香料贸易与马鲁古群岛的控制。荷兰东印度公司在17世纪初着手经营安汶岛等群岛南部的区域，开辟和扩大香料树的种植，并欢迎中国移民的到来。这一时期，安汶岛作为马鲁古群岛南部的贸易中心已经吸引很多中国移民，并最终在维多利亚城西建立了华人街。②18世纪，在北马鲁古群岛也开始出现华人聚居区。特尔纳特苏丹王国的华人移民在BentengOranje荷兰东印度公司总督府周围聚集，逐步形成了今天瓜马拉马商业街（PertokoanGamalama）的雏形。与此同时，特尔纳特岛的商业中心也由早前葡萄牙人在西北海岸的贸易港口转移至东海岸。

有关特尔纳特华人聚居社区瓜马拉马村（KumpungGamalama）形成的推论还可以由特尔纳特华人口述史与天后宫落成的时间得到证实。特尔纳特岛东海岸瓜马拉马商业区的背街小巷中隐藏着一座气势恢弘的天后宫，是整个北马鲁古群岛唯一一座中式庙宇。这座天后宫是2007年由当地华人集资在旧址上重建成的。原来的天后宫已建成300多年，但毁于1999年伊斯兰教徒与基督徒的宗教冲突中。何平光老人回忆到："以前的天后宫没有现在这样的大和好，我小时候经常去院

---

① ［明］张燮：《东西洋考》卷五，商务印书馆，1985年，第66页。
② ［日］岩生成一著，李述文译《论安汶岛初期的华人街》，《南洋问题译丛》1963年第1期。

子里玩。我还记得当时天后宫门口有碑刻和对联，上面写了天后宫建成的事情。我只记得上面写的落成时间是清康熙年间，但具体的年代记不清楚了。我的父亲也告诉我这个天后宫已经有快300年了。"笔者随后又访谈了天后宫负责人林中南，现任华人甲必丹林富英，以及戴玉山、戴佑鹏等老人，天后宫建成于清康熙年间的说法得到不同访谈对象的证实。

特尔纳特天后宫的建成还流传着一个带有神话色彩的故事。据传，有一位华人商人驾船从菲律宾来马鲁古群岛贸易，不幸遇到海难，船和货物都沉没了。当时那位华商在海里挣扎时，隐约看到远处有一道光，映衬出妈祖的形象。于是他暗自祈祷并许愿，如果此次能够活下来一定要立妈祖的神位。结果这位商人果然获得附近渔民的搭救，被载到对岸哈马黑拉岛的渔村。于是，他就用木头制作了一个妈祖的神位立在搭救他的村民家中。两年后，这位商人兑现承诺，将妈祖的神位请回到特尔纳特，并在瓜马拉马村定居下来，后来建成了天后宫。

与对安汶等南部岛屿的全面开发经营不同，荷兰东印度公司对北部岛屿主要采取了依靠特尔纳特王室来代为管理的形式。这就意味着北马鲁古群岛的华人要接受荷兰殖民者与特尔纳特王室的双重管理。荷兰殖民者接管了葡萄牙在印尼群岛的领地后，沿用了"甲必丹末"（Capitao-Mor）这一官衔，创立了荷属东印度甲必丹制度。[①]在北马鲁古群岛，特尔纳特王室将甲必丹制度融合进旧有的伊斯兰苏丹王国的体制当中，确立了苏丹之下由Sangaji、Fanyali与Kapita三个等级官员进行管理的制度。Sangaji是模仿自阿拉伯苏丹王国的职位，地位相当于现代民族国家体制中的省长，主要包括效忠特尔纳特王室的其他岛屿的领袖与头人。Sanaji之下是Fanyali，职责相当于市长，主要掌管特尔纳特岛及其他岛屿上的具体地方，由区域内的Sanaji商讨选定。Kapita实际上就是甲必丹（Capitan），一个荷兰殖民者为针对地方不同种族社会集团实行"分而治之"管理需要而设立的职务。特尔纳特王室不仅分封了华人甲必丹（Kapita Cina）、阿拉伯人甲必丹（Kapita Arabian）、望加锡人甲必丹（Kapita Makassarnese）、布吉斯人甲必丹（Kapita Bugis），还将这一制度推行至属地的各村落，使荷兰甲必丹制度转变成为苏丹王国自己的保甲制度。

随着现代印尼建国后中央政府对各地苏丹及酋长权力的削弱，特尔纳特王国旧有的三级官员不再具有任何实质的作用，而仅仅作为王室的后裔。苏哈托下台

---

① 沈燕清：《巴达维亚甲必丹制度与华侨包税制关系探析——以玛腰陈永元为个案》，《华侨华人历史研究》2008年第1期。

后，印尼掀起社会民主改革运动的风潮，特尔纳特苏丹也乘势重塑了其在北马鲁古群岛的权威。这一时期，三级管理制度得以重建，并在民间以"传统"的方式延续下来。1999—2015年，特尔纳特王室共选出了两任华人甲必丹，分别是林中南和林富英。笔者对苏丹MudaffarSjah（2015年2月18日在雅加达去世）的长子MudaffarDayat进行了访谈。他根据从小接受的王室教育，坚决认为华人甲必丹古已有之，而三级管理制度也是特尔纳特王国的传统政治制度，而非借用于欧洲殖民者。此外，他还告诉笔者王室中还流传着关于Netherland Cina（尼德兰华人）的故事。即18世纪苏丹Kalamata在位期间（1754—1759），一位姓氏为Leo（廖）的华人甲必丹远走荷兰，因此被称为尼德兰华人（Netherland Cina）甲必丹。

荷兰殖民者借助特尔纳特苏丹王室的力量，垄断了从马鲁古群岛经巴达维亚、印度果阿最后到达欧洲市场的香料贸易，但这并不意味着亚洲人在其中毫无作用。由于马鲁古、望加锡和爪哇间的"三角贸易关系"仍然稳固，华人海商、望加锡人和布吉斯人避开荷兰人进行丁香的"走私"贸易。为了打击香料走私贸易，荷兰殖民者不仅出兵攻打望加锡王国和中爪哇的马达兰王国，还派小型船只在马鲁古北部海域巡视，限制华人和望加锡人进入北马鲁古群岛。[①]17世纪中叶，荷兰东印度公司实现了对马鲁古香料的垄断，亚洲商人不再可能从这条至关重要的贸易生命线中继续获益，[②]这也使得当地华人数量受到限制。

与群岛南部班达、安汶、斯兰等肉豆蔻的主要产地不同，荷兰殖民者并未向北马鲁古群岛输入印度、非洲奴隶和中国劳工以增加香料种植园的劳动力。造成殖民者政策差异的原因是多方面的，其一是北马鲁古群岛的特尔纳特、蒂多雷、马基安、巴占等岛屿一直是群岛内人口较为集中的区域，哈马黑拉岛大量的自由劳动力也弥补了丁香生产过程中劳动力的不足，而南部的岛屿在被殖民者开发之前原住民较少；其二，丁香一般一年半或两年才有一次丰收季，而肉豆蔻每八个月成熟一次，因此需要投入更多的劳动力；其三，特尔纳特王室与蒂多雷王室与殖民者间既合作又对抗的关系，既调动了本地族群参与丁香生产的积极性，同时又避免了在本地发生荷兰殖民者在南部岛屿种族灭绝性屠杀的事件。

18世纪末，随着全球香料贸易的萎缩，荷兰东印度公司开始将重心转移到北马鲁古群岛的海产贸易与巴占、奥比等小岛的咖啡、可可、椰子种植园上。这一

---

① W. F. Werthiem, *Indonesian Society in Transition*, Den Haag: Springer Netherlands, 1951, p.240.

② J. C. Van Leur, *Indonesian Trade and Society: Essays in Asian Social and Economic History*, N. V, Uitgeverij W. van Hoeve: the Hague, 1967, pp.89–95.

时期，荷兰东印度公司为了给北马鲁古群岛开拓新的经济来源，放宽了对私人贸易集团的限制。清代中国海参消费市场的扩大，使许多中国海商参与到和东印度群岛以望加锡为中心的海参贸易中来。据萨德兰的研究，在18世纪30年代，每年从望加锡运往厦门的海参就有3000—4000担。[①]马鲁古群岛至澳大利亚北部海域是海参的主要产区，本地海参几乎全部供应至望加锡，再出口到中国、日本等其他地区。戴佑鹏老人在1937年随父亲、二叔迁入特尔纳特。据他回忆："当时国民党抓壮丁，所以我父亲带着我和弟弟来到马鲁古。他和叔叔已经在马鲁古找了很久的海参。我的父亲告诉我，他是从我的爷爷那里知道，海参不是在锡江（马鲁古华人对'望加锡'的别称），而是在马鲁古。"为进一步扩大荷属东印度群岛的海产贸易，19世纪荷兰东印度公司设立了望加锡（Makassar）、万鸦老（Manado）、凯里（Kaili）、克玛（kema）、班达（banda）、安汶（Ambon）和特尔纳特（Ternate）七个自由港口。自由港口的条件是无论印尼群岛或外国私人商船，只要按照规定办理航运许可证，并缴纳税收就可以进行贸易活动。荷兰东印度公司一方面通过征收进出口关税、港务费、停泊税等方式增加了收入，刺激地方经济的增长，同时依靠颁发许可证的权力控制了印尼东部所有的商业活动。1854年，荷兰殖民政府将特尔纳特设为自由港口，进一步刺激了特尔纳特新移民人口的增长。[②]19世纪北马鲁古群岛华人的人口增长出现了一个小高峰，仅特尔纳特一地就已上升到近500人。

表2-1 1828—1885年荷属特尔纳特人口统计

年份	1828	1838	1854	1860	1871	1885
特尔纳特王国子民	36000	45000	100000	64393	61875	71834
蒂多雷王国子民	15000	16000	40461	28878	30688	31929
望加锡人	929	1131	2077	11256	2311	2044
中国人及其后裔	375	330	385	392	378	465
基督徒原住民	445	297	—	—	428	583
欧洲人及其后裔	339	376	454	416	295	308

资料来源：Clercq, F.S.A. Bijdragen tot de Kennes der Residentie Ternate, Leiden; Brill, 1890.

[①] Heather Sutherland, "Trepang and Wangkang: the China Trade of Eigtheenth-century Makassar, c. 1720s-1840s", *Bijdragen tot detaal-land-en volkenkunde*, No. 3. Vol. 156, 2000, pp.451-472.

[②] Rustam Hasyim, *Dari Cengkeh ke Kerang Mutiara: Perdagangan Di Karesidenan Ternate 1854-1930*, Ternate: Lepkhair, p.11.

19世纪末20世纪初中国政局动荡,同时东南亚国家对劳动力需求增大,从而引发了大量的华人新移民。这一时期,来自中国的移民如潮水般涌进印尼。根据廖建裕先生的研究,这一时期爪哇和马都拉仍以一战以前的土生华人人口居多,而外岛地区的新客华人比例占到外岛华人数量的90%。[①]北马鲁古群岛的华人也不例外,在19世纪末至20世纪上半叶有了较大的人口增长。除了特尔纳特以外,蒂多雷岛、巴占岛、马基安岛以及哈马黑拉岛的贾伊洛洛和托贝洛地区也出现了华人聚居区。笔者随机抽样调查了特尔纳特瓜马拉马商业街的50个华人家庭,其中有24个家庭是在19世纪末至20世纪初由福建泉州、漳州一带迁入马鲁古地区的新客家庭,还有13个是由二战前夕从福建迁来的一代华侨所建立的家庭,6个家庭祖籍广东台山、开平等地,祖先最先迁到泰国、马来半岛、加里曼丹等地,后在20世纪上半叶迁至马鲁古群岛,剩下7个家庭经过数代的繁衍,已经不知道祖先来自何地,是一战前马鲁古群岛形成的土生华人家庭。

现代印尼建国以前,荷兰殖民政府、日本入侵者先后统治过北马鲁古群岛。由于时局混乱,尚无北马鲁古群岛华人的确切统计数字。由于华人人数的增加以及商业的兴盛,印尼独立后,北马鲁古群岛华人在1946年元旦成立了华侨联合会,后在各岛建立分会。目前在华人甲必丹林富英处仍保留了3本20世纪40年代特尔纳特华侨分会的会议记录册,均是用马来文与中文书写。其中一本记录册第1页清晰地写明:

华侨全体大会
(第一次)

日期——西历新年,1946,下午三时,地点——设在陈良美住宅,到会者共有一百余名。翌日开会之目的即组织华侨联合会,一九四六元月二日选举职员。

后又记录:

1946年元月五日

郭主席致书特尔那特苏丹,又致书特尔纳特县佐,并且通知本会业已成立。

会议手册上记录的到会代表虽仅有一百余人,但根据林富英的讲述,当时华侨联合会的成员是特尔纳特当地具有一定经济实力与社会威望的华侨代表,也是各个华人家庭的家长。这就意味着妇女与儿童,还有一些刚迁入特尔纳特岛的新客华人未列席大会。若按照每个家庭5口人(父母、妻子、华侨代表、子女)的

---

① [印尼]廖建裕著,杨启光译《印尼华人研究的一种方法》,《东南亚研究》1993年第4期。

规模计算，特尔纳特的华人至少在500—1000人。这还未加上二战前夕至20世纪40年代迁入特尔纳特的华人。上文提到的戴佑鹏、戴玉山、何平光等老人均是20世纪30年代前后随父亲、叔伯迁入特尔纳特的。几位老人均表示知道有华人组织，但本人及父辈均未参加过会议。可见，20世纪40年代成立的特尔纳特华侨联合会主要由二战之前迁入的新客华人及土生华人来管理与组织。因此，综合文字资料与田野访谈的材料推算，20世纪40年代特尔纳特岛的华人应该已形成了逾千人的社群。

苏哈托执政时期，为缓解爪哇、苏门答腊等地的生存压力，号召人口密集地区的居民向马鲁古群岛、巴布亚等地区移民。这一时期，不少印尼华人也从爪哇中部的泗水（Surabaya）、三宝垄（Semarang）等地区迁到特尔纳特。史习志讲道："我的父亲是福建泉州人，母亲是印尼泗水的华人，他们在泗水结婚，养育我们兄弟姐妹5人。我在30岁的时候来到特尔纳特做生意，后来就遇到了我现在的妻子，就定居在这里。"像史习志这样的华人新移民在特尔纳特还有很多。据华人甲必丹林富英与天后宫负责人林中南在20世纪90年代做的统计，在1999年马鲁古群岛大规模宗教冲突发生前，特尔纳特的华人已经超过2500人。1999年冲突发生时，许多哈马黑拉岛及南部岛屿的难民涌入特尔纳特，特岛90%以上的华人逃至爪哇的泗水、三宝垄、雅加达，以及苏拉威西的万鸦老和望加锡等地避难。2003年前后，不少流亡外地的华人见局势稳定，逐渐返回特尔纳特，但仍有相当一部分特尔纳特华人选择留居当地。目前，全印尼以万鸦老的马鲁古群岛华人移民最多。与此同时，随着特尔纳特商业的复苏，北马鲁古群岛周边小岛的成功华商也开始迁入特尔纳特。这也使得特尔纳特的华人在今天仍保持着500—800人的规模。

正是由于不同历史时期华人的重组，北马鲁古群岛华人社群缺乏宗族组织发展的社会基础。北马鲁古群岛华人中虽以"戴""林"两姓氏最多，但由于来源相当复杂和分散，且经历了数次自愿与非自愿的人口流动，因此区域内既不见祠堂等公共祭祀祖先的场所，也没有宗亲会组织。当前华人的主体为福建移民，又以漳、泉一代移民居多；祖籍广东台山、开平的华人次之，还有极少数来自海南的移民。根据笔者的调查以及当地华人领袖的统计，特尔纳特、贾伊洛洛以及托贝洛三地目前都没有潮汕人与客家人家庭，但不排除他们已融入本地族群或早前移民到印尼群岛其他地区的可能性。

二、"以店为家": 总体策略下的商业垄断

廖建裕教授在研究印尼华人时提出,要注意分析"土生华人"与"新客华人"间的群体差异和族群认同。①这一论点可作为分析印尼华人的整体框架,但各地华人社群又呈现出不同的特点。在印尼用"Peranakan"来指代华人与印尼本地族群通婚的后裔。北马鲁古居民则使用另一词语"Hi-ta-ci"来指代这一群体。"Hi-ta-ci"是"Hitam tapi Cina"的缩写,意思是"皮肤黑但是中国人"。马鲁古群岛是马来人种和巴布亚人种的过渡地带,因此原住民的肤色较印尼西部族群而言更加黝黑。华人与马鲁古群岛土著结合的后裔在一定程度上保留了美拉尼西亚人的体质特征。经过调查,笔者发现当地人口中所指的"hi-ta-ci"群体无论在文化上还是族群身份上均未显示出对华人族群的认同,因此只能称之为"华裔"。而本文所讨论的北马鲁古群岛华人主要是指保持华人族群身份与文化认同的社群。

王赓武先生将海外华人的移民模式分为四种形态:华商、华工、华侨和华裔。②自元代中国人远航至北马鲁古群岛进行丁香贸易始,当地华人一直以经商为生。早期华人主要用沿途贸易所得的商品来交换北马鲁古群岛的丁香,这种贸易模式一直持续到18世纪末。进入19世纪,华人主要经营北马鲁古群岛海产的出口,重点参与了从北马鲁古群岛到中国的海参贸易。当然,近现代以来,当地的华人更多地是驾驶私人的货船,往返于爪哇、苏拉威西与北马鲁古群岛,并穿梭于群岛内不同岛屿间兜售布匹、服装、日用杂货等商品。现代印尼建国以后,北马鲁古群岛华人商业经营的类型更趋多元化。

北马鲁古群岛华人生计方式的单一性,也与群岛的地理、经济发展模式与族群的产业分工有着密切的关联。由于地处环太平洋地震带的核心区域,北马鲁古群岛是火山喷发、地震、海啸、暴雨和飓风的高发地带,而陡峭的地势、沿海的礁石、沼泽湿地以及普遍性的石质土壤都使得整个区域不适于进行大规模的农业耕作与工业生产。到目前为止,北马鲁古群岛的经济发展仍完全依赖海产及土产的出口。尽管欧洲殖民者带来的种植园经济破坏了当地自生自发的经济秩序,但土地仍归王室及原住民所有,并作为家族遗产得以继承下来。掌握传统捕捞技术的渔民又控制着区域内的所有渔业资源。因此,作为移民群体的北马鲁古群岛华

---

① [印尼]廖建裕著,杨启光译《印尼华人研究的一种方法》,《东南亚研究》1993年第4期。
② 王赓武:《中国与海外华人》,商务印书馆,1994年,第233-262页。

人选择经商为业，且多以家庭为单位经营。北马鲁古群岛的丁香、肉豆蔻、椰子干、可可、咖啡豆、肉桂等土产，以及海参、珍珠、吞拿鱼、石斑鱼、椰子蟹等海产首先被集中于区域内的贸易中心——特尔纳特岛瓜马拉马市场，然后再供应至外岛消费地；而农产品、服装、五金、杂货、家具、电子产品等生活必需品皆来自爪哇岛与苏拉威西岛，并经由特尔纳特岛分销到群岛各处。对北马鲁古群岛而言，几十万本地居民的生计依赖于特尔纳特岛的贸易中转效益。而不到特尔纳特岛总人口0.5%的特尔纳特华人[1]几乎垄断了北马鲁古群岛的中转贸易。

瓜马拉马商业街是位于特尔纳特岛中特尔纳特区东海岸的集镇，北接特尔纳特苏丹王宫及王室土地，南临特尔纳特市政府。这里聚集着大大小小的一百多家商铺，90%以上由华人经营，因此又被称为"Kampung Cina"（华人村）。正街之上是华人经营的土产、食品、五金、服装、日用品、家具、家用电器、电子产品等批发商店，以及照相馆、药房、旅店、餐厅与小型超市；而巷道内则聚集了北马鲁古本地族群兜售宝石与银饰的商铺。格尔茨在研究爪哇岛小城镇经济发展模式时留意到，华人的商业街区多处于市镇的中心地带，通常与传统巴刹（Pasar）相邻，以此来优化和整合小城镇的商业资源。[2]瓜马拉马商业街与全岛最大的传统巴刹相连，距离货物出口海港不超过500米。地理区位的优势，极大地便利了华人批发商与本地族群和外岛市场的贸易往来。

表2-2 特尔纳特岛华人商业经营类型统计表[3]

经营类型	数量
日用杂货批发	24
布匹、服装	17
旅馆	16
土产、海产	9
电子产品批发	9
餐馆	8
食品批发	7

---

[1] 根据特尔纳特市人口统计局的资料，2012年特尔纳特岛的人口为19.1万。
[2] Clofford Geertz, *Peddlers and Princes: Social Development and Economic Change in Two Indonesian Towns*, Chicago and London: The University of Chicago Press, 1963, pp.28-32.
[3] 数据来源于笔者2014—2015年在印尼北马鲁古群岛的实地调研资料。

(续上表)

经营类型	数量
家电批发	6
照相馆	5
药店	5
家具	4
五金、电机	4
文具、影印	3
婴幼儿用品	3
小型超市	2
鞋店	3
瓷砖卫浴批发	2
合计	127

街区内的商店为传统的华人商店，即"下店上家"的格局。门市一般在商店一楼的前厅，后厅设有雇员餐厅和仓库，而华人的家则在二、三楼。一半以上的华人商店还配备了与华人家庭居所相区隔的员工宿舍。这些商店对华人而言，并不仅仅是事业或者谋生手段，而是家庭发展的全部指望，包含了所有家庭成员的技术投入和情感奉献。商店是当地华人在社会生活中获得安全感的重要来源。

案例一：Steven一家祖先是来自中国福建的移民，父亲和母亲信奉天主教，他和两个弟弟是基督徒。祖父辈就已经是马鲁古的土生华人，全家都使用印尼语的姓名。除了steven因为在中国上海留学两年可以说简单的中文之外，其他家庭成员均只会说印尼语和少量的特尔纳特语。20世纪90年代，steven的父亲Jhony开始与亲戚合作经营土产生意。5年后，他从原来的合伙经营中脱离出来，单独经营了一家土产收购商店。尽管单独经营困难，不仅要面对更大的市场风险，还要解决资金周转的问题，但Jhony从来没有对自己的决定后悔。他说："即使商店小小的，那也是我们自己的商店。有了商店，我们全家可以一起慢慢地做好它，来保障我们的生活。"

在特尔纳特，华人亲戚朋友间合作经营商店的案例并不少见。尤其在初涉新兴行业时，人们会通过亲属与熟人网络来整合有限的资本与人力资源，共同承担市场带来的风险。在这个阶段，每个合伙人根据个人的特长和优势，承担相应的工作。例如Jhony在参与的合伙经营过程中负责评判土产的不同质量等级并定价，Jhony的姐夫料理财务核算，Jhony姐夫的二弟则承担着与外岛商人洽谈生意、拓展商业网络的工作。在合作经营的五年时间内，三个家庭都居住在商店的楼上，平日的饮食和日常开销统一从商店的盈利中支出，子女的教育费用则由各个家庭自行承担。年底时，每个家庭按照当初投入的资本获得相应比例的盈利分红。然而，几个家庭合伙经营的方式并不持久。合伙人间达成的基本默契是，在单个家庭能够独立面对行业经营与市场风险时，合伙关系可以随时结束。提出"单干"的合伙人及其家庭需要另外购买商铺和房屋，并搬离原来的商店。从合伙人变为同行竞争并不会造成社群内部成员关系的紧张，因为获得家庭的独立经营权是特尔纳特华人商业经营的首要原则。借用当地华人常说的一句话来表述即是："在生意之外，我们仍然是亲戚和朋友"。

儒家传统所规定的理想家庭是在父系家族的组织下，父母、兄弟、子女共同生活在一起的同居共财模式。① 这套理想对特尔纳特华人的商业经营也具有一定的指导意义。特尔纳特华人店铺的店主虽为男性，但多为夫妻共同经营。丈夫主要负责与外界的接触，比如去外岛联系供货商、签订交易合同以及开拓商业资源和人脉关系，而妻子基本待在商店中主持日常的经营，包括与下游零售商议价、管理雇员、核算支出等事宜。子女从小耳濡目染，在父母的熏陶下具备基本的经商素养和能力，成年后也参与到家庭的商业经营活动中。在每个特尔纳特华人商店的一楼前厅，都有一个专供店主与零售商或顾客谈生意的座位，象征着店铺管理者的权威。进店采购的本地零售商每次都会径自来到这个座位前与店家沟通。与人们想象的男性家长掌握决断权的情形不同，特尔纳特华人家庭中的妻子和成年子女都可以坐在那个座位上，代表店家与顾客协商并作出决断。每个家庭都会根据市场与上游供货情况的变动，及时地召集所有家庭成员来商讨应对策略。正是家庭内部的默契以及一致决策，才能使每个家庭成员都具备独当一面的决策能力。男性家长在经营权与管理权上的让渡，不仅调动了家庭成员的积极性，避免了个人权力垄断带来的经营问题，同时还有意识地培养了下一代管理者，保障了家庭产业的延续。

在特尔纳特小商业家庭中长大的华人子女大学毕业后，80%以上选择回流到特尔纳特，继续帮助家庭经营店铺。这一时期，店铺的所有权仍然归男性家

---

① 麻国庆：《家与中国社会结构》，文物出版社，1999年，第21-36页。

长所有，参与经营的子女每月可获得相同数额的工资。目前已嫁给海产商店TokoHarapanKarya继承人的Sentia告诉笔者："结婚以前，我和我的妹妹一起帮助我的父亲料理家里的生意，他给我们同样的工资。但是，如果我想要去旅游，或者去泗水、雅加达购物，我的父亲会单独给我零花钱。结婚以后，我的父亲就不再给我钱了，因为我已经开始帮我的丈夫打理生意了。"男性家长在对已婚儿子和女儿的财产分配上，采取了完全不同的策略。帮助打理家族产业的儿子在结婚前也和女儿一样领取相同金额的工资，一旦预备结婚组建新的家庭，这种平均分配的关系就被打破。如果儿子提出自立门户，婚后单独居住，那么男性家长会采取提前分家的策略，即核算出目前家庭的总资产，再除以男性继承人的数量，所得的资本全数交付给婚后迁出的儿子自行打理，一般是作为组建核心家庭和经商的启动资金。而其他未成家的儿子应得的财产则暂由父母保管，待到他们组建核心家庭时再采取同样的策略。另一种情况是，如果儿子愿意继续打理家庭商业，婚后与父母、兄弟组成联合家庭，那么男性家长会按照儿子所占的比例在年底予以盈利分红。例如，五金商店Toko Putra Jaya的店主戴天富有3个儿子，长子成婚后仍随父母居住，戴天富每到年底就会拨给长子33%的盈利分红。待到其他男性继承者也组建了核心家庭之后，父母就会完全退出商店的经营与管理，选择跟随其中一个家庭居住。而其他儿子可选择与兄弟共同经营，也可于分家后在特尔纳特或别的地区经营新的商店。

家族成员共享的经营理念和规范，尤其是对"诚信"的坚持，是当地华人取得商业成功的重要原因，但这并不意味着当地华人的商业网络是仅以家族和亲属关系为纽带的。尽管瓜马拉马商业街区的华人大部分都沾亲带故，但他们在日常的商业经营中并不会因为熟人网络而影响家庭的商业决断。在特尔纳特经营了30年电机生意的Henki就说："我们看重的是价格，谁出的价格更好，我们就和谁做生意，而不是优先考虑亲戚朋友。"以往有学者认为东南亚的市场还没完全规范化，因此华人能依靠传统以家族为纽带的经营方式获得成功。然而，笔者的调查发现，北马鲁古群岛华人商界形成了一些基本的共识和规范，其中最重要的就是确保家庭经营的独立性。无论是亲戚、朋友还是同行业中的商业巨头，从不干涉其他家庭的经营，也杜绝因抢夺供销渠道和商业资源带来的恶性竞争。以土产行业为例，特尔纳特华人土产商店一共有9家，其中有3个家庭原来是合伙关系，2个家庭之间是姻亲关系，另外还有2个商店老板的妻子是亲姐妹，但从未发生过以亲友身份干涉其他店铺经营的事情。特尔纳特首富，也是当地最大的土产商人

Apak 告诉笔者："我妻子妹妹的丈夫也做土产生意，但是我们从来没有影响过他们。在这里，大家都是靠自己的本事来做。我们都是根据市场自由定价的，如果农民觉得我这里的价格不合理，他完全可以卖到其他的店铺中。我们也不会因为客源流失而嫉妒，因为我们只会考虑什么价格能让自己盈利。"

以同居共财、代际继承为核心的家户经营模式保证了特尔纳特华人家庭商业发展的稳定性。当地每个华人家庭不仅要面对市场风险，更要探索如何内嵌到当地的社会结构中来谋求发展。正如泗水华人移民郭天煜所陈述的那样："在泗水，我们华人想做什么生意，去做就好了。在这里，华人要和本地的居民搞好关系，要和苏丹搞好关系，还要和地方政府搞好关系。你看，传统巴刹里一个华人都没有，全是本地人，我们的商品分销到各处全要通过他们。"对于"绝对少数"的北马鲁古群岛华人而言，仅依靠社群的"抱团"效应并不能为个人提供保障，而必须在家庭统合的总体原则之下形成有效策略来应对由族群关系与政治环境带来的潜在危机。在北马鲁古群岛，前民族国家时期形成的王国体系对地方的经济和政治生态产生了重要的影响。所有的政治资源均掌握在"以王国后裔"自居的香料园主的手中。这些香料园主也相当富有，并将土产交易获得的资本投入到地方政治集团的权力争夺中。而来自哈马黑拉岛等地贫苦的基督徒则成为特尔纳特低薪劳动力市场的主力军。以经商为业的华人既要处理好与地方政治势力的关系又要妥善安置劳工，以防因贫富差距和殖民时期遗留下来的族群偏见引发社群冲突。在这样一个产业分工带有明显族群区隔特色的社会中，缺乏生产资料与政治资源的华人只能把商店作为家庭的全部生存依靠和情感寄托，同时将"以店为家"作为家庭延续的总体策略。

三、"多处为家"：跨界流动与商业网络的扩展

在全球化驱动的流动性成为现代生活主要特征的背景下，人们对于确定性、安全感的眷恋与变幻莫测的社会环境之间的张力构成现代生活的重要问题。[1]家庭在变动不居的现代社会中也是流动的，且根据时空环境不断地被重构。[2]在具有悠久跨国实践历史的华人社会中，"两头家""候鸟家庭"就是不同历史阶段华人家庭的特殊形态。"以店为家"展现了北马鲁古群岛华人常规的家庭发展，但

---

[1] 张少春：《做家：一个技术移民群体的家庭策略与跨国实践》，《开放时代》2014年第3期。

[2] E. Kofman, "Family-related migration: a critical review of European studies", *Journal of Ethnic and Migration Studies*, Vol. 30, No. 2, 2004, pp.243–262.

这并不是他们生活的全部图景。事实上，由于历史传统以及种种现实原因，"跨界"流动已经成为北马鲁古群岛华人生活的常态。在频繁地来来往往的过程中，"故乡"与"他乡"的概念被不断转换与重置。

对"祖先的家"的眷念是华人"家"文化实践的重要一环。北马鲁古群岛华人社群中二战以来的新客华人较多。这些第一代移民对祖籍地与原生家庭仍保持着极深的认同与情感，并通过祭祖、探亲等形式保持着与迁出地的社会联系。而经过"多次移民"才定居在北马鲁古群岛的土生华人与"故乡"的联系则更为复杂。

案例二：谢美琴今年65岁，祖籍广东开平，是北马鲁古群岛的孔教徒，能讲较为流利的普通话和粤语。她的祖父母是泰国华侨，到父亲这一代已经移居到印尼的西加里曼丹。后来20世纪30年代她的父亲为讨生活来到了特尔纳特，并与北马鲁古群岛祖籍广东台山的第一代土生华人郭春梅结婚，养育兄妹3人。60年代，她的哥哥回到了泰国，姐姐选择了中国国籍，并跟随母亲回到了老家开平。她告诉笔者："我常常去泰国祭拜祖父母，看望我的哥哥。他在那边生意做得很好，也教我入行。我以前差不多每隔两三年还要回一趟开平老家。家里的亲戚在祭祖还有其他重大事情发生时也都会派家庭代表回去。我们其实关系隔得也比较远，聚在一起除了寒暄，其他也就是聊聊各自的生意怎么样。我和我老公当时比较穷，后来其他在印尼的亲戚就帮忙给我介绍人。"

按照谢美琴的说法，她的哥哥是家族内第一个从事电机的进口与批发生意的。随后，他将自己的经验介绍给分散在印尼各地的亲友。在特尔纳特岛的谢美琴由于受到资本与区域经济发展的限制，并不能参与到跨国的商业活动中，但却依靠其他地区家族成员的引荐及帮助，获得印尼国内本田、东风等电机在北马鲁古群岛的代理资格。谢美琴及其丈夫所经营的电机商店由于垄断了国外品牌产品的代理权而获得了较快的发展。夫妇二人也一跃成为北马鲁古群岛华人商界的翘楚。谢美琴的案例展示了当地华人如何利用家族成员在"祖先的家"聚集时的情感链接来拓宽商业网络。

正如上文所说，北马鲁古群岛至今仍然是印尼最主要的原料供应地。以华人为主的商人群体负责收集区域内不同岛屿的农产品和海产，并销往外岛地区，同时还要引进外岛的物资并转卖给不同岛屿的零售商。处于贸易链条底端的特尔纳特华人中介商，不仅要获得本地居民的信赖，还要设法与泗水、雅加达等上游市场的商人建立良好的合作关系。通过扩展商业网络来分散经营风险，并尽可能地压低成本，是特尔纳特华人获得商业成功的关键。这种经营策略也使得特尔纳特岛华人必须在与上游市场商人的商业往来与情感维系上投入大量的时间与精力。不少华人为了经商的便利，在泗水、雅加达、三宝垄、望加锡、万鸦老等地置办了房产。

1999年1月，以马鲁古群岛南部基督徒与穆斯林间发生的冲突事件为导火索，引发了整个群岛区域内的宗教冲突。8月哈马黑拉岛的考澳人（Kao）基督徒与马基安人（Makian）穆斯林发生严重的族群冲突，并迅速蔓延至整个北马鲁古省。11月，以受害的马基安人为主的各岛屿暴民涌入特尔纳特。效忠特尔纳特苏丹的"黄军"以及其他穆斯林村民组成的自卫队与暴民作战。这一时期，暴民烧毁了特尔纳特岛当时仅有的两座基督教堂，占领了天后宫，同时还抢劫和毁坏华人的商店。这场破坏程度极大的宗教冲突一直持续到2000年6月，造成马鲁古群岛9000多人死亡，10多万人流离失所。特尔纳特、贾伊洛洛、托贝洛等地区的华人为躲避战乱纷纷外逃至苏拉威西的万鸦老、望加锡，爪哇的泗水、三宝垄等地区。这些流亡在外的北马鲁古群岛华人失去了故乡商店的依靠，只能尝试融入居住地所在的华人社群。

案例三：许明璇今年68岁，祖籍福建金门，特尔纳特孔教徒，会说简单的闽南话和普通话，与已故丈夫叶贻南经营照相馆，育有两男一女。1999年冲突发生时，正逢女儿叶莲英在泗水念大学，于是举家逃亡到泗水南部的华人聚居区。按照许明璇女士的叙述："刚到泗水的时候，我们生活很困难，没有办法做生意。因为，泗水的人也怕我们抢他们的生意。在他们看来虽然一样是华人，但我们是从小地方和比较农村的地方来的。泗水的生意也没有在特尔纳特好做，因为那里的照相馆很多，而且价格比马鲁古便宜很多，没什么钱赚。后来慢慢的，住在我们家周围的邻居和我们关系比较近了，很多人开始给我们介绍一些找钱的办法。住在我家街对面的廖美兰在泗水做小朋友服装的进口和批发，就帮妹妹（女儿叶莲英）介绍了很多的批发商，后来妹妹就开始做babyshop（婴幼儿商店）。2005年我们全家就回到特尔纳特。我虽然有一个老工人经常来看店，但店里所有的东西还是被抢光了。后来，我和我的老公只能全部重新买。妹妹就在照相馆旁边又租了一间屋子，卖婴幼儿用品。她到现在还是在泗水那边进货。这里的印尼人很喜欢她卖的东西，说比较漂亮。"

异地的漂泊感以及经商的挫败感促使很多北马鲁古群岛华人在2005年后返回家乡，重新经营原来的商店。正如米店老板戴连新所述："那几年我们也不知道该做什么生意,所以最后还是回到特尔纳特。"对于这些回流至特尔纳特的华人而言,尽管融入外岛生活不易,但好几年的居住体验给他们提供了更便利的机会来了解上游市场的运作。与居住地华人社群的接触,还为他们积累了更多的人脉资源,甚至帮助他们开拓了新的领域。许多在异地社区生活中结识的朋友后来成了北马鲁古群岛华人生意上最可靠的伙伴。而外岛的房屋不仅作为这些华人外出经商时的歇脚地,更成为他们单调乏味的日常经营生活之外的休息港湾。对他们而言,外岛的房屋早已超过了"居所"的概念,成为寄托了美好期许和归属感的"家"。到目前为止,已经返乡多年的北马鲁古群岛华人还让佣人帮他们照看和打扫外岛的房屋,因为他们常会返回外岛的家中居住一段时间。

造成北马鲁古群岛华人频繁地来往于"商店的家"与"外岛的家"的原因是多方面的,除了经商需求之外还包括很多现实生活的困境。除了哈马黑拉岛之外,北马鲁古群岛其他岛屿穆斯林的人口占到95%以上。伊斯兰文化的强势地位也使得华人群体的日常生活受到极大的限制。1999年冲突发生前,每当周五穆斯林会礼举行时,禁止车辆在清真寺门口通行。由于在华人区周围以及闹市区也有不少清真寺,因此这一规定给华人的出行带来不便。最让当地华人感到拘束和难以适应的是猪肉的禁食。在穆斯林人数占压倒性优势的西部小岛上,猪肉买卖毫无疑问是被禁止的,就连哈马黑拉岛的基督徒也不敢公开养猪。为解决饮食禁忌带来的问题,区域内华人围绕猪肉的买卖结成了一个群体内的秘密社会。根据特尔纳特华人介绍,在瓜马拉马商业街,有一位店主的女婿是万鸦老华人。他通过一些特殊的关系将冰冻的新鲜猪肉带入特尔纳特,并在商店内秘密出售。笔者曾跟随相熟的华人去这家商店购买过猪肉。华人去这件商店购买猪肉时必须使用暗语,以避免让店内的穆斯林顾客知晓,如"今天的价格是多少?我需要两份"。随后,店主把熟人顾客带到后厅,待到交易完,猪肉打包好之后,再送他从后门离开。当然,还有一些华人也尝试自己从万鸦老带猪肉包和猪骨高汤等食物回特尔纳特,但要承受更高的风险。无论是采取何种方式得到猪肉,华人在烹饪和食用时必须小心翼翼地避开穆斯林。

区域经济落后、医疗条件差也是造成当地华人"钟摆式"流动的重要因素。这些华人不信赖北马鲁古群岛仅有的3家公立医院(RumahSakit)和私人诊所,举凡常规身体检查或患较严重的疾病都外出就医。一般而言,更为富裕且闲暇时间充足的华人会去新加坡或者中国广州体检和治疗,不具备出国就医条件的至少也会选择万鸦老、望加锡、泗水和雅加达等地口碑极高的诊所。当然,北马鲁古群岛缺乏娱乐和购物场所也是造成当地华人，尤其是年轻一代更愿意居住在外岛家中的原因。相比父辈，年轻人更向往和适应大城市的生活，也更易于融入外岛家所在的社区。这些年轻人一面到上游市场来寻找商机，一面又在当地建立了个人的社交网络。与此同时，受到北马鲁古群岛择偶条件的限制，不少年轻的北马鲁古群岛华人还选择与外岛华人组建家庭。

迫于现实生活的压力和经商的需要，北马鲁古群岛华人必须在"以店为家"的总体策略之下适时地调整家庭成员分工、居住模式和相处方式以避免家庭解体的发生。因此，"以店为家"与"多处为家"并置可以说是北马鲁古群岛华人保持家庭稳固的最优选择。然而，即使采取了最好的策略，但家庭成员的流动性再加上代际间的冲突，仍给北马鲁古群岛华人的商业经营和家庭发展带来了隐患。其中最突出的就是子女离家带来的"空巢"问题、决策群成员不足以及华人安全感的缺失。

四、"空巢"商店：家庭结构的变迁与经营隐患

"以店为家"与"多处为家"策略之所以能够维持平衡，很大程度上是由年长一代华人牺牲了自己的闲暇时间而促成的。特尔纳特华人常开玩笑说的一句话是："年轻的时候做牛做马做到老，老了做不动了，就做狗来看家。"联合家庭共营是北马鲁古群岛华人经商的基本策略，但实际上每个家庭中50岁以上的中老年人才是商店日常运作的主导者。尽管年轻一代也参与到店铺的经营活动中，却远没有像父辈那样全身心投入。笔者对特尔纳特的100个华人商业家庭进行了调查，发现子女长期与父母共居在特尔纳特的华人家庭所占的比例非常小。而半数以上的家庭都是子女一半时间留在特尔纳特，另一半时间待在外岛的家中。而父母只有趁子女回特尔纳特看店的时候，才能外出谈生意、购物和检查身体，或者等到圣诞节至西历新年的假期与子女一同外出度假。

对年轻一辈而言，除了经商需求和大城市生活的吸引力之外，与外岛华人联姻是造成他们长期离家的重要因素。由于北马鲁古群岛华人少，因此早期的中国移民主要是和当地原住民及其他族裔的移民通婚，所育后代有些逐渐融合于本地族群。20世纪初，随着北马鲁古群岛新客华人的大批涌入，再加上荷兰殖民政府实施的种族区隔政策，当地华人形成了族群内部通婚的传统。根据特尔纳特岛华人妇女李玉红回忆："我的丈夫一开始是和我的好朋友美兰谈恋爱，但是美兰的妈妈瞧不起我的丈夫，因为他的妈妈是印尼人。"北马鲁古群岛华人将与当地原

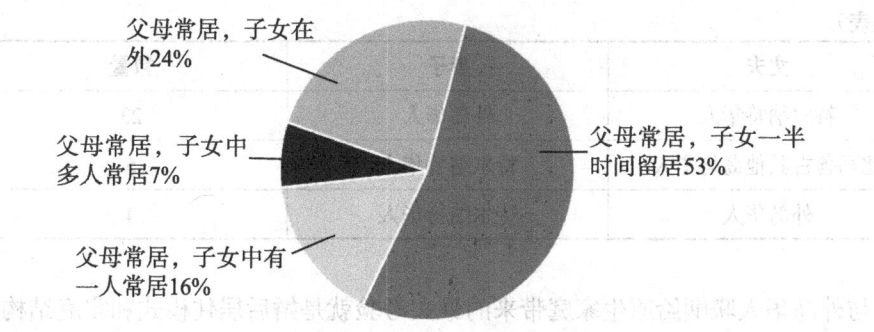

图2-1　特尔纳特华人家庭居住模式分析图

居民结婚称之为"Asimilasi",意思是两种文化或族群的融合。20世纪下半叶以来,北马鲁古群岛"Asimilasi"的情况越来越少,例如特尔纳特华人娶本地原住民为妻的4例,嫁与当地穆斯林的1例,先改信伊斯兰教后与本地人通婚的3例。这些与原住民结婚的华人往往还要承受来自家庭的压力。如,上文提到的许明璇女士的小儿子Rigo(叶世新)离婚后想与托贝洛的原住民Lisa结婚,后遭到许明璇的强烈反对:"马鲁古已经没有华人了吗?你要和一个印尼人结婚。"受到社群文化传统、族群差异以及阶层分化等因素的影响,绝大多数的北马鲁古群岛华人仍在华人社群内部选择配偶。

经过数代的族内通婚后,北马鲁古群岛华人之间形成了较为密集的亲属网络。此外,自20世纪60年代特尔纳特岛的华文学校被迫关闭后,华人子女90%以上选择去特尔纳特唯一的天主教会私立学校念书。而其他族群的居民子女则去政府公立学校以及伊斯兰教私立学校就读。直到今日,特尔纳特天主教会创办的私立幼儿园、小学和中学的学生仍以华人为主。从小同校接受教育使特尔纳特华人青年彼此间非常熟悉,但却大大降低了结为夫妻的几率。许多年轻人更愿意在外出求学、经商以及在外岛的家居住时,在当地寻找合适的结婚对象。笔者随机选取了50对40岁以下的特尔纳特华人夫妻进行了调查,发现夫妻二人均来自特尔纳特岛的仅有7例。

表2-3　特尔纳特华人青年婚姻状况表(样本总数50)

丈夫	妻子	数量
特尔纳特华人	特尔纳特华人	7
特尔纳特华人	北马鲁古群岛其他岛屿华人	11

(续上表)

丈夫	妻子	数量
特尔纳特华人	外岛华人	23
北马鲁古其他岛屿华人	特尔纳特华人	5
外岛华人	特尔纳特华人	4

与外岛华人联姻给原生家庭带来的最大考验就是婚后居住模式和家庭结构的变迁。远嫁外岛的女儿一般会脱离原生家庭，只有极少数会因为生活困境而重新回到北马鲁古群岛。年长一辈当然希望儿子结婚后能留在特尔纳特，帮助打理商店。因此，有些家长会要求儿子即使在外岛择偶，也要"找一个守本分，能够帮助看店的儿媳妇"。而现实的情况却是，外岛城市华人的谋生方式已经日趋多样化，越来越多的华人从事商业以外的其他行业。即使经商的那部分华人的经营模式也与北马鲁古群岛传统的"华人"商店经营有很大不同。不少外岛大城市嫁入北马鲁古群岛的华人年轻女性向往更自由和丰富的生活，而不愿长期看店。尤其是年轻女性怀孕、生产的时期，即使是本地的华人妇女也更愿意待在外岛。已经怀孕4个月的李心怡就说："这里的医生不行，所以我如果检查就会回泗水。等到我怀孕5个月以后，我就长期待在泗水了。因为这里没有好的保姆和月嫂，如果从泗水请来的话，会非常贵。"

异地分居是北马鲁古群岛华人夫妻生活中常见的现象。为了更好地经营自己的核心家庭，年轻丈夫也要花去大部分的时间去外岛陪伴妻子与孩子。居住模式的改变直接反映出北马鲁古群岛华人家庭中的代际冲突。父母辈认为商店和家庭生意的延续是根本，所以坚持守店并希望子女能够留居特尔纳特。而年轻一辈虽也帮助料理家庭生意，但更注重核心家庭的发展及与妻子和子女间的情感经营。这种无法避免的代际冲突也使北马鲁古群岛华人商业家庭的结构发生了变化，出现了"空巢"商店的现象。由于子女长期在外，这些留守商店年长的华人店主在很多方面更加依赖于商店中的工人与保姆。

案例四：陈平昌夫妇，祖籍福建永春，托贝洛的基督徒，会说简单的闽南话。2007年儿子娶了望加锡的华人女子后留居在望加锡，每年只回特尔纳特住3个月。据陈平昌所述："我家有一个来自哈马黑拉东岸农村的男孩，从2005年就跟着在我们店里打工。我们对他很好，给他读书，前两年还给他结婚。我们讲闽南话他都能听得懂。半年前的时候，他说有了家庭想自己工作，我们就给他涨了很多工资。到现在我们要去哪里，也都是他和他的老婆跟着我们。"

东南亚华人传统型商铺里的工人的职业性质更接近全职服务人员。他们不仅吃、住在店主家，平时除做好与商店有关的本职工作外，还要承担很多华人店主私人领域的活计。相比常年在外的子女，他们更了解华人店主的日常生活，甚至与之有着更为亲密的接触。劳工群体中的佼佼者凭借着个人的勤劳与努力，获得了华人老板的信赖，彼此间建立了超越雇主与店员、资本家与工人、华人与原住民身份界限的特殊情感。这些工人在北马鲁古群岛华人商业的发展中扮演了极为重要的角色。

当然，这些与华人店主亲如一家的工人在北马鲁古群岛整个劳工群体中极为少见。华人老板与贫穷劳工间的阶级界限和隔阂仍然十分明显。贫富差距大是北马鲁古群岛的主要社会特点之一。北马鲁古群岛的华人老板、穆斯林香料园主非常富有，而来自哈马黑拉岛的基督徒劳工每月的平均工资则为人民币400—750元。在社会秩序稳定的时期，不同群体在北马鲁古群岛社会的产业链中各司其职，和谐共处。然而一旦群体间发生利益冲突或受到地方政治力量的煽动，处于区域社会最底层的劳工群体易受到潜藏的民族主义情绪以及"仇富心理"的影响，实施针对华人店主的暴力事件。留守"空巢"商店的老人，由于缺乏子女和家庭成员的保护，处于孤立无援的境地，这也给极个别心理失衡的劳工提供了犯罪的可乘之机。例如，2012年9月，经营副食品批发的华人独居老板李天泰遭到住宿在店铺里的男性工人的抢劫与杀害。笔者在特尔纳特岛调查时还亲历了一次华人店主被辞退工人杀害的事件。事情的起因是华人家具店店主KoTiti在一周前以懒惰为由辞退了一名18岁的男性工人，当时双方发生了口角。一周之后的周日清晨6点，这名男子从瓜马拉马商业街背后的巴刹潜入店铺的二楼阳台，到一楼商店关掉电源总闸，随后潜入二楼店主的房间，在偷窃一定数额的现金后，将KoTiti杀害，并打伤其妻子Ci Hong，最后从二楼阳台跳下逃逸。Ci Hong在特尔纳特岛孔教协会以及华人亲友的帮助下料理了丈夫的丧事，之后关闭了店铺，跟随其子搬到泗水居住。

这次事件使整个瓜马拉马商业街被愁云所笼罩。华人社群内人心惶惶，一些华人老板给店员加薪，许多店主则加固了用来间隔家庭居住区与工人宿舍区的大门。尤其是"空巢"商店里的华人店主更加害怕："虽然这只是个别事件，但是我还是非常害怕，因为不管有没有男性工人住在家里都很危险。我打算让我的女儿和女婿下个月从万鸦老回来，以后就把生意交给她们来做。"经历了苏哈托长达32年的统治时期，作为北马鲁古群岛绝对少数族群和弱势群体的华人一直小心翼翼地处理与各种政治力量的关系。经商所带来的收益是缺乏政治资源的华人在当地的立身之本。商店经营不仅是帮助华人融入地方社会的主要途径，更是常居在北马鲁古群岛的华人家庭和个人生活的全部希望。因此，由家庭结构变化所引发的经营隐患也造成了当地华人社会安全感的缺失。

第三节　社会资本化实践与跨国资本运作

孔飞力基于华人移民的历史研究，提出"通道—小生境（Corridor-Niche Model）"模式，以文化通道来解释华南与东南亚地区的历史往来与互动。他认为，亲缘、乡缘等关系网络构成了华人移出地与移入地之间的潜在通道。在通道两端，移民文化又与地方本土相结合，改变了当地的文化生态，形成了特殊的"生态圈"。[1]东南亚华人通过移民链接、文化交流与社区再造建构出一个"跨界中华"[2]的社会链接。而这种跨界的链接则是基于对"中华"——这个乡土世界与故乡的代名词，及其背后所蕴含的中华文化的广泛认同。全球化时代，尤其是中国实行改革开放以后，华人在世界各地的跨国实践日趋频繁和多元化。

早在20世纪80年代末，日本《世界经济评论》就曾指出，随着中国的经济崛起，环太平洋地区正在出现一个新的中华经济圈。[3]华人商业网络，尤其是华人企业的日趋全球化对20世纪下半叶东亚与东南亚经济的增长做出了卓越的贡献。而华人在"跨国文化圈"[4]的经济活动通常借助族群内的各类组织，"跨界中华"中形成的多层次社会网络也是其重要基础。一些学者在对华人跨国商业网络的研究中引入了"社会资本"的概念。刘宏教授强调社会关系对华人全球商业网络的形成和发展中的重要性，重点分析华人跨国企业家的"社会资本化"（Social Capitalizing）的实践方式。在他看来，华人跨国企业家的商业哲学和网络实践从

---

[1] Philip A. Kuhn, *Chinese among Others*: *Emigration in Modern Times*, National University of Singapore Press, 2008, pp.43-49.
[2] 刘宏：《中国崛起时代的东南亚华侨华人社会：变迁与挑战》，《东南亚研究》2012年第6期。
[3] ［日］游仲勋著，刘晓民译《东南亚的华侨、华人财阀——泰国、马来西亚、印度尼西亚实例研究》，《南洋资料译丛》1987年第1期。
[4] 麻国庆：《全球化：文化的生产与文化认同——族群、地方社会与跨国文化圈》，《北京大学学报》2000年第4期。

根本上来源于他们的社会观和利用社会资本作为拓展跨国业务的策略。[1]社会资本的概念不仅可以用来研究那些知名的华人跨国企业家，也对东南亚华人的商业经营有普遍的解释力。正如白鲁恂所说，华人关系网络对他们的经济活动是相当有力的促进力量，尤其在东南亚地区，与本地土著相比，华人拥有更多的社会资本。[2]北马鲁古群岛华人特别善于运用社会资本来推动家庭商业的发展。这不仅表现为在商业活动中注意建立社会关系，还包括对族群内不同类型社会网络的借用。

一、族群网络与社会资本化实践

以北马鲁古群岛为例，华人的社会资本化实践首先表现在他们对亲属网络中资源的共享与整合。亲戚朋友间合作经营商店的案例并不少见。尤其在初涉新兴行业时，人们会通过亲属与熟人网络来整合有限的资本与人力资源，共同承担市场带来的风险。例如，在土产商 Ko Sen、Ko Ton 以及 Ko Ton 姐夫的二弟合伙经营的过程中，Ko Sen 料理财务核算，Ko Ton 负责评判土产的不同质量等级并定价，而另一位合伙人则承担着与外岛商人洽谈生意、拓展商业网络的工作。在合作经营的5年时间内，3个家庭都居住在商店的楼上，平日的饮食和日常开销统一从商店的盈利中支出，子女的教育费用则由各个家庭自行承担。年底时，每个家庭按照当初投入的资本获得相应比例的盈利分红。合伙人间达成的基本默契是，在单个家庭能够独立面对行业经营与市场风险时，合伙关系可以随时解散。从合伙人变为同行竞争并不会带来亲戚关系的紧张，因为获得家庭的独立经营权是特尔纳特岛华人商业经营的首要原则。

除亲属网络外，参与自愿性的社会组织（社团），有助于建立人际间的互信和互惠交换的规范，从而帮助成员积累社会资本。[3]对当地华人而言，社会资本还可以从族群内建立的体制化关系网络中获得。尽管当地从未形成华人的宗族组织，而华人联合会也在苏哈托时期被迫解散，但是以天后宫为阵地的宗教组织一直延续至今。我的特尔纳特族朋友在向我提及当地华人时曾说"他们有组织"，

---

[1] 刘宏：《社会资本与商业网络的建构——当代华人跨国主义的个案研究》，《华侨华人历史研究》2000年第1期。

[2] Lucian W. Pye, "Civility, Social Capital, and Civil Society; Robert W. Jackman and Ross A. Miller, Social Capital and Politics", *Annual Review of Political Science*, No.1, 1998, pp.47–73.

[3] 丘海雄：《社团、社会资本与政经发展》，《社会学研究》1999年第4期。

并将当地的孔教徒称之为"Orang Kelenteng"（庙里的人）。本地人之所以会有这种印象，是因为华人孔教徒经常统一着装、集体出席本地族群举办的公开活动。孔教协会不仅是当地仍保留传统民间信仰的华人结成的信仰共同体，更是一种确立群体行动规范、促进族群团结的互助型社会组织。

华人孔教徒每周日晚上会举行一次仪式和聚会，在重要的传统节气与节日到来时还要举行相应的祭祀活动。平日常规活动的费用主要来自孔教徒所交的会费。除了会费外，孔教协会内还会定期举行募捐，用来帮助成员筹办婚丧嫁娶等人生礼仪。每逢这种场合，孔教协会的成员都会到场，给主事家庭提供无偿的帮助。倘若某位成员遭遇突发性变故，例如感染疾病或生意失败等情况，协会理事们会发起临时募捐，并代表所有成员去探望。孔教协会经济援助的对象是当地所有的华人，所得款项也绝不仅来自于孔教徒。当地很多成功的基督徒或天主教徒华商，虽然从不参加天后宫的宗教仪式和日常聚会，但对捐款活动则乐此不疲。尤其在农历新年前夕，天后宫筹集的举办庆典的款项很大部分来自于一些不是孔教徒的大商人。天后宫的主事人员也会给瓜马拉马街区的所有华人家庭送去除夕庆典活动的邀请函。而除夕夜，无论那些"大老板"有多忙，每个家庭都会全员或派代表参加庆典活动。可见，孔教协会不仅是一个宗教组织，还是沟通当地不同宗教信仰华人的桥梁。它的运行加固了华人群体内业已建立的熟人网络，又强化了族群内部相互依赖的社会关系。而这种互信关系为当地华人开展良好而持久的商业合作提供了重要的社会文化基础。

借由孔教组织，当地华人还将个人的社会网络扩展到其他地区。由跨界信仰网络提供的人脉资源还为他们商业网络的扩展提供助力。特尔纳特孔教协会隶属于雅加达印尼孔教总会。每隔两个月孔教总会邀请各地的负责人前来商议会务，了解各地孔教发展的情况及问题。此外，每两年还会邀请各地华人代表到雅加达共度春节，参与者中不乏成功的华人企业家。特尔纳特岛华人孔教徒也善于利用与其他地区孔教徒接触的机会来积累社会资本。例如，特尔纳特华人孔教徒Ko Ste即是在2010参加印尼孔教总会春节庆典活动时，认识来自泗水的华人大商家，并在其帮助下获得新的发展契机，现已跻身北马鲁古省最富有商人的行列。

北马鲁古群岛是印尼最主要的农产品和海产品原产地。当地华人作为出口贸易中介商，控制着本地市场，原本处于跨区域贸易体系的底端。然而随着全球化时代的到来、信息与资本的快速流动，以往形成并固化的层级市场交易模式已被逐渐打破。越来越多的跨国商家开始绕过泗水、雅加达、万鸦老等印尼的国际都会市场，企图在地方市场与国际交易市场间建立直接联系。随着中国的经济崛起，许多中国企业家开始在印尼泗水开办进出口贸易公司，并直接与下游市场进行商品交易。跨国资本逐渐深入并改变了贸易链下游华人的商业模式。在这种情形下，掌握中文及与中国商人交易的规范与技巧，就成为了一种重要的文化资本。北马鲁古省华人年轻一辈中近一半具有在中国留学的经历。语言上的优势使他们相比其他商人而言获得了更多参与跨国贸易的契机。例如土产店老板阿文是当地中文水平最高的一位，不仅表达流利，还可以进行简单的拼写。语言上的巨大优势使他有更多的机会结识并获得中国商人的信任。他与来自中国华南的土产贸易集团共同开拓了从北马鲁古群岛经印尼泗水和越南驮隆口岸抵达中国广西龙州的贸易网络。

从北马鲁古群岛华人的日常生活和商业实践中可以清楚地看到他们在追求财富时有意识地利用了大量的社会资源和象征性资本。其中，亲属关系、社群组织以及华人经商传统族群社会记忆仍然对他们在"跨界中华"场域中的社会资本化实践起着主导作用。与此同时，当地华人以族群内所共享的观念、策略、资源和社会网络为依托，通过在故乡与他乡间的贸易往来，又在不断创造"跨界中华"新的族群记忆。

二、非华人关系网与社会角色重塑

在后苏哈托时期，当地华人的社会地位有了一定程度的提高。但由于缺乏政治资源和向上社会流动的渠道，即使拥有丰厚的经济资本，华人仍然长期在与地方强势族群互动关系中处于弱势地位。华人被许多本地族群指责为封闭、不融入当地社会的"经济动物"。为了改善生存境遇，增强华人在地方社会的影响力，一些特尔纳特岛商家以经济资本作为基础，通过构建个人的非华人关系网，来重塑华人群体的社会角色。这些有益的尝试，具体分为3种途径：其一，通过与政治领袖建立亲密的私人关系，并对地方政治活动提供经济支持来获得社会声望；其二，借助区域内的传统型权威来加强本地族群对华人的认同意识；其三，透过贴近新的文化潮流和社会新风尚来博得当地人的广泛认可。以下，将主要以特尔纳特岛华商中3个具有影响力人物的个案为例来分析华人群体的行动策略。

在印尼，甚至整个东南亚，华人企业家借助政治力量来加速个人商业资本的积累是非常普遍的现象。一些学者将通过此种方式形成的华侨财阀称为合作、依赖或者附属型①，但却忽略了常被视为外来者的华人企业家试图融入主流社会的主观能动性。尤其在政局相对平稳的今天，越来越多的印尼华商不再单纯将政治资源作为商业经营的保护伞，而是借助政界关系网表达华人群体的政治诉求。2014年，特尔纳特岛就出现过华人参选副市长的情况，尽管最后落选，但仍不失为当地华人参与地方政治的有益尝试。

Apak是在本地族群中最具社会威望的华人之一，这不仅是因为他雄厚的资本实力，更是得益于他与特尔纳特族的政治领袖——前文提到的Syamsir Andili先生非同一般的私人关系。据Syamsir Andili先生回忆："我在特尔纳特做了12年的市长，本来应该是5年一届，最多两届，但因为当时没有合适的人选，所以我又兼了两年。你知道，我妻子的父亲也是华人，大概也是这个原因，我有很多的华人朋友，Apak就是其中一个。我和Apak早年就相识，当时我还没有做市长，就常把我的土产卖给他。那个时候关系就已经不错了。1995年的时候，我决定为竞选市长做准备，Apak给我的竞选提供了很多经济上的援助，我们因此也结下了深厚的友谊。"目前，Apak及其子女还经营着3家经济型酒店。由于北马鲁古省及特尔纳特市政府众多官员仍效忠于Syamsir Andili，因此他们也十分信任Apak。省、市政府各部门每年的大小会议和宴席几乎全由Apak所经营的酒店来承办。作为回报，Apak也无偿给Syamsir Andili及其追随者提供场所举行政治团体的私人聚会。

不过，真正让Apak获得特尔纳特族的广泛认可是由于他在社会动乱时对地方经济的稳定和复苏发挥了巨大作用。1999—2000年，马鲁古群岛爆发大规模的族群冲突，当地的大部分华人都外逃至苏拉威西和爪哇地区。这一时期，北马鲁古省的经济接近崩溃的边缘。直到2003年华人大批返乡前，瓜马拉马集镇上的商铺大量关闭，特尔纳特岛人民的物资供给和商品交换几乎处于半停滞的状态。Apak是当时少有的主动留在当地的华人资本家。他除了继续经营土产生意外，还增开了大米、面粉、糖等批发商店来解决群岛内的粮食供应问题。Syamsir Andili继续讲道："那几年是我做市长最艰难的时刻。你知道，特尔纳特的华人大多是批发商，做中转贸易的，所以他们一出走，整个北马鲁古群岛的商业发展几乎陷入瘫痪。人们只能靠西米和香蕉做主食，买不到大米，更不论从外岛来的其他商品了。Apak不仅开了些粮食店供应给巴刹，还帮助我邀请一些华商回到特尔纳特。如果没有他出面做保，告诉他们特尔纳特已经安宁了，华人没有那么

---

① ［日］游仲勋著，刘晓民译：《东南亚的华侨、华人财阀——泰国、马来西亚、印度尼西亚实例研究》，《南洋资料译丛》1987年第1期。

快回来的。"在二人的共同努力下，2002年前后，就已经有一些华商陆续回到特尔纳特岛。事件平息后，北马鲁古省经济步入正轨，Apak也因在动乱中的卓越表现获得特尔纳特市的嘉奖和苏丹颁发的荣誉勋章。自此，Apak就在本地人中间享有"勇敢""友好""爱特尔纳特""慷慨援助""热心社会"等美誉。

借助良好的社会声望转化而来的象征资本，Apak开始投身于房地产开发与基建设施等相关领域。他成为特尔纳特市政府兴修公路、码头等基建工程的"御用"承包商。2009年，Syamsir Andili在征得特尔纳特苏丹王室的同意后，实施了从苏丹王宫至瓜马拉马集镇的填海造路工程，扩宽了东海岸市镇的海岸，重新规划了开放式海滩、货运码头等基建项目。Apak在承担完成这些政府基建项目后，又追加投资，在新拓宽的海岸上修建了北马鲁古群岛唯一的购物商场——Jatiland Mall。百货商场及随之而来的餐饮、服装等行业的兴盛，不仅丰富了当地人的业余生活，还创造了许多就业机会，有利于安置区域内的闲散劳动力。对Apak本人而言，承包政府的基建项目当然是为了获得更丰厚的经济收益，但又绝不仅限于此。他常常跟我说："我不是只希望我一个人富有，而是希望特尔纳特能够好起来。因为就算我一个人再有钱，在小地方，也是没有用，比不得在泗水、雅加达那里。在这里，我们华人很少，虽然很有钱，但是不可以骄傲，不能只和华人在一起。我们还要对本地人友善，多和他们交往，只有这样才能让他们多了解我们，才能更好地在这里生活。"

正是由于超群的经商能力、具有前瞻性的决策力以及社会参与中的主人翁意识，Apak无论是在华人还是非华人圈中都拥有难以替代的地位。尽管建立与非华人的政治关系是当地华商的投资策略，政商合作带来的互惠互利也确实符合华人与地方政治精英的共同利益，但如果仅从功利主义的角度将这种协作机制视为短期的寻租行为，则有失偏颇。我们应该认识到，华人与地方强势群体和政治精英的合作，正是他们尝试融入主流社会发挥社会影响力的主动策略。

对古老苏丹王国的忠诚与信仰，是特尔纳特族在当地获得身份权利的精神来源。作为文化上"他者"的华人群体，只有借助区域传统型权威，通过建立与苏丹王室的亲密关系，才能真正获得"本地人"的身份认同。华人迁徙至北马鲁古群岛的历史由来已久。特尔纳特苏丹设华人甲必丹，并将其纳入地方三级管理制度之内，已经在意识形态上认可了华人也是王国子民。现代印尼建国之后，中央政府对苏丹权力的剥夺，以及长期以来主流社会对华人的制度性歧视，使得特尔纳特岛华人"王国子民"的身份被逐渐淡化。20世纪末，随着印尼各地民主改革运动的风起云涌，特尔纳特苏丹企图重夺以往的势力与权威，因此着手在民间重新推行三级管理体制。当时在位的特尔纳特苏丹Mudaffar Sjah十分看重华人甲必丹的人选，起初属意由林富英担任，但却遭到对方的婉拒。后由特尔纳特孔教协会会长林中南担任现代印尼的第一位华人甲必丹。

林富英，当地人叫他Ko Hui，基督徒，祖籍福建泉州，小时候接受过华文教育。他是特尔纳特岛唯一的华人律师，同时还在瓜马拉马集镇经营一家小型夜总会，并担任特尔纳特酒店及餐饮行业协会的主席。他的父辈都是印尼独立初期北马鲁古省华侨联合会的骨干成员，他的二叔还在1951—1952年担任过会长，因而他顺理成章地继承了长辈们的人脉和社会资源。林富英告诉我说："1998年的时候，苏丹找我来做甲必丹，我不愿意，因为当时他和北马鲁古的县长在政治上较量，所以我害怕。后来事件平息后，我就接替Ko Boy（林中南）做甲必丹，一直到现在。"与其他华商不同，林富英很少去经营的夜总会和餐厅坐镇，而是主要在夜总会楼上的办公室。他的办公室门口用印尼语赫然书写着"特尔纳特华人领袖、律师"的字样，而书房的墙壁上也挂满了他与印尼各地政要的合影。严格来说，特尔纳特并不存在能够联合当地所有华人的制度化的组织。林富英华人领袖的头衔不是通过华人组织的选举产生的，而是主要源于"华人甲必丹"的身份。

第一次与林富英先生见面时，我就能从他身上感受到当地华商少有的自信和激情：

当地人跟你说的华人领袖就是我，我就是Capita Cina（华人甲必丹）。谢谢你告诉我苏丹王宫附近的民居里有我们祖先坟墓的事情。这是我的工作，我会尽快找人把墓修好，保护起来。你问我，为什么当地人会住在我们华人的坟墓那边，这句话你应该去问这里的市长。你是从中国来的，你应该去问他，让他觉得不好意思。我每次去王宫开会的时候都要和苏丹提这件事情。苏丹也帮助我给市政府的人说，但是问题还没有解决，因为那里的居民不愿意搬家。政府每让他们搬家一次，他们就会有人拿小石头去砸华人的商店。所以，没办法，我不能把他们逼得太急。

在特尔纳特苏丹王国的三级管理制度中，尽管华人甲必丹属第三等级，但权力和地位都明显强于其他甲必丹。据特尔纳特苏丹王子Mudaffar Dayat所述："华人甲必丹还有一个职责是皇家军队的长官，所有的甲必丹以及更低等级的士兵都要听他的命令。"这样的行政安排主要出于两方面原因：一方面，苏丹王室为了获得更多的经济支持，通过提高华人甲必丹的地位来笼络华商；另一方面，作为律师的林富英的文化水平明显高于其他甲必丹，又因其见多识广，个人能力突出，获得了苏丹家族的信赖与重用。例如，2015年3月苏丹Mudaffar Sjah病重时，专门通知林富英前往雅加达陪伴，并协助解决家庭内因王位继承者引起的纠纷。在苏丹逝世6天的祷告仪式上，其他甲必丹只能与普通民众坐在宴席的外围，而林富英却能越过上一等级的Fanyira，坐在靠近苏丹家族的中心席位上。

林富英在王国事务中的影响力使其受到特尔纳特族的广泛认同与赞扬："Ko Hui与其他的华人不同，不是只待在自己的圈子里，他融入了我们。他不是只知道赚钱。他的知识很丰富，知道王国的历史，也知道很多外面的事情，所以连苏丹都特别喜欢和他说话。"由于林富英是律师，常帮本地人解决经济和家庭纠纷，因此也获得了良好的社会声望。而他本人在主观上也愿意与当地人结交："荷兰人在的时候，把我们印尼分成了三个等级，我们华人是第二等级，本地人是第三等级。所以到现在，族群之间还有隔阂。这一点，我们特尔纳特华人也有错，也有一些人比较骄傲，除了做生意，不太愿意和本地人打交道。而我不同，我特别喜欢和他们来往。"白天到办公室找林富英会面的穆斯林很多，有时他要同时接待好几拨客人。夜晚的时候，也有很多公务员到他的餐厅同他畅谈地方政治。而他在待人接物上的慷慨之举也加深了本地族群的信任与好感。我的穆斯林朋友Viko先生一提起林富英就竖起大拇指："他非常非常的友好，对每个人都非常好。每个月都会派人往我们的办公室送好几箱矿泉水。我和我的朋友们都非常尊敬他。"

作为华人甲必丹，林富英很好地成为了华人群体与本地人沟通与联系的媒介。他不仅在王国例会时代表华人提出利益诉求，还利用许多正式与非正式的场合向本地人宣传华人的文化与道德。他在王国事务上不遗余力的投入，实际上也是在向本地强势族群宣示和强调华人作为"王国子民"的文化身份。同时，他身体力行地融入特尔纳特族的政治与社会生活，打破了很多本地人对华人千篇一律的刻板印象。

除了上述两种借助政治力量的策略外，特尔纳特岛华人也逐渐意识到通过制造文化上的亲近感来改善与原住民的关系。与本地族群以消费和夸耀来获得社会威望的处事哲学相比，富裕的特尔纳特华人仅以极其朴素的形象示人。有些华商有时也会自嘲道："你到本地人的家里做客，他们的房子应该很漂亮吧。我们华人都忙着找钱，所以住的地方都是比较随便的。"常年身着普通的圆领体恤和短裤，不佩戴任何的金银饰物，使人们很难把他们与想象中的富豪形象联系起来。相反，在本地人中间，即使再普通的家庭，男主人都会佩戴名贵的宝石戒指。对巴占石与奥比石疯狂的追捧，已经成为当地新的文化潮流与风尚。在我前期调查结束后不到一年的时间内，特尔纳特岛多出现了3个宝石交易市场，以及数不胜数的贩卖宝石戒指的小商店。即使在特尔纳特市政府大院这样严肃的办公场合，也举办过两场盛大的宝石交易会。对不同类型宝石的甄别与估价已经成为一种新的地方性知识。一些较为富裕的香料园主也开始学习辨认和打磨宝石的技巧。在本地人的各类聚会上，巴占石成为继地方政治之后的热门社交话题。倘若哪一位男士拥有高品质、精致的宝石戒指，便立刻成为人们谈论的焦点。佩戴相称的宝石戒指俨然成为特尔纳特族用以确立和获得社会声望的新的方式。

  本地香料园主看重宝石所蕴含的象征意义及文化价值，而华人则更关注它的实用性。正如布匹批发商店老板林国光所说："宝石确实很美丽，但在我看来它的市场价格远远高于它的实际价值。它对我们来说并没有什么用。我实在搞不懂那些本地人为什么要在手上戴那么大的戒指，太夸张了。我的父母从小就教育我们要勤俭，每一分钱都要花在有用的地方。"受华人传统文化的影响，特尔纳特岛华商从不过度消费，更遑论购买巴占石、奥比石等奢侈品。华人节俭的生活态度却被本地族群调侃为"无趣"和"不懂得享受生活"。对事物价值的认知及消费观念的差异，也加深了华人与本地人在交往过程中的文化隔阂。

  当然，也并非所有华人都对宝石消费嗤之以鼻。一些头脑灵活的华商认识到涉猎宝石加工与生产行业有利于为商业发展积累人脉资源。土产商Ko Ste在2016年初开始向他的土产供应商——在印尼有"King Obi"（奥比石之王）之称的宝石设计师Asmar先生学习宝石的甄别与打磨技术，并与其合作投资奥比石的商业开发。Ko Ste与Asmar先生合作的消息成为爆炸性新闻被刊登在当地发行量最大的报纸*Maluku Post*之上。这篇短文给予了Ko Ste极高的评价："Ko Ste的这一决定会给整个北马鲁古群岛的人民带来福利。以后宝石爱好者们可以更轻松地获得优质的宝石了。他已经是最富裕的商人了，但仍然愿意从小事做起，从头学习打磨宝石的技艺。"尽管Ko Ste的本意是想开拓新的商机，但客观上推动了地区新风尚和流行文化的发展，同时也拉近了华人与原住民之间的心理距离。

  在苏哈托长达32年的统治时期，作为当地绝对少数族群和弱势群体的华人一直小心翼翼地处理与各种政治力量的关系。经商所带来的收益是缺乏政治资源的华人在当地的立身之本。而丁香贸易重新对自由市场的开放，为当地华人提供了积累经济资本与扩大社会网络的契机。借助华人社会组织及非华人关系网建立社会资本，不仅是当地华人的关键生存策略，更是他们对地方政治环境的一种适应方式。在以香料园主为主导的地方社会中，华人通过对商业资本的垄断限制了强势族群的权力，使各阶层处于相对平衡的社会结构中。同时，他们还利用族群固有的传统型资源，灵活地转化跨界贸易中创造出的经济资本、社会资本与文化象征资本，增强社会影响力与群体认同，并试图改变华人群体在社会关系中相对弱势的地位。

第四节 余论：印尼华商跨国实践的经验与启示

陈志明教授提出了"世界华人民族学文化圈"这个概念来考察中国与不同地区海外华人的涵化与文化认同的多样表达。[①] 经过住在国长达数个世纪的繁衍和在地融入，印尼华人社会早已不是想象中的单元体，而是由带有不同地方文化特色的华人社群组成的多元体。这当中既包括新客华人与土生华人在文化与认同上的差异，也包括同一国家内部不同地区华人社群的地方特性。因此，要全面地了解东南亚华人商业的发展不仅要进行综合性的研究，还要尽可能多地了解不同地域，尤其是非传统研究区域的华人社群的生存境遇。

印尼的北马鲁古群岛位置偏僻，华人人数稀少。然而正是这不到区域总人口0.5%的绝对少数掌握着群岛绝大部分的商业资本。当地华商面临的社会政治环境更加复杂，不仅需要和本地不同岛屿的众多族群和谐共处，还要处理好与地方政府以及苏丹王室的关系。因此，当地华商除了利用华人社群传统的血缘、地缘和业缘网络外，还尤其注意非华人关系网的积累，通过商业资本、社会资本和文化象征资本等多类型资本间的灵活转换来垄断区域商业资本，获得一定社会地位。北马鲁古群岛华人社区的家庭策略和社会资本化实践，也是海外华人生活的"地点"与"生存处境"间关系具体化的反映。身处印尼农作物、海产品的传统产地，原本北马鲁古群岛华商是原材料供应商，处于贸易链的最底端，不可能有机会进行跨国资本运作。但进入21世纪，全球化进程加快，国家、民族等政治边界越来越被"流动的空间"打破。这也带来了国际贸易方式的改变，例如许多海外商人可以到世界各地建立收购基地，打破了原有的层级贸易网络的限制，直

---

① 陈志明著，段颖、巫达译《迁徙、家乡与认同——文化比较视野下的海外华人研究》，商务印书馆，2012年，第13-16页。

接到原材料产地进行贸易。例如，北马鲁古群岛的华人就因为中国商人的到来而被直接卷入国际贸易市场。在此背景下，当地华人越来越多地认识到懂汉语，掌握和中国商人洽谈、合作的技巧，成为商业经营必不可少的文化资本。

  可以说，北马鲁古群岛华人的跨国资本运作案例给我们提供了一个有益的视角。那就是，在全球化时代，华人移民的跨国主义呈现出丰富的类型和模式。在中国和平崛起的背景下，无论是印尼政府抑或是各地民间社会对移民重要地位的认识都有所提升。对印尼华商而言，印尼国内平稳的政治经济环境和"一带一路"倡议建设的契机，为其商业发展提供了良好的社会基础。他们同祖籍国的商人以及同一阶层的海外华人进行经济上的密切往来，不仅提升了自身的经济实力和社会地位，同时协助地方社会脱离经济困境。跨国实践作为印尼华人提升社会地位的一个有效途径，其目的是帮助其落地生根，更好地融入住在国的主流社会。① 对印尼本国而言，中国的和平崛起，以及"一带一路"倡议推行下落实的各项跨国合作项目确实惠及到了当地民众。政府和普通民众看到了印尼华人在引进外资支援国内经济建设中的突出贡献，同时也期待印尼华人能在中印经贸往来过程中继续做好桥梁。当然，在印尼这样一个曾经出现过数十年制度性排华浪潮的国家，华人的政治地位仍然较低，社会歧视问题还是存在。特别是历史上一些民族主义分子对印尼华人国家忠诚度的怀疑，在如今印尼华商与祖籍国保持高密度互动的社会现实下，易产生负面影响。为预防隐藏的社会风险，减少一些民众的不满情绪，印尼华人在继续加强经贸发展的同时，还要注重回报印尼本国社会。一方面积极参与社会公共事务，为地方社会的治理捐资献计，另一方面还要深入推进华人公益慈善事业更多地向地方社会和本地族群倾斜。印尼华人以实际行动将其在中印贸易中的受益"反哺"当地社会，借此来打消其他族群对印尼华人政治认同的疑虑，消除他们因华人社会地位提高而产生的紧张情绪。

（童　莹）

---

① 周敏、刘宏：《海外华人跨国主义实践的模式及其差异——基于美国与新加坡的比较分析》，《华侨华人历史研究》2013年第1期。

第三章 跨国主义视角下海外华商与"海丝"核心区互动研究

2015年3月28日，国家发改委、外交部、商务部联合发布了《推动共建丝绸之路经济带和21世纪海上丝绸之路的愿景与行动》，明确提出支持福建建设21世纪海上丝绸之路核心区（简称"海丝"核心区），并指出：要发挥海外侨胞以及香港、澳门特别行政区独特优势作用，积极参与和助力"一带一路"建设。随后，福建省发改委、外办和商务厅发布《福建省21世纪海上丝绸之路核心区建设方案》，指出福建是海上丝绸之路的重要起点，是海外侨胞和港澳台同胞的主要祖籍地，在建设21世纪海上丝绸之路的过程中，要充分发挥华侨华人优势。一方面要激发华商参与建设的热情，发挥海上丝绸之路沿线国家和地区华侨华人的作用，吸引华商参与、促进沿线重要基础设施、产业园区等合作项目建设。同时进一步拓展侨务引资引智，积极发挥闽籍重点侨团的作用，主动对接重点侨商，邀请侨商来闽考察投资，做好侨资企业的投资促进与服务工作，鼓励华侨华人积极参与福建自贸试验区建设。另一方面要加强与华侨华人的情感联系。推进在福州、厦门分别设立"海丝侨缘馆"，支持泉州建设南洋华裔族群寻根谒祖综合服务平台，推进提升沿线国家和地区华文教育以及华裔青少年夏（冬）令营工作。通过采访华侨华人以及展示族谱、文献资料等形式，凸显华侨华人作为21世纪海上丝绸之路参与者、建设者和见证者的重要作用。引导沿线国家和地区华侨华人及社团加强与国内"走出去"企业的交流、服务，共同关注社会责任，实现与当地的和谐相处。

目前，全世界海外华侨华人总数超过6000万，与意大利、英国、法国等欧洲发达国家全国的人口数量相当。华侨华人遍布世界各地，其中，经商办企业的比例极高，形成了庞大的华商群体。据估算，全球华商企业资产约4万亿美元，其中东南亚华商经济总量为1.1万亿至1.2万亿美元，在许多国家成为当地经济的重要支柱。改革开放40多年来，海外华侨华人以其强大的经济实力和强烈的桑梓情怀，为中国经济社会发展做出了巨大贡献，不但是我国引进资金、技术和人才的重要来源和渠道，也是各项建设和发展事业的重要参与者。据统计，改革开放40多年来，侨资是我国引进外资的主体，侨港澳企业约占我国外资企业总数的70%，投资占我国实际利用外资总额的60%以上。[①]2018年3月5日，李克强总理在第十三届全国人民代表大会第一次会议上作《政府工作报告》时指出，"海外侨胞和归侨侨眷在国家现代化建设中做出了独特贡献"，对华侨华人华商的作用给予高度评价。党的十九大报告指出，"广泛团结联系海外侨胞和归侨侨眷，共同致力于中华民族伟大复兴"，同时作出"中国开放的大门不会关上，只会越开越大"等全面对外开放承诺，给予海外华商重要的发展机遇。随着中国特色社会主义进入新时代，广大海外华商要抢抓机遇，为"一带一路"建设和构建人类命运共同体做出新贡献。

第一节　相关文献综述及概念的界定

一、相关文献综述

（一）跨国主义理论及概述

跨国主义（transnationalism）是20世纪90年代以来西方学术界提出的一种理论，主要用来研究全球化背景下移民在维持祖籍国与住在国的联系过程中建立起来的一种跨越国界的社会场域。波斯特把跨国主义分为底层跨国主义和上层跨国主义，其中底层跨国主义以草根现象为主，上层跨国主义以政府和跨国公司为主。[②]丁月牙在此基础上，根据行为发生的领域以及行为主体的制度层级对跨国主义做了以下划分（表3-1）。在经济领域，企业家借助跨国网络寻找供应商、资本和市场；政治领域的跨国活动则以实现对输出国和输入国的政治影响为目标；社会文化跨国主义以加强国家认同或者共享文化产品为主要取向。[③]各领域的跨

[①] 叶子、彭训文：《新时代，海外华商大有可为》，《人民日报（海外版）》2018年4月10日。

[②] Alejandro Portes, "Conclusion: Theoretical convergencies and empirical evidence in the study of immigrant transnationalism", *International Migration Review*, Vol.37, No.3, 2003.

[③] Alejandro Portes, Luis E. Guarnizo and Patricia Landolt, "The study of transnationalism: pitfalls and promise of an emergent research field", *Ethnic and Racial Studies*, Vol.22, No.2, 1999.

国主义虽有各自的侧重，但没有明显的界限，某一领域的跨国主义很可能与其他领域的跨国主义有着千丝万缕的联系。

表3-1 跨国主义分类表

	经济跨国主义	政治跨国主义	社会文化跨国主义
个体	移民的个人投资行为、涉外劳工输出、移民汇款	移民通过募资、捐赠、信息发布和新闻媒体等方式影响祖（籍）国的政治活动、政治难民和流亡者、移民社区的政治活动家	移民个体回国探亲访友、移民的家庭和家族及朋友间的跨国联系、和祖（籍）国的宗教联系
草根社团与社区	非正式的跨国贸易、家庭或家族跨国商业网络的发展	在移居国建立的移民政治社团和草根组织、海外移民社团和国内社团的政治联盟、人权和环保等民间组织的跨国活动	民间社团的跨国文化艺术交流活动（文艺交流和体育赛事等）、移民社区组织祖（籍）国的传统节日庆典
政府和跨国公司	企业的跨国投资、全球跨国公司的商业行为、银行业的跨国金融服务	向海外派驻领事官员和设立代理机构、成立海外政党分支机构、实行双重国籍、移民参与祖（籍）国的党政部门和立法机关的选举	国家级的文化艺术交流活动、驻外使馆组织的文化交流活动

资料来源：丁月牙：《论跨国主义及其理论贡献》，《民族研究》2012年第3期。

跨国主义行为衍生出跨国社会空间。费斯特将这一空间阐述为"延跨多国边界的各种纽带、网络和组织中的位置以及组织的网络等三者的综合体"[①]。在空间内，个体或者组织是跨国网络结构中的结点。他们通过各种方式和其他结点建立联系，并在结点间实现资源的传输和转换。通过跨国社会空间，移民可以和祖籍国保持紧密联系，获得情感和经济的支持。海外华商网络就是一种跨国社会空间。在空间内华商个体和华商社团成为网络中的节点，海外华商资本通过网络不停地积累、转换、交换和使用。海外华商网络在海外华商与中国的互动中发挥着不可替代的作用。

跨国主义的兴起是个人、社团、祖籍国和住在国单方或者多方力量共同作用的结果。从个人来说，跨国活动的目的是为了寻求更好的发展机会，从而提高个人在住在国的社会地位，并对祖籍国的经济社会产生一定的影响。从祖籍国的角

[①] Thomas Faist, *The volume and dynamics of international migration and transnational social spaces*, Oolford: Oolford University Press, 2000, p.40.

度来看，积极调整和完善各项政策，鼓励和引导海外移民通过侨汇、侨捐和投资等形式与祖籍国互动。然而，跨国主义也有可能对移民同化或融入住在国主流社会带来挑战。这些理论对分析海外华商与"海丝"核心区的互动有借鉴作用。

(二) 海外华侨华人与"一带一路"关系综述

"一带一路"沿线国家的华侨华人占海外华侨华人总数的一半以上。海外华侨华人是连接住在国与中国的桥梁，是民间外交家，是中国文化的传播者。"一带一路"建设为海外华侨华人提供了难得的发展机遇，使他们可以发挥各自的优势，拓展事业。另一方面，海外华侨华人也是"一带一路"建设目标实现的推手和纽带，有着不可替代的作用。目前，学术界对海外华侨华人与"一带一路"的关系做了一定的研究，普遍认为海外华侨华人是"一带一路"建设的重要参与者和主要贡献者，具有雄厚的经济科技实力、成熟的生产营销网络、广泛的政界商界人脉和融通中外的独特优势，可以大显身手、大有作为。《中国社会科学报》撰文指出，"一带一路"连接海外华侨华人，在"一带一路"建设中，华侨华人将发挥难以替代的作用。裘援平指出，要引导侨胞参与"一带一路"建设，共享发展红利。何亚非认为："华侨华人是'一带一路'建设的桥梁……侨务公共外交需要讲好'一带一路'的中国故事。"谭天星指出，华侨华人在"一带一路"建设中要成为"一带一路"的推动者、建设者和参与者。许荣茂认为，华侨华人资源是中国建设"一带一路"的重要优势，也是与各沿线国家之间的桥梁。刘宏认为，要充分认识并尊重华侨华人的政治、文化和社会差异性，华侨华人可在参与建设"一带一路"和介绍中国发展、促进中华文化的传播、促进中国的主权完整和国家统一方面发挥作用。曹云华认为，华侨华人作为中外沟通桥梁和民间外交使者的角色，可为中国提出的新丝绸之路构想在国外落地生根增信释疑。目前的研究侧重分析华侨华人在"一带一路"中发挥的作用，但对于具体怎样发挥作用，有什么路径和渠道，却鲜有分析。此外，相关研究对华侨华人融入"一带一路"建设中存在的问题或者制约因素也较少涉及。

(三) 海外华商与中国经济互动综述

在海外华商与中国经济互动方面，很多学者做了大量的研究。邓江年认为，应该多方位开展与海外华商的战略性产业合作，多渠道引进和利用海外华人的战略性资源，打造与海外华人经济合作的战略性平台，打通与海外华人经济合作的战略性通道，带动海外华侨华人经济和"一带一路"倡议互动建设，共同发展。

付尔基认为,从 20 世纪 90 年代以来,在海外华侨华人推动下,尤其是海外华侨华人新一代与由海外留学人员和投资移民等构成的新华侨华人推动下,海外华侨华人经济已经转向投资高新产业、扩展跨国经营和依靠人才创新,并正在加速转型。海外华侨华人将是推动上海改革开放 30 年后向创新型、全球型城市经济转型的先锋队和重要力量。陈志强认为,华侨华人对上海引进外资、技术和管理经验方面起到了先导、示范、联动和扩散作用,提出利用上海区位优势,立足浙闽粤等侨乡资源,发展非政府组织,建立模块服务团队,形成以港澳台为节点、以东盟为跳板辐射美加澳的产业互动群,构筑筹资、营销和创新三大板块等政策建议。山岸猛以晋江为例,考察华侨华人对晋江市的汇款、物资赠送、投资等方面的状况以及在基础设施建设的投资,分析对外开放后福建侨乡的经济发展与海外侨华人的经济作用。

  海外华商与中国经济互动最典型和直接的形式就是投资中国。20 世纪 90 年代,国内外学者开始关注并讨论跨国公司的对华投资动机。Fittock 和 Edwards 认为,外商对华投资是看重中国市场的规模与发展潜力。[1]Zhang 和 Yuk 指出外资企业对华投资的决定因素有庞大的市场容量、廉价的劳动力成本和投资的高额回报率。[2]Li 和 Li 对跨国公司进行细分,认为拥有创新技术和管理方法的跨国公司对华投资的主要动机是开拓中国巨大而富有发展潜力的市场;而其他外资企业则主要是想利用中国廉价的劳动力成本。[3]魏后凯、贺灿飞、王新通过对秦皇岛市外商直接投资的实证研究,指出外商在中国投资的最大动机是利用廉价劳动力、扩大和占有中国市场、确保原材料和零部件的供应。[4]吴斯丹、毛蕴诗对日本在华投资的驱动因素进行实证分析,认为开拓中国巨大的市场潜力、利用中国的低成本生产、实现母公司全球战略及其业务活动一体化为重要动因。[5]国内外学者通过理论和实证的研究表明,虽然跨国公司对华投资的动机有一定的变化,但大致

---

[1] Fittock, C. S. and W. R. Edwards, "The Determinants of Australian Direct Investment in China", *Journal of Asian Business*, 1998, Vol.14, No.3, pp.44-51.

[2] Zhang, X. and H. P. Yuk, "Determinants of Hong Kong Manufacturing Investment in China: A Survey, Marketing Intelligence and Planning", 1998, Vol.16, No.4, pp.260-267.

[3] Li, F. and J. Li, *Foreign Investment in China*, Macmillan Press Ltd, Houndmills, 1999.

[4] 魏后凯、贺灿飞、王新:《外商在华直接投资动机与区位因素分析——对秦皇岛市外商直接投资的实证研究》,《经济研究》2001 年第 2 期。

[5] 吴斯丹、毛蕴诗:《基于实证研究的日本跨国公司对华直接投资的驱动因素》,《中大管理研究》2008 年第 3 期。

集中于寻求市场、获取低生产成本、全球战略导向、利用先进技术、规避贸易壁垒等方面。海外华商及其企业对华投资的动机与跨国公司对华投资的动机有相似之处，但也有自身的特性。国内外学者较少关注这方面。

许多研究表明海外华商网络在推动海外华商与中国经济互动方面发挥着重要作用。Baghdadi和Cheptea的研究证实，有组织的族群网络在传播商业信息方面更有效率，能促进东道国与资本来源国之间的双边投资。[1]阎大颖等使用1993—2008年93个国家的面板数据，建立引力模型和知识—资本模型，认为海外华人网络对我国的外商直接投资有显著的促进作用，且这种影响对短期年度流量比长期累积存量更为明显。[2]海外华商网络是海外华商联络乡情和互助发展的平台。它在维护侨益、拓展乡谊、融入住在国社会、积极推动住在国和家乡经济科技文化交流合作，尤其是推动海外华商回国投资方面做出了巨大的贡献。目前，海外华商网络与各国当地的工商网络及跨国公司联系密切，逐渐发展为开放型的国际经贸网络。它不仅将海外华商紧密联系起来，也将华商和中国政府、中国企业联系起来，投资、商业等信息通过网络快速传播，从而节省了大量搜集信息的成本。此外，海外华商网络通过自己的影响力还能对其他外商投资中国起到宣传、示范、聚集的作用，逐渐形成具有中国特色的"以侨引侨、以侨引台、以侨引外、侨港台外联合投资"吸引外资方式。

从目前的文献来看，大多数学者都侧重于海外华侨对中国或部分区域经济发展的贡献，很少分析中国经济发展给海外华侨华人带来的机遇和挑战。换句话说，单向经济联系分析的比较多，双向经济互动分析的较少，以"海丝"核心区作为研究对象的基本没有。福建是海上丝绸之路的重要起点之一，也是侨务大省，分布在世界188个国家和地区的1580万华侨华人是福建的独特优势和宝贵资源。据统计，改革开放以来至2016年底，福建共引进侨资企业33773家，累计利用侨资918.44亿美元，占全省实际利用外资总额的79.57%，侨胞在福建捐赠金额累计达268.5亿元人民币。[3]因此，在跨国主义理论指导下，分析海外华商与

---

[1] 阎大颖、孙黎、谢盈莹、王伟：《海外华人网络如何影响中国引进外商直接投资：一个经验研究》，《南开经济研究》2013年第2期。

[2] 阎大颖、孙黎、谢盈莹、王伟：《海外华人网络如何影响中国引进外商直接投资：一个经验研究》，《南开经济研究》2013年第2期。

[3] 夏芳：《李德金副省长到省侨办调研 肯定福建侨务工作》，http://hk.fjsen.com/2017-02/15/content_19109978.html，2017年2月15日。

"海丝"核心区的互动显得尤为重要。

二、海外华商及华商网络概念的界定

(一)海外华商定义

"华商"(Chinese Business)一般指具有中国国籍或华人血统、活跃在世界经济舞台上的商人群体,其中包括中国商人以及遍布世界各地的华侨华人中从事商业活动者。这是一种比较宽泛的界定,"世界华商大会"就是以此范围界定的。通常所说的晋商、徽商、豫商、浙商、闽商、台商、港商以及现在分布在世界各地的华裔商人都属于华商范畴。"海外华商"是"华商"的一个子概念,具体来说主要包括3个部分:一是东南亚各国的华商,二是我国香港、澳门和台湾地区的华商,三是北美洲、欧洲、大洋洲及其他地方的华商。一般认为,70%以上的海外华侨华人经商,[1]因此,有时候也把海外华商泛称为海外华侨华人。

(二)海外华商网络的定义

海外华商网络(Overseas Chinese Business Networks,OCBN)是以海外华商群体为主体,以家族、族群、地区、行业和社团为社会基础,以亲缘、地缘、神缘、业缘和物缘"五缘"为联结纽带,以共同经济利益为核心而形成的商业网络。随着华人业务的不断扩展以及战后几次大规模的移民、再移民活动,网络的规模和范围日趋扩大,即从方言群扩大到整个华人社会甚至其他种族。从原先的"中介商"型网络向"资金技术先进"型网络转变,最终形成一种以海外华商为主并兼容其他族裔的全球性经济网络。海外华商网络将华人企业编织进了广泛的国际商贸市场,有效拓展了其海外投资的市场空间,加速了华商资本的国际化进程,并且深刻地改变了海外华商企业的资本运作方式。

(三)海外华商网络的结构

中国儒家人伦所规范的传统社会是一种"差序格局",是构建海外华商网络模式的理论基点。在这种格局中,"社会关系是逐渐从一个一个人推出去的,是私人联系的增加,社会范围是一根根私人联系所构成的网络",即以自我为中心,"按照所承担的不同程度的义务,人们被划入表示不同的可信赖程度的同心圆的

---

[1] 王辉耀、康荣平:《世界华商发展报告(2017)》,中国华侨出版社,2017年。

各层中"。在个人层面上,其社会网络关系是以自我为中心的一个个同心圆所组成;在社会意义层面上,则是以家族企业为节点,以社会关系为经络,依据社会关系的亲疏等级为个径编织的同心圆。无数个同心圆相互交织、渗透,构成了海外华商网络的总体结构。因此,家族企业既是海外华人经济的最基本单位,也是构建海外华商网络的核心。一般来说,海外华人家族企业通常按照亲属关系——宗族关系——地域关系——种族关系的先后顺序处理与其他企业的联系。如果潜在的经济预期大于与其他种族合作的成本,华人甚至会与圈外的"非华人"形成合作关系。

如果从网络结构的组合方式上加以考察,又可细分为相互对应的3组类型:

1. 松散式网络与紧密式网络。松散式网络是指相互独立的企业由于共同的经营需求而组建的非组织性竞争协作网络,如菲律宾施氏家族的百货连锁业集团 White Gold 6个子集团,虽然之间互有竞争,但对外采取一致的战略。比如,在采购上,统一订货以获取较大折扣;在资金融通上,互为倚重,相互扶持。紧密式网络则是指企业之间通过相互参股、交叉出任董事等形式而构建的组织化网络。如菲律宾杨应琳的黎刹商业银行与薛敏老、李彼得的中兴银行相互参股、互派董事,形成所谓"财阀加闺阀"的庞大网络。

2. 衍生式网络与共生式网络。衍生式网络是指脱胎于老企业(母体)而独立发展的新企业(子体)与原来的老企业之间所结成的网络联系。如马来西亚的丰隆集团本来与新加坡的丰隆集团同属一家,后来因新、马分为两个国家而各自独立,但是目前新加坡丰隆仍控有马来西亚丰隆50%的股权,马来西亚丰隆则持有新加坡丰隆20%的股权。共生式网络则是指原本并无相生的企业因某种业联系而结成的共生关系网络。如马来西亚的成功集团(40%股权)、成功南岛(25%股权)、高桥集团(25%股权)和绿野集团(10%股权)在香港共同组建"成功工程建筑有限公司",投资江苏省南京市长江第二大桥的建设。

3. 单一式网络与混合式网络。单一式网络是指同一行业的企业通过相互承担义务的联系所建立的稳定的供应与销售网络。如郭鹤年1994年联合林绍良的林氏集团共同发展糖业,由林氏集团在印尼的南苏门答腊提供2倍于新加坡面积的土地发展蔗园,而郭氏集团则提供蔗糖生产技术和经营行销网络。混合式网络则是指不同行业的企业通过合资、参股、借贷等形式所组建的利益共同体网络。如泰国盘谷银行集团为郭鹤年、林绍良、黄廷方三大家族提供资金支持,而三大集团又反过来支持该银行在东南亚的发展。

(四)海外华商网络的主要特征

1. 民间自发性。早期华人移居他国,为了谋求自身的生存与发展,唯有自发凝聚成团,相互扶持。这些以地缘、血缘为纽带维系起来的宗乡会馆,构成了海外华商网络的中枢,华人以此为依托可以很方便地获取资金、劳动力、市场等要素。因此,从形成过程来看,海外华商网络中的交流合作基本上是以散居在各地的华人民间企业之间相互投资贸易的形式进行的,并非某种政治上的安排,各方完全按照市场原则自发开展经济合作。它实质上是一个依据民族亲和性、互惠互利而自然形成的松散性协作经济网络。

2. 互惠互利性。东南亚国家是海外华商最为集中的地区,但大多法律体系不健全,市场发育不完善,基础设施相对不足,华人企业面临着较高的交易成本和风险,而那些规模相对较小的华人企业独立发展所面临的障碍可能更多。通过华商网络,可以实现企业间信息、资金、市场等方面的资源共享,降低交易成本,克服孤立状态下经济运行可能遇到的障碍,如国家的紧缩政策、资金及物资管制、壁垒等,减少经营风险,最终实现"双赢"。郑学益在深入研究印尼华人企业的基础上认为华人企业之间要实现"双胜共赢协作"主要取决于4个前提条件,即:有一定的经济实力和商业网络;有较高的素质,具有经营管理能力;信誉良好;具有重公利的价值取向。其中前两个条件能保证合作有效,取得收益,为双方利益得到保证;后两个条件是从思想上尊重对方,照顾对方利益。

3. 开放包容性。20世纪80年代以来,随着海外华人经济力量的迅速增长以及华人企业家文化素质的提高,相互之间的网络联系开始突破原有的帮派藩篱而日趋国际化、开放化。具体来说,主要体现在以下4个方面:一是相继成立70多个世界性的社团组织,最具代表性的如世界华商大会、世界儒商大会等;二是网络的使用语言已不再局限于各种方言,汉语普通话和英语已经被普遍使用;三是华人网络资本出现多型化结合的态势,包括AA式(华资+华资)、AB式(华资+所在国土著民资本)、AC式(华资+国际资本)、AD式(华资+所在国土著民资本+国际资本)等多种形式;四是基于最新通信科技与电脑网络技术的"世界华商网络工程",1995年在新加坡建成联网并启用,使各国华商之间的业务联络更为便利、快捷和有效。

4. 灵活高效性。人际信用是维系华商网络的基石。信用是网络联结的指示器和试金石,是促成网络的动因;信用作为契约的替代和回报的担保,又是网络运行的必然结果。这种双向互动关系直接导致海外华人在交易活动中实现高效率和低成本,从而也促使海外华商网络在此支撑下不断得以扩张。陈衍德对此作了形象的描述:"建立在信用基础上的欠账赊账关系,是华人商业网络得以建立、运转并获得成功的重要原因。能欠账的好处是自己不要因资金缺乏而拥塞。这种我欠你、你欠他的债务链,完全是以相互之间的信任为基础的。有时一个电话,就可以做成上百万元的交易,而无需任何文字凭据。"这种灵活高效并富有特色的经营方式,不仅增加了海外华人企业的利润额,而且也加快了其资本积累的速度。

5. 被动从属性。中国历史上的海外移民并不是中国资本主义对外扩张的内在需要,客观上是欧洲资本主义国家拓殖海外市场的结果,从而决定了华商网络的形成和发展具有被动从属性的特点。就发展层次而言,海外华人经济中商业资本占有较大比重,制造业相对薄弱,因而投资具有明显的短期性、流动性和泡沫性,与欧美发达国家的企业相比,技术发展水平低,资本结构的脆弱性显著。[1]

(五)海外华商网络的经济效应

1. 海外华商网络是拓展海外投资市场的有效途径。华商网络增强了海外华人企业对外投资的优势。这种优势在于它是"穿越政治和非关税壁垒的天然孔道",进一步加强了海外华人企业间资金、信息、业务上的联合,起到传递信息、融通资金、降低交易费用、规避风险等作用,而人际关系网络中相关交易成本的降低又是促使海外华人企业敢于向新市场进军的一个重要因素。早在1993年,李光耀曾告诫过,经济网络的联系有着相当大的潜能,为商业上的来往奠定基础,如果新加坡不利用华族往来扩大和掌握这些机会,那将是愚昧不堪的。对此,美国学者吉姆·罗沃在其专著《亚洲的崛起》中评论道:"李光耀敏锐地发现,依靠华人经济圈,小小的新加坡就可以把触角伸向其他国家。"马来西亚政府在20世纪90年代初也积极倡导马华两族经济合作,目的就是为了充分利用华商网络,协助马来人企业家从国内市场走向国际市场。引人注目的是,随着华商网络国际化趋势的加强,海外华人的"亲属和资金不断流入加拿大—美国—澳洲这一弓形地区,正在形成一个强有力的势头"。单纯据此预测,由于华人商业网络的存在和这些国家的现行移民政策,美国、加拿大、澳大利亚等国华人与东南亚华人之间在资产与人数比例方面的差距将会进一步拉大。

---

[1] 唐礼智、黄如良:《海外华商网络分析及启示》,《福建论坛》(人文社会科学版)2007年第10期。

2. 海外华商网络是实施产业扩张的发展平台。欧美企业主要集中于资本密集型和技术密集型产业，而海外华人企业的投资产业多为不动产、民用消费品以及技术含量不高的电子消费配件。然而，海外华人企业不仅能够凭借这些低效产业在激烈的国际市场竞争中稳定地扩大自己的市场份额，而且还取得了较高的收益。成绩应当归功于华商网络的功效，即海外华人企业通过外部网络的有效运作，以市场优选效益的寻求，克服其产业技术水平和规模效应不足的不利条件。一方面，华商网络的存在，使海外华人企业运营的交易成本大为降低，增加安全系数，迅速与国际市场接轨。它们可以直接参与新型产业上游产品的销售并很快引进技术，进行高效投资生产而不必通过产业二传手的梯度转移。另一方面，在当今世界对产品和服务追求日益多元化和个性化的态势下，企业需要对市场不断做出灵活反应，而华商网络则为这种灵活性提供了很好的发展平台。

3. 海外华商网络是筹集资金和规避风险的重要手段。在华商网络的作用下，在海外华人世界中产生了一种新型的企业组合形式——关联企业。不同于一般的合作伙伴，这些企业之间是有组织联合而成的经济利益共同体；不同于封闭的企业集团，关联内企业具有高度的独立性。华人企业利用这种关系联合体，互为犄角，互相支持，不仅便于大规模筹集资金，迅速扩展经营规模，而且也可以在投资决策所需资讯相对稀缺的情况下，克服市场困境，选择安全投资场所，最大限度地规避孤立状态下的投资风险。最擅长此术的当数马来西亚郭鹤年的郭氏兄弟集团。该集团目前已与新加坡、马来西亚、中国香港等地许多企业集团建立密切关系，形成本地区最大的企业网，在其主要海外投资地都有合作伙伴，并且均是亚洲最有势力的财团。如与林绍良的二林集团合资经营位于印尼龙目的种植园和糖厂，并开展白糖进出口贸易；与香港首富李嘉诚于1991年共同注资中信泰富，直接加入收购大昌的行列，同时联手投资上海不夜城建造等房地产项目；与香港影视大亨邵逸夫合资经营香港电视广播有限公司、电视企业以及香港香格里拉酒店（林绍良拥有15%的股权）等。

综上所述，网络作为一种组织形式，对海外华人企业的发展产生明显的乘数效应。它不仅有效地扩展了企业可以利用的资源边界和发展规模，也进一步增强了海外华人企业适应经济全球化发展的能力。然而，不能因为强调华商网络的积极性和独特性而忽视它内在的缺陷，忽视一般性的投资理性和策略。一方面，不能过分渲染或夸大华商网络的功效。李胜生研究指出这种华商网络的非正式性与非排他性，不仅不构成海外华商原初性的文化特性，同时相对于经济和政治的因素而言，其影响力也是微不足道的。另一方面，网络的发展不能成为谋取不法利益的工具。东南亚地区许多华人企业集团将"政治实权+资本家"的结合形态作为资本形成和发展的有力选择。这种与政府高官的裙带关系及其与腐败的关联，使华商网络常常被指责为导致权力寻租的根源和途径。

第二节 海外华商是"海丝"核心区建设的巨大优势

一、海外华商的发展现状

（一）美国华商：七成以上为没有雇员的"夫妻店"

美国作为世界科技创新最发达的国家之一，一直是吸引华人移民的主要目的地。目前，华商企业在美国企业界地位日益突出。2012年，在美国有华商企业52.87万家，占美国企业总数的1.9%。这一比重在十年前为1.2%。2002—2012年，美国华商企业数量增加了24.27万家，增幅达84.8%。而在这一时期，美国企业总体增长幅度为20.2%。华商企业增长的幅度明显高于美国企业整体增长水平。

与美国企业整体情况相比，华商企业偏重于住宿和餐饮服务业，专业、科学和技术服务业，房地产和租赁业，批发贸易业，零售贸易业等领域。在华商企业中，有雇员的企业13.9万家，只占全部华商企业的26.3%。七成以上的华商企业为没有雇员的"夫妻店"。有雇员的华商企业总收入1906.03亿美元，占全部华商企业总收入的90.7%；无雇员的华商企业总收入194.59亿美元，占全部华商企业总收入的9.3%。占华商企业绝大部分的"夫妻店"，只占有华商企业总收入的不到一成。整体来看，有雇员华商企业的规模也较小，平均每家企业的雇员仅为7人。这些数据体现出了华商企业极其明显的数量多、规模小、收入少的特征。平均每家华商企业雇员数是美国企业整体水平的三分之一；华商企业平均收入是美国整体水平的三分之一。

华商企业多集中于美国加利福尼亚州和纽约州。这两个州分别有华商企业20.53万家和10.56万家，占全部在美华商企业总数的38.8%和20.0%。硅谷华商拥有科技创新优势。如，孙大卫和杜纪川创办了金士顿公司，致力于记忆芯片的生产，是美国硅谷车库创业者中的成功者；雅虎公司创始人杨致远创办了全球第一个门户网站；美国宏道资讯公司的创始人陈丕宏推出了"一对一"的电子商务解决方案。

(二) 日本华商：与日本主流社会和主流商界的距离较近

在日华商中从事高科技行业的较多。这首先与日本华商的背景有关。大部分华商从中国来日本留学，在大学和研究生院学习，研究了尖端技术，毕业后到日本的大企业工作，在了解了企业的经营知识后再独立创业。其次是与日本主流社会和主流商界的距离较近。大部分华商企业的主要客户是日本企业，与日本企业在各方面的合作较多。三是与中国的合作也较多，从事与中国有关的事业。日本地理上与中国接近，交通便利。中日两国在产业结构上也关系密切，互补性强。不少华商企业既在日本创业，也在中国国内发展。四是日本华商以新华侨为主，与老华侨之间在事业领域和经商模式上有很大差别。

(三) 欧洲华商：经营行业不断开拓

欧洲华商群体规模较大。根据国务院侨办在2013年的统计，目前欧洲约有华侨华人255万。一般认为，70%以上的海外华侨华人经商，因而可以推算出欧洲华商数量在178万以上。

欧洲华商在国家分布上呈现全覆盖、大集中、小分散的特点。分布最多的是英国、法国、意大利、西班牙、德国、荷兰，其次是瑞典、爱尔兰、瑞士、比利时、奥地利、葡萄牙、丹麦、匈牙利、芬兰、希腊等。

从整体上看，欧洲华商经济实力较弱，餐饮业、皮革业、服装业、贸易业是华商经济四大支柱产业。随着不同层次新移民人数的增加，华商经营的行业不断开拓。部分华商转向地产、物流、海运、跨境电商、中介、法律、咨询、投资、金融、保险、旅游、酒店等行业。

(四) 华人跨国公司：出现"天生型"国际企业

华人跨国公司的发展大致可以分为5个阶段：一是起步期（20世纪初至第二次世界大战期间）。这一时期华人跨国公司数量较少，多为家族所有和经营。二是成长期（第二次世界大战结束到20世纪70年代）。这一时期，华人企业陆续开始直接投资海外，向成长为跨国公司迈出了头几步。三是发展期（20世纪80年代至2000年）。这一时期华人跨国公司逐渐发展，开始进军房地产、酒店、银行、金融业、电子业。四是扩展期（21世纪初至2010年）。这一时期华人跨国公司进入新阶段。华人跨国公司进入非洲，从而首次实现覆盖五大洲。另外，由于新华商的涌现，在美国和日本出现了高科技跨国公司。在"海外华人跨国公司2008年排行榜"中，有103家华人跨国公司新上榜，其中在中国有直接投资的公司为98家，比重高达95%；第一次海外直接投资地为中国的公司有40家，占总数的38.8%。[①]2010年公布的《中国侨资企业发展年度报告2009》[②]指出，海外华人跨国公司已成为一种全球现象，在每个大洲都拥有华人跨国公司。其中亚洲有111个，居第一位，占总数的73%。在"全球华商1000排行榜"中有不少海外华商实现跨国投资。在新加坡设立总部的丰益国际在中国、马来西亚及全球都有不少投资，其中马来西亚的PPB集团就与该公司有关系。此外，马来西亚的云顶集团、丰隆集团、IOI集团及杨忠礼机构在马来西亚及全球都有不少投资，而且投资额不小。五是深化期（2011年至今）。这一时期利基成长型公司（高度专业化＋国际化）成批涌现，多元化公司比重下降；在欧美发达国家开始出现贸易先导型跨国公司；在美国和日本出现"天生型"国际企业（创办2—3年就在海外设立研发/生产机构的企业）；在美日软件行业出现研发型公司；新产生无母国型跨国公司。

二、海外华商是"海丝"核心区建设的巨大优势

海外华商人数众多、分布广泛、实力雄厚、人才辈出、热爱桑梓、乐善好施，是"海丝"核心区建设重要的参与者、推动者、建设者，是福建融入"一带一路"建设的巨大优势。

（一）历史优势

福建是海上丝绸之路最重要的参与者与见证者。福州的甘棠港和长乐太平港、泉州的刺桐港、漳州的月港等，在不同的历史时期都在"海上丝绸之路"发展中起到了重要的作用。福州是唐朝中期至五代全国的重要港口城市和经济文化中心，与广东的广州、浙江的宁波、江苏的扬州并称为唐代四大贸易港口；位于福州的长乐太平港是明朝郑和下西洋的重要驻扎及补给基地；泉州是宋元时期海上丝绸之路的主要港口，被当时的丝绸之路沿线国家赞誉为"东方第一大港"；漳州在明清时期被誉为"闽南大都会"，漳州的月港是明朝中后期海上丝绸之路的始发港。福建早期迁移到海外尤其是东南亚的华侨华人，都是沿着海上丝绸之路前往的。他们中的大部分对故乡故土依然怀有深厚感情。福建与海上丝绸之路

---

① 康荣平：《海外华人跨国公司与中国经济发展》，《侨务工作研究》2009年第3期。
② 清华大学华商研究中心：《中国侨资企业发展年度报告2009》。

深厚的历史渊源和内在关联,成为海外华商参与助力"海丝"核心区建设的原动力和发自内心的意愿。

(二)数量优势

海外华侨华人人数多、分布广。据新加坡美都出版社研究①显示,2007—2010年海外华侨华人约4600万,分布在世界上的210个国家和地区,如表3-2所示。其中南太平洋岛国图瓦卢的华侨华人最少,仅10人;印度尼西亚华侨华人最多,人数超过1000万。据国务院侨办数据②,目前海外华侨华人已超过6000万,分布在世界上198个国家和地区。除东南亚等传统聚居地外,北美、西欧、大洋洲、拉美和非洲一些国家已成为华侨华人新聚居地。在一些欧美国家,华裔成为当地最大的少数族裔。其中,4000多万华侨华人分布在"一带一路"沿线各国,东南亚地区最为集中,约有3000万人。③

表3-2 海外华侨华人人数分布统计表

洲	地区	华侨华人人数(人)	小计(人)
亚洲	东南亚	32 025 400	33 231 200
	东北亚	726 100	
	南亚	139 200	
	中亚	74 800	
	西亚	265 700	
欧洲	东欧	222 850	2 211 650
	中欧	239 050	
	南欧	437 350	
	西欧	1 252 600	
	北欧	59 800	

---

① 新加坡美都出版社的研究采用了实证调查法。研究人员在2007—2010年通过亲自考察采访、电话、电子邮件咨询各地政府、中国大使馆、民间代表性社团等方式获得了华侨华人人数的直接数据。

② 2014年3月5日,十二届全国人大二次会议新闻中心组织人民网等12家网站,联合举办主题为"凝聚海内外中华儿女力量同圆共享中国梦"的网络访谈。在访谈中,国务院侨办主任裘援平首次披露海外华侨华人已达6000多万。随后这一数据被学术界广泛认可并使用。

③ 蔡建国:《华侨华人与"一带一路"倡议》,《文汇报》2015年3月12日。

(续上表)

洲	地区	华侨华人人数（人）	小计（人）
大洋洲		805 660	805 660
美洲	北美	4 998 000	9 157 498
	中美	367 198	
	南美	3 792 300	
非洲	南非	498 350	784 900
	西非	96 250	
	东非	79 700	
	北非	110 600	
合计			46 190 908

资料来源：崔贵强：《有阳光的地方就有华人》，新加坡：美都出版社，2010年。

祖籍福建省的1580万华侨华人分布在世界上188个国家和地区，以亚洲、北美洲和欧洲为主，东南亚地区占78%，有1200万左右。（表3-3）其中马来西亚、印尼、菲律宾和新加坡的闽籍华侨华人合计超过1000万。除东南亚外，我国港澳台地区也有众多闽籍同胞，台湾人超过80%是福建籍，香港人有1/6是福建籍，澳门人也有1/5是福建籍。这些闽籍华侨华人和港澳台同胞成为"海丝"核心区建设的独特资源和优势力量。

表3-3 东南亚地区各国闽籍华侨华人数量

国家	年份	估算人数（万）
新加坡	2015	125
马来西亚	2015	284.6
泰国	2010	46.2—99
印度尼西亚	2016	400
菲律宾	2010	150—160
柬埔寨	2012	1—8
越南	2009	8.2—16.5
缅甸	2009	62.5

(续上表)

国家	年份	估算人数(万)
文莱	2011	3
合计		1080—1159

资料来源：康晓丽：《20世纪50年代以来东南亚闽籍华人数量的估算》，《华侨华人历史研究》2016年第3期。

(三)经济优势

海外华商经济实力较为雄厚。据不完全统计，2007年世界华商总资产3.7万亿美元，2008年因受世界金融危机影响降至2.5万亿美元，2009年恢复增至3.9万亿美元。[①]2011年世界华商企业资产近4万亿美元。[②]目前全球华商资产规模估计为5万亿美元，其中侨港澳企业约占中国外资企业总数的70%，占到中国实际利用外资总额的60%以上。[③]"一带一路"沿线国家华商经济实力雄厚，占到世界华商经济总额的三分之二以上，世界华商500强中约三分之一分布在东盟各国，[④]东南亚华人上市公司占整个股票市场上市公司市值总额的70%，华人资本占亚洲（除日本、韩国、中国大陆以外）10个股票市场市值总额的66%。[⑤]海外闽商经济总量占世界华商经济总量的六成左右，是海外华商中最活跃、最有实力的群体，尤其在东南亚国家的地位和作用更是举足轻重。近几年福布斯富豪榜显示，世界华商500强当中闽籍华商大概占十分之一。其中包括：创办郭氏兄弟集团、嘉里集团的马来西亚首富郭鹤年，掌控印尼针记香烟集团的黄惠祥、黄惠忠家族，掌控SM集团的施至成家族等。从2018年胡润全球富豪榜榜单看，财富超过10亿美元的闽籍华商达到37人（表3-4）。从所在地分布来看，新加坡9人、中国台湾8人、印尼7人、菲律宾6人、马来西亚5人、美国1人、中国香港1人。当然还有一些未上榜的海外闽商，如力宝集团的李文正（印尼）、和美集团的蔡天宝（新加坡）、金龙集团的陈明金（中国澳门）和上好佳集团的施恭旗（菲律宾）等经济实力也

---

① 中国新闻社课题组：《2009年世界华商发展报告》，2010年。
② 中华全国归国华侨联合会副主席王永乐在首届中国海外投资年会上的演讲，2011年。
③ 宦佳、袁璐：《华商牵线 双赢正当时》，《人民日报(海外版)》2016年4月9日。
④ 蔡建国：《充分发挥华侨华人在"一带一路"建设中的力量》，《人民政协报》2015年6月11日。
⑤ 吴立源：《东南亚华商财富分布及其经济实力分析》，《华侨华人蓝皮书：华侨华人研究报告(2015)》，北京：社会科学文献出版社，2015年，第98页。

很强大。与此同时,欧美等地的华商经济实力逐渐壮大,正在成为未来商业舞台上一股不可忽视的新兴力量。

表3-4 2018年闽籍侨商富豪榜

全球排名	姓名	财富（亿美元）	出生年份	籍贯	企业	所在地	行业
96	郭鹤年	150	1923	福州	郭氏兄弟集团、嘉里集团	马来西亚	酒店、房地产、饮料、粮油
162	黄惠祥	110	1941	晋江	印尼针记香烟集团	印尼	房地产
165	黄惠忠	110	1940	晋江	印尼针记香烟集团	印尼	房地产
192	施至成	93	1925	晋江	SM企业集团	菲律宾	零售、投资
198	黄祖耀	92	1929	金门	新加坡大华银行集团	新加坡	金融
200	蔡道平	91	1956	福清	盐仓集团	印尼	烟草
221	黄奕聪	84	1923	泉州	金光集团	印尼	纸浆造纸、金融、农业及食品加工、房地产
289	郭令灿	68	1941	厦门	国浩集团	马来西亚	金融
301	蔡衍明	66	1957	石狮	台湾旺旺集团	中国台湾	食品
321	吴奕辉	63	1926	晋江	JG顶峰集团控股公司	菲律宾	石化、食品、房地产、航空、电信
333	林国泰	62	1951	安溪	云顶集团	马来西亚	休闲、地产
409	李深静	55	1969	永春	IOI集团	马来西亚	油棕种植
422	黄志达	54	1952	莆田	香港信和集团、新加坡远东机构	新加坡	房地产
423	黄志祥	54	1952	莆田	香港信和集团、新加坡远东机构	新加坡	房地产
466	蔡明忠	50	1956	晋江	富邦集团	中国台湾	金融、电信
471	蔡明兴	50	1957	晋江	富邦集团	中国台湾	金融、电信
523	林逢生	46	1949	福清	三林集团	印尼	多元化经营

(续上表)

全球排名	姓名	财富（亿美元）	出生年份	籍贯	企业	所在地	行业
668	郭令明	39	1942	同安	丰隆集团	新加坡	金融、房地产
737	陈永栽	36	1934	晋江	陈永栽财团	菲律宾	房地产、航空、银行、烟草、酒
809	郑少坚	33	1933	永春	首都银行集团	菲律宾	金融
925	黄敏利	30	1964	南安	敏华控股	中国香港	家居
952	陈觉中	30	1953	晋江	快乐蜂集团	菲律宾	餐饮连锁
990	蔡镇宇	29	1957	晋江	宝丰隆集团	中国台湾	房地产、投资
1076	蔡宏图	66	1952	晋江	国泰金融控股	中国台湾	人寿保险、金融
1181	吴聪满	24	1952	晋江	美佳世界集团	菲律宾	食品、酒、房地产
1198	杨致远	24	1968	福州	雅虎网络	美国	互联网
1241	郭孔丰	23	1950	福州	新加坡丰益国际集团	新加坡	粮油、化工、能源、房地产
1382	林恩强	21	1943	莆田	兴隆集团	新加坡	石油交易
1466	魏成辉	20	1948	福清	第一家食品集团	新加坡	冷冻食品
1573	赵藤雄	18	1944	泉州	远雄建设	中国台湾	房地产、金融
1639	陈江和	18	1949	莆田	金鹰国际集团	新加坡	油气、能源开发、农产品加工
1776	翁俊民	16	1952	莆田	国信集团	印尼	多元化经营
1831	张晓卿	16	1936	闽清	常青集团	马来西亚	林业、矿业、金融、投资
1836	魏应州	16	1954	永定	顶新国际集团	中国台湾	食品
2327	林荣福	12	1954	莆田	丰益控股	新加坡	食用油炼油
2555	郑崇华	10	1935	南平	台达电子	中国台湾	电子制造
2630	吴笙福	10	1960	晋江	丰益国际集团	印尼	粮油、化工、能源、房地产

资料来源：根据"2018年胡润全球富豪榜"整理。
http：//www.hurun.net/CN/HuList/Index？num=HoBeMiGGfk.

注：2018年2月28日，胡润研究院发布"2018胡润全球富豪榜"，共计来自68个国家2157家企业的2694位十亿美金富豪上榜，达历史最高。表中的排名指闽籍华商在"2018胡润全球富豪榜"中的排名。

（四）社团优势

海外华侨华人社团既是海外华人社会的基石，也是海外华人联系的重要纽带。随着海外华侨华人的发展壮大，海外华侨华人社团数量达25000多个，[①]主要集中在东南亚。福建有近2000个海外华侨华人社团，许多国家的全国性社团由海外闽商担任主要负责人，如菲律宾华商联合总会、新加坡福建会馆、新加坡中华总商会、马来西亚福建社团联合会、马来西亚中华总商会、印尼中华总商会等。这些重点社团建立时间早，凝聚力、号召力和影响力强，社团活动已由传统的联谊、互助转向商贸、科技、教育和文化等领域。在涉及住在国和中国之间的重大问题上，海外华侨华人社团经常以民间身份居中斡旋，排忧解难。在福建建设"海丝"核心区过程中，海外华侨华人社团是强有力的参与者和推动者。

（五）文化优势

建设21世纪海上丝绸之路，文化交流和融合是其中一项重要内容。以闽南文化、客家文化、妈祖文化等为代表的福建传统文化是一种历史悠久、独具特色的地方文化，在海上丝绸之路沿线经过的东南亚地区传播广泛，具有极强的凝聚力，是连接和维系海外华侨华人的重要纽带。湄洲的妈祖信仰也随着海上丝绸之路的延伸和华人的迁徙遍布全球。据统计，目前有2000多座妈祖宫庙分布在世界各地，东南亚每年有数以万计的妈祖信徒来湄洲妈祖祖庙谒祖进香。[②]在印尼的棉兰，闽南话甚至是当地社会主要的交流用语。为数众多的海外闽商不但高度热爱、认同福建传统文化，而且热心宣扬、大力传播，让福建优秀文化项目与特色项目更好地散播海外，有力地提升了福建的文化软实力。同时，建设"海丝"核心区，海外华文媒体是不可或缺的重要参与力量和宝贵资源。近年来，海外华文媒体数量、种类、质量和影响力都在迅速提升。海外华文媒体分布在61个国家和地区，总数达1019家，其中报纸390家、杂志221家、广播电台81家、电视台77家、网站250家，已成为国际舆论不可或缺的组成部分。[③]福建省部分报社、广播电台、电视台与海外华文媒体联系比较紧密，互动比较频繁，积极在海外推介福建传统文化。如2016年《海丝商报》在福建南安创刊，并同步推出《海丝

---

① 纪娟丽：《目前海外华侨华人社团数量达2.5万多个》，《人民政协报》2016年5月18日。
② 郑文智、林春培、陈俊艺：《发挥福建独特优势 加快建设21世纪海上丝绸之路核心区》，《福建理论学习》2015年第6期。
③ 何亚非：《海外华文媒体与中国梦》，《求是》2015年第1期。

商报·菲律宾版》《石狮日报·菲律宾版》在马尼拉创刊发行。

第三节 "海丝"核心区发展现状、问题和对策

一、"海丝"核心区发展背景

进入21世纪，在以和平、发展、合作、共赢为主题的新时代，面对复苏乏力的全球经济形势，纷繁复杂的国际和地区局势，传承和弘扬丝绸之路精神更显重要和珍贵。2013年9月和10月，中国国家主席习近平在出访中亚和东南亚国家期间，先后提出共建"丝绸之路经济带"和"21世纪海上丝绸之路"的重大倡议，得到国际社会高度关注。中国国务院总理李克强参加2013年中国—东盟博览会时强调，铺就面向东盟的海上丝绸之路，打造带动腹地发展的战略支点，加快"一带一路"建设，有利于促进沿线各国经济繁荣与区域经济合作，加强不同文明交流互鉴，促进世界和平发展，是一项造福世界各国人民的伟大事业。

2015年3月，经国务院授权，国家发改委、外交部、商务部发布《推动共建丝绸之路经济带和21世纪海上丝绸之路的愿景与行动》，为贯彻落实国家"一带一路"重大倡议，明确提出支持福建建设21世纪海上丝绸之路核心区。按照规划，福建省21世纪海上丝绸之路核心区建设重点合作方向是打造从福建沿海港口南下，过南海，经马六甲海峡向西至印度洋，延伸至欧洲的西线合作走廊；从福建沿海港口南下，过南海，经印度尼西亚抵达南太平洋的南线合作走廊；同时，结合福建与东北亚传统合作伙伴的合作基础，积极打造从福建沿海港口北上，经韩国、日本，延伸至俄罗斯远东和北美地区的北线合作走廊。

2015年11月，经福建省政府授权，福建省发改委、外办、商务厅发布《福建省21世纪海上丝绸之路核心区建设方案》，提出海上丝绸之路核心区的建设将以泉州市为21世纪海上丝绸之路先行区，福州、厦门、平潭等港口城市为海上合作战略支点，三明、南平、龙岩等市为海上丝绸之路腹地拓展重要支撑，充分发挥福建各地的地缘、人缘、历史文化及对外开放、产业发展等优势，强化沿海港口城市的支撑引领作用和山区城市的承接拓展作用，合理确定重点合作领域和区域，形成整体参与和引领国际合作的新优势。

2016年1月，泉州作为21世纪海上丝绸之路先行区率先制定了《泉州市建设21世纪海上丝绸之路先行区行动方案》，提出近、中、远期目标，布局实施6个

努力方向和10个行动计划,致力于在福建21世纪海上丝绸之路核心区建设中发挥先行作用和重要支撑作用,建成21世纪海上丝绸之路基点城市和开放门户。

2016年11月,福州市委、市政府发布《对接国家战略建设海上福州工作方案》,提出在3年内集中实施10大重点任务和一批重点海洋经济项目,确保到2020年全市海洋经济总产值达7000亿元;到2025年,全市海洋经济总产值超过1万亿元,海洋经济增加值占全市GDP的三分之一。此外,《方案》还确定了7大发展定位和10大重点任务。

十九大报告指出"一带一路"建设是我国经济建设和全方位外交布局的重要组成部分。2018年4月,习近平主席在出席博鳌论坛时进一步强调:"我们秉持的是共商共建共享,把'五通'①落到实处,打造国际合作新平台,增添共同发展新动力,使'一带一路'惠及更多的国家和人民。"福建作为"海丝"的重要起点和发祥地,作为"海丝"核心区,应当充分发挥优势,先试先行,积极融入"一带一路"建设。

2018年5月22日,福建省"海丝"核心区建设工作领导小组办公室副主任、福建省发展和改革委员会副主任叶飞文在接受采访时表示,21世纪海上丝绸之路核心区的几年建设取得了明显成效。以互联互通为例,福建整合优化沿海岸线资源,集中力量打造核心港区,建成万吨级以上泊位171个,已具备停靠世界集装箱船和散货船最大主流船型条件;强化了福州、厦门"海丝"门户枢纽机场功能。经贸合作也是福建推进21世纪海上丝绸之路核心区建设的一大亮点。统计数据显示,2017年福建与"一带一路"沿线国家贸易额达3601.2亿元人民币,增长了15.2%。而截至2017年底,仅在商务部门备案的福建对外直接投资企业和境外分支机构已达2533家。中方协议投资额达266.4亿美元。

2018年6月5日,福建省政府根据科技部、国家发改委《关于支持福建开展21世纪海上丝绸之路核心区创新驱动发展试验的函》有关要求,结合实际,制订发布《福建省开展21世纪海上丝绸之路核心区创新驱动发展试验实施方案》,再次提出要继续努力把福建21世纪海上丝绸之路核心区建成全面创新改革先行区、创新引领示范区、开放合作示范区和海峡两岸协同创新先行区,为建设"机制活、产业优、百姓富、生态美"的新福建和推进"一带一路"倡议实施提供强大支撑,并就这一目标提出了五大重点任务。

---

① "五通"是指政策沟通、设施联通、贸易畅通、资金融通、民心相通。

任务一：深化科技体制机制改革

要建立企业主导产业技术研发新机制，到2020年，培育高新技术企业达到3000家、创新型企业达到600家、科技小巨人领军企业1000家，发展壮大一批专精特的行业龙头企业；推进产学研协同创新，到2020年，力争全社会研究与试验发展经费投入（R&D）占全省地区生产总值（GDP）的比重达到全国平均水平（2.5%），科技进步贡献率达58%。此外，要完善高校和科研院所科技管理体制，创新人才培养与运用机制，着力吸引培养一批战略科技人才、科技领军人才、企业家和高技能人才、创新创业人才和青年科技人才。

任务二：推进"海丝"核心区创新发展试验

培育发展一批新产业，到2020年，战略性新兴产业增加值占地区生产总值的比重达到15%；建设福厦泉国家自主创新示范区，到2020年，福州片区实现高新区工业总产值突破2700亿元，年均增长21%；厦门片区实现高新区工业总产值达到4200亿元，年均增长15%；泉州片区实现高新区工业总产值突破2400亿元，年均增长15%。此外，还要攻克转化一批新技术、构筑提升一批新平台、融合催生一批新业态、推广应用一批新模式，并推进省级产业集聚区和各类经济开发区、工业园区创建省级高新区，加快提升大学科技园和科技创业园建设。

任务三：构建"海丝"协同创新网络

共建国际科技创新平台，到2020年，投入运行联合实验室（研究中心）10家以上；开展科技产业园区合作，到2020年，在外设立和共建科技园区10家以上；深化科技人文交流，到2020年，培训沿线国家技术人员和管理人员2000人次以上。此外，加强科技创新政策沟通，支持厦门大学、华侨大学、福州大学、福建师范大学、福建省社科院建设高水平的"海丝"研究机构；推进国际海洋科技合作，加强与东盟国家在海洋研究开发、海洋科技创新、环境保护、安全救援等领域的合作等。

任务四：打造科技成果转化特区

要构建技术转移和创新服务体系，采取财政奖补、创业投资等方式，积极推动孵化服务模式创新，支持社会资本参与科技企业孵化器的建设与运营；同时，积极融入全国技术交易网络体系，强化与国家技术转移各区域中心间的联络与协作，到2020年，技术市场交易总额累计达300亿元以上。此外，要建设国际科技成果转移转化合作网络，加强与中国—东盟、中国—南亚、中国—阿拉伯国家技术转移协作网络的合作，鼓励科研机构、高等院校和企业与沿线国家合作，建设一批先进适用技术示范与推广基地等。

任务五：深化两岸科技交流合作

要深化闽台科技产业合作；要共建闽台创新合作平台，鼓励两岸科研机构、高等院校、企业共同在闽设立两岸合作研发机构，联合建设重点实验室，开展基础研究、前沿技术和共性关键技术研究等。此外，继续推动闽台科技人才交流，并发挥福州作为台湾专利代理人资格考试考点的积极作用，持续推动闽台知识产权交流合作；同时，鼓励台湾青年来闽就业创业，落实在闽台湾青年同等享有各类创业项目扶持、科技创新、生产经营场所和住房租金补贴等各项政策。

二、"海丝"核心区的主要优势

福建地处中国东南沿海，是海上丝绸之路的重要起点，是连接台湾海峡东西岸的重要通道，是太平洋西岸航线南北通衢的必经之地，也是海外侨胞和港澳台同胞的主要祖籍地，历史悠久，区位独特，且具有民营经济发达、海洋经济基础良好等明显优势，在建设21世纪海上丝绸之路中具有十分重要的地位和作用。加快建设21世纪海上丝绸之路核心区，有利于进一步发挥福建的独特优势，提升开放型经济发展水平，加快科学跨越发展；有利于扩大闽台交流合作，增进两岸同胞情谊与共同利益，促进两岸关系和平发展；有利于深化我国与东盟等海上丝绸之路沿线国家和地区的区域合作，打造带动腹地发展的海上合作战略支点，为实现共同繁荣发展做出贡献。

（一）历史渊源久远

福建历史上是海上丝绸之路的重要起点和发祥地，在对外经贸文化交流史上发挥了重要作用。福州的甘棠港和长乐太平港、泉州的后诸港、漳州的月港等，都曾在中国不同历史时期的海上丝绸之路上扮演重要角色。福州的长乐太平港是郑和七下西洋的重要基地；泉州是被联合国教科文组织确认的海上丝绸之路起点，是宋元时期海上丝绸之路的主港，被称为"东方第一大港"；漳州月港是明朝中后期海上丝绸之路的始发港。

（二）海洋资源和海洋文化得天独厚

福建海岸线总长3752千米，居全国第二位；弯曲度居全国第一位，拥有众多优良港湾，可建万吨级以上泊位的深水岸线长210.9千米，居全国首位，在临港工业、航运物流等对外合作领域具有明显优势。福建海洋文化底蕴深厚，福建是我国海洋文化的重要发祥地，拥有四五千年的海洋文化，具有开放包容、拼搏冒险等显著海洋特色的福建精神，妈祖文化、船政文化等在海洋文明发展史上占据重要位置。据考古发现太平洋南岛语系国家的先民极有可能源自福建沿海。

（三）闽台东盟合作载体独特

台湾同胞中有80%以上祖籍福建，东南亚华侨华人中祖籍福建的有1254万人。闽台两地与东南亚地区习俗相似、文化趋同，民间交流量大面广，闽台特殊关系是福建与东盟交往的一个有效载体。东盟是台湾第二大贸易伙伴和第二大出口市场，特别是中国—东盟自贸区建成后，更进一步促进了福建、东盟、台湾三地间的物资和资金流动。

（四）国际产能和经贸合作前景广阔

福建产业基础完备，资金和技术力量相对较强，产品性价比高，尤其是建材、纺织服装鞋帽等在国际市场很受欢迎。东盟不仅是福建资源型产品的重要原料来源地，而且拥有近6亿人口的消费品市场。目前东盟已成为福建第二大贸易伙伴、第四大外资来源地和第二大对外投资目的地，未来合作空间更加广阔。

（五）地域文化特色鲜明

古代海上丝绸之路在开展经贸往来的同时，也成为多元文化的交融舞台，宋元时期兴盛的泉州就是汇聚多元文化的典型。目前，旅居世界各地的闽籍华侨华人达1580万，分布在世界上188个国家和地区，其中约80%集中在东南亚。这些东南亚华侨华人移居历史悠久，在当地颇具影响力。更重要的是，这些闽籍华侨华人具有推动与促成"一带一路"的意愿。泉州的阿拉伯后裔有5万人，阿拉伯国家对泉州有一种亲缘感，无论是"请进来"还是"走出去"都有着天然的优势和氛围。

三、"海丝"核心区的发展现状

（一）政策沟通获得广泛共识

1. 成立工作小组上下联动。福建成立了由省长担任组长、分管省领导担任副组长的"海丝"核心区建设工作领导小组。制定落实年度工作要点，建立项目储备库及政策会商等工作机制，明确部门推进责任，形成纵向到底、横向到边、上下联动的工作格局。

2. 完善区域合作交流机制。加强政府间交流协调以及与相关国际和地区组织的合作，完善与有关国家在投资保护、金融、税收、海关、人员往来等方面的合作机制。福建已经与印尼中爪哇、马来西亚沙捞越州和捷克奥洛穆茨州分别签订共建《"海丝"（"一带一路"）合作（谅解）备忘录》。近年来，福建省主要领导多次出访东南亚国家，缅甸、老挝、新加坡、柬埔寨和越南等东盟国家领导人也先后组团到访福建。2013年以来，福建与38个国家建立国际友好城市98对，基本完成在东盟国家的省级友好城市布局，新加坡、泰国和菲律宾在福建设立总领事馆。与此同时，加强与广东、浙江等周边省区市合作共建21世纪海上丝绸之路建设协作网络。深化闽台经贸合作，吸引台资企业借道福建拓展东盟出口市场，促进福建、东盟、台湾三地间的物资和资金流动，形成一体化的统一市场，实现互利双赢。

（二）基础设施联通扎实推进

1. 陆上通道建设

合福高铁全线贯通，福建与华中、华北、东北地区交通更快捷。衢宁铁路加快建设，浦梅铁路建宁至冠豸山段、兴泉铁路福建段开建，福厦铁路客运专线先行段已开工，全省铁路运营里程突破3300千米，高速公路里程突破5200千米，实现了市市通高铁、县县通高速。联运通道逐步完善，中欧班列（厦蓉欧）、中亚班列（厦门—阿拉木图）、中欧班列（厦门—莫斯科）、中欧班列（厦门—汉堡）相继开通，"台平欧""台厦蓉欧"海铁联运列车运行良好，串联起海陆"丝绸之路"。（表3-5）

表3-5 福建中欧、中亚班列开行情况

班列	开通时间	起点—终点	运行线路	运行时长	备注
中欧班列（厦蓉欧）	2015年8月16日	厦门—波兰	从厦门海沧区开出，经成都到新疆阿拉山口出境，途经哈萨克斯坦、俄罗斯、白俄罗斯等国直达波兰罗兹	15天	相较传统铁路运输，厦蓉欧班列厦门到成都的运输时间将缩短一半，运输成本降低40%左右；相较传统海运模式，厦门到欧洲的全程运输时间也将缩短一半

(续上表)

班列	开通时间	起点—终点	运行线路	运行时长	备注
中亚班列（厦门—阿拉木图）	2015年8月16日	厦门—阿拉木图	线路全长5310千米，通过铁路通道和海铁联运，将文莱、印度尼西亚、马来西亚等东盟国家与我国的新疆地区及中亚五国相连接	6天	
台平欧	2015年11月3日	台湾—汉堡	来自台湾的集装箱货物搭乘"海峡号"在平潭澳前码头登岸，随即运往福清江阴港，由江阴铁路支线抵达郑州，途经阿拉木图、莫斯科、明斯克、布拉格、柏林等地，最终到达德国汉堡	16—20天	比海运节约15—30天，费用仅为空运费用的五分之一甚至更少，较之海运也减少了两成左右
台厦蓉欧	2016年4月21日	台湾—波兰	从台湾通过海运到厦门，办理简单的手续后便能搭乘中欧班列（厦蓉欧）运往欧洲	18天	运输时效比全程海运大概节省了一半时间，成本只有空运的八分之一到七分之一
中欧班列（厦门—莫斯科）	2017年4月21日	厦门—莫斯科	从厦门自贸片区海沧园区出发，途经南昌、南京、济南、锦州、满洲里、后贝加尔等，最终到达莫斯科昆采沃	14天	比以往多式联运方式节约大半时间，成本只有空运的五分之一到四分之一
中欧班列（厦门—汉堡）	2017年7月8日	厦门—汉堡	从厦门自贸片区海沧园区直发，从阿拉山口出境，之后途经哈萨克斯坦、俄罗斯、白俄罗斯、波兰等国家，最终抵达目的地德国汉堡	16天	用时比此前经西安前往汉堡的班列线路节约了至少4天的时间，运输成本仅为空运的12.5%—25%

数据显示，2017年1—11月，厦门中欧班列累计开行103列，年集装箱运量7094标箱，总货值18.68亿元。其中厦门—欧洲（罗兹、波兹南、汉堡）出口44

列、3048标箱；厦门—莫斯科出口19列、1198标箱，进口13列，948标箱；厦门—阿拉木图出口26列、进口1列，折合1900标箱。①班列通过海铁联运把东南沿海、中西部及港澳台相连，将东盟十国、中亚地区及欧洲相连，打造"一带一路"沿线国家物流新通道。伴随着这条物流大通道的打通，越来越多的货源汇聚厦门，班列搭载的货物不仅来自福建本地，广东、江西、浙江等省份的货物也借道直输欧洲和中亚。货物从机电、轻工、建筑材料、服装鞋帽等，延伸到机械设备及配件、婴儿用品、瓷砖卫浴等。

此外，在福建省骨干物流运输通道的布局中，"十三五"期间将建设5条陆路国际运输大通道，分别为对接中老（挝）泰（国）、中越（南）通道的"福建—昆明—东盟"通道，对接孟（加拉）中印（度）缅（甸）通道的"福建—昆明—印度"通道，对接新亚欧大陆桥的"福建—乌鲁木齐—欧洲"通道，对接中伊（朗）土（耳其）、中巴（基斯坦）通道的"福建—喀什—中亚、西亚"通道，对接中蒙（古国）俄（罗斯）通道的"福建—北京—蒙古"通道。

2. 海上通道建设

福建海岸线比较长，曲折度1:7.01，居国内首位；岸线资源特别是深水岸线资源非常好，能够建万吨级以上泊位的深水岸线达到210.9千米，居国内首位。"两集两散两液"核心港区加快建设，让福建沿海港口实际吞吐能力达近7亿吨，世界最大的各类主流船舶均可停靠。随着海上通道不断拓展，现已建成万吨级以上泊位168个，集装箱外贸航线达到138条。②目前在福建建设经营外资码头的主要有中国香港、中国台湾以及新加坡、印尼等国家的企业，已建成投入运营的共45个泊位。

福建港口与"海丝"沿线国家港口航运交流密切。2015年底，福建共开通东南亚、南亚、西亚、非洲、地中海等有关国家和地区航线36条。2015年，厦门港、福州港均与马来西亚最大港口巴生港③签署友好港合作意向书，共同推动航运物流业发展。厦门东南国际航运中心建设迈出新步伐，新增6条东南亚航线，由福建始发的"海丝"航线达到18条。2016年，新开辟福州江阴港至印度、巴基斯坦港口航线和厦门—越南、厦门—菲律宾2条邮轮航线。宁德华海船业投资

---

① 徐景明：《厦门中欧班列今年开行超百列 前11月总货值逾18亿》，《厦门日报》2017年12月11日。
② 薛志伟、石伟：《福建对外贸易和双向投资持续扩大》，《经济日报》2017年9月5日。
③ 巴生港位于马六甲海峡，紧邻吉隆坡，是一个以集装箱运输为主的综合性港口，也是马来西亚最大的港口。在我国推进"21世纪海上丝绸之路"建设中，巴生港占据重要的战略节点。

建设印尼"海上高速路",承接印尼船舶订单并合资经营客运航线。此外,福建还发力建设经马六甲海峡至印度洋、欧洲,经印尼至南太平洋,经东海、日本海至美洲等方向的海上互联互通国际运输大通道,加密东南亚、中东等近洋海运航线,延伸拓展欧美远洋海运航线,拓展非洲和拉美地区海运航线。

3. 空中通道建设

自2015年以来,厦门—文莱直航包机,厦门—阿姆斯特丹、福州—悉尼、厦门—悉尼等航线相继开通,架起了一条条福建连接世界的空中"丝路"。随着空中通道不断加密,目前,福建空中国际航线53条,通达东南亚、欧洲、美洲、澳大利亚、日本、韩国等地,港澳台航线17条,打造了福州、厦门两大门户枢纽机场和晋江、武夷山、冠豸山、沙县4个区域干线机场。此外,厦门新机场、福州长乐机场二期等项目前期工作也在加紧推进。

(三)贸易畅通成效显著

1. 吸引外资

在全球投资放缓和国内吸引外资下滑的大背景下,2017年,福建省新设外商投资企业2041家,实际使用外资573.2亿元人民币,同比增长8.2%。[①]特别是利用台资规模位居大陆各省(区、市)第二位,仅次于江苏。2017年福建新批台资项目1051个(含第三地转投),合同台资36.4亿美元,同比增长超过20%,实际到资18.6亿美元,占全省实际利用外资20%以上。商务部核准福建在台直接投资项目11个(增资7个),核准对台投资额313.4万美元。此外,充分发挥福建自贸试验区改革先行优势,开展对"海丝"沿线国家和地区的开放合作,实行投资贸易便利化政策。挂牌以来至2018年6月底,福建自贸试验区新增内、外资企业70347家,注册资本15962.39亿元人民币,分别是挂牌前的4.56倍、7.18倍。新增外资企业3415家,合同外资248.1亿美元,分别占全省同期的50.4%、48.4%。新增台资企业2068家,合同台资58.92亿美元,分别占全省同期的55.1%、59.8%。[②]

长期以来,东盟一直是福建利用外资的主要来源地区之一。新加坡、马来西亚、印尼和菲律宾是主要投资来源地,通信设备、计算机及其电子设备是东盟在

---

① 福建省统计局:《2017年福建省国民经济和社会发展统计公报》,2018年2月22日。
② 《福建自贸试验区2018年上半年新增企业情况》,中国(福建)自由贸易试验区官网,2018年8月1日,http://www.china-fjftz.gov.cn/article/index/aid/9511.html。

福建投资最大的产业，房地产、物流仓储等服务业投资近年来有增长的趋势。据统计，截至2015年底，福建累计吸收东盟国家的直接投资3927项，合同外资金额126.14亿美元，实际利用外资93.91亿美元。[①]2016年东盟五国（菲律宾、泰国、马来西亚、新加坡和印尼）投资福建合同数为68个，合同金额达到3亿多美元。（表3-6）

表3-6 东盟投资福建合同数和合同金额（单位：个，万美元）

年份		菲律宾	泰国	马来西亚	新加坡	印尼
2010	合同数	11	-	18	27	5
	合同金额	-6756	-85	5728	21747	730
2013	合同数	3	1	10	35	5
	合同金额	-985	1998	-546	53789	2908
2014	合同数	9	-	7	28	1
	合同金额	1909	-320	1750	21212	-539
2015	合同数	7		14	37	10
	合同金额	-421	53	6675	27949	462
2016	合同数	6	6	13	38	5
	合同金额	125	1971	2018	27411	-699

数据来源：福建省统计局：《福建统计年鉴2017》。

注：当期外商投资企业减资或外商股份转让金额超过当期新批合同外资或外商投资企业增资金额，差额部分用负数表示。

2. 海外投资

加大对"海丝"沿线国家的投资，积极推动省属国企、大型民企赴海外投资，有效利用"两个市场，两种资源"。据统计，2014—2016年，全省累计对"海丝"沿线国家和地区投资40.7亿美元。[②]其中，2016年福建对印尼、柬埔寨、马来西亚、菲律宾、新加坡、越南、老挝等"海丝"沿线国家投资备案项目96个（2015年48个），同比增长1倍，投资额22.3亿美元（2014年2.10亿美元，2015年13.8亿美元），同比增长61.6%，[③]主要涉及采矿业、远洋渔业、现代农业、

---

① 陈梦婕、林侃：《沿着海丝再出发 拥抱世界》，《福建日报》2016年10月26日。
② 《闽企出海 勇闯天涯》，《福建日报》2017年5月14日。
③ 蔡勇志：《发挥福州多区叠加政策优势 深化海丝核心区建设》，人民网，http://www.mwnews.cn/html/86/2017-03-20/09222225031.shtml，2017年3月20日。

房地产等领域。在肯尼亚，福建建工集团承建的东非大动脉——肯尼亚A2公路项目，被非洲发展银行称赞为"这是中国公司创造的奇迹"。中国武夷、紫金矿业、旗滨集团等企业加大对外投资力度，启动了中肯（肯尼亚）东非经贸合作区、旗滨集团马来西亚工业园、福隆盛中柬工业园、紫金矿业刚果（金）铜矿等一批境外投资产业园区和项目建设。此外，福建企业投资的中国武夷中肯（尼亚）东非经贸合作区、中毛（里塔尼亚）海洋经济合作园、中利（比里亚）国际渔业综合基地等境外园区列入"一带一路"建设三年滚动计划。2017年福建对"海丝"沿线国家和地区投资备案项目30个，金额22.9亿美元，39个项目纳入"一带一路"国家重大项目储备库。[①]截至2017年底，福建在商务部门备案的对外直接投资企业和境外分支机构2533家，中方协议投资额266.4亿美元。其中，对"一带一路"沿线国家地区投资项目256个，协议投资额61.5亿美元。[②]

2018年上半年，福建新增对"一带一路"沿线国家投资项目33个，投资额1.2亿美元，投资行业以制造业和批发零售业为主。[③]并购投资占比大幅提高。共发生跨境并购30起，分布在全球15个国家和地区，投资行业以制造业和信息传输、软件和信息技术服务业为主，投资额合计为15.4亿美元，占全省总额的76.8%，比上年同期提高19个百分点。其中，有4个项目投资额超过1亿美元，分别是：泉州市博智文化用品有限公司7.1亿美元并购西班牙企业；恒申控股集团有限公司2.9亿美元并购荷兰企业；泰禾投资集团有限公司1.7亿美元并购美国企业；福建诺奇股份有限公司1.3亿美元并购香港企业。对外投资行业结构持续优化。对外投资涉及国民经济13个行业门类，分别是：投资批发和零售业项目40个，投资额1.3亿美元；投资制造业项目33个，投资额4.3亿美元；投资信息传输、软件和信息技术服务业项目18个，投资额0.3亿美元。房地产业、体育和娱乐业对外投资没有新增项目。此外，福建投资港澳的热度不减。2018年1—8月，福建投资香港备案项目达41个，其中新批30项，增资11项，同比增长86.4%。截至2018年8月，福建经备案（核准）在香港设立的境外企业与分支机构共1102

---

① 福建省发展和改革委员会：《关于福建省2017年国民经济和社会发展计划执行情况及2018年国民经济和社会发展计划草案的报告》，《福建日报》2018年2月6日。

② 陈煜：《福建5年来对"一带一路"沿线国家地区投资项目256个》，《经济日报》2018年8月26日。

③ 郑璜：《福建上半年实际对外投资额增长近1.5倍》，《福建日报》2018年7月25日。

个,中方协议投资额合计100.9亿美元。[①]

目前,东盟是福建第二大外资投资目的地。据福建省商务厅统计,2001年至2016年9月,福建省经核准的在东盟投资的企业累计258家,投资总额45.377亿美元,我方投资额35.781亿美元,占福建对外投资总额的16%,占福建对"海丝"沿线国家和地区投资的50%。其中,从投资企业数来看,排名前三的依次是印度尼西亚、新加坡、越南;从投资规模看,印度尼西亚、新加坡、马来西亚是主要投资对象国,如表3-7所示。

表3-7 2001年至2016年9月福建核准在东南亚设立的境外企业(机构)数与投资金额情况

国家	企业(机构)数(家)	总投资额(万美元)	我方投资额(万美元)	占对东南亚投资比重(%)
越南	45	28506.21	27279.55	7.6
菲律宾	20	3293.20	2210.98	0.6
马来西亚	33	58407.96	54445.03	15.1
新加坡	48	78596.55	66230.12	18.4
印度尼西亚	67	218472.4	156215.7	43.4
缅甸	11	13944.95	8764.20	2.4
泰国	11	4381	3417.05	0.9
柬埔寨	17	38282.22	32784	9.1
老挝	9	9640.2	6216.41	1.7
文莱	2	250	250	0.1
东帝汶	2	3500	1980	0.6
小计	260	457274.7	359793.1	100

资料来源:全毅、郑美青:《福建与东南亚:21世纪海上丝绸之路重要枢纽》,《福州大学学报》(哲学社会科学版)2017年第4期。

3. 双向贸易

成功举办了"21世纪海上丝绸之路博览会暨福州海峡两岸经贸交易会""21世纪海上丝绸之路建设暨国际产能合作研讨会""亚洲合作论坛工商大会"等活动,实现了双向贸易的有效拓展。加快转变贸易方式,鼓励省内企业到"海丝"

---

① 《港澳投资热度不减 福建借势推进新一轮改革开放》,中国新闻网,2018年10月8日,http://www.fj.chinanews.com/news/fj_zxyc/2018/2018-10-08/422684.html。

沿线国家和地区投资设立仓储基地、商贸物流基地、展销中心、营运中心和跨境电商配送中心，拓展建材、轻纺、机电产品与资源性产品的互换贸易。全省建材、纺织、机械等工业产品出口快速增长。2017年福建与"海丝"沿线各国贸易稳步增长，全年实现贸易额3098.5亿元，同比增长14.5%。其中，出口1865.6亿元，增长2.3%；进口1223.9亿元，增长39.9%。"9·8投洽会""福建品牌海丝行"等平台作用有效发挥，闽企闽货国际影响力明显提升。2018年前三季度福建对"一带一路"沿线国家进出口贸易额达3006.5亿元人民币，同比增长15.1%。其中，印尼、菲律宾和沙特为福建对"一带一路"沿线国家主要进出口伙伴。2018年前三季度，福建对印尼进出口387.9亿元，同比增长42.8%；对菲律宾进出口357.3亿元，同比下降2.3%；对沙特进出口331.2亿元，同比增长26%。同期，对越南、马来西亚和印度分别进出口251亿元、231亿元和206.9亿元，分别同比增长27.5%、12.7%和36.2%。[①]

东盟是福建的主要贸易伙伴，两地贸易持续表现活跃，成为福建外贸一大增长亮点。福建与东盟的贸易总额从2005年的46.55亿美元上升到2017年的305.64亿美元，增长了近6倍。其中，福建对东盟的出口贸易总额从2005年的24.28亿美元，增长到2017年的191.99亿美元，年均增速达到20%（表3-8）。2013年开始，东盟第一次超越欧盟，成为仅次于美国的福建第二大贸易伙伴。2016年，在福建对外贸易微幅下滑、对美贸易大幅下降的背景下，福建对东盟贸易依然增长7%。2017年，东盟首次超越美国和欧盟，成为福建第一大贸易伙伴。

表3-8 2005—2017年福建与东盟双边贸易

年份	进出口总额（亿美元）	出口额（亿美元）	比上年增长%	进口额（亿美元）	比上年增长%
2005	46.55	24.28	22.7	22.27	1.8
2006	54.12	29.8	22.7	24.32	9.3
2007	70.66	41.2	38.6	29.46	21.1
2008	84.24	52.18	26.4	32.06	8.8
2009	93.52	60.09	15.1	33.43	4.3
2010	131.98	83.07	38.3	48.91	46.3
2011	183.23	116.21	39.9	67.02	36.9

---

① 林茂阳：《"一带一路"已成福建经济增长新引擎》，《中国商报》2018年11月14日。

(续上表)

年份	进出口总额（亿美元）	出口额（亿美元）	比上年增长%	进口额（亿美元）	比上年增长%
2012	215.42	142.11	22.3	73.31	9.5
2013	242.81	163.17	14.8	79.64	8.6
2014	250.83	167.32	2.6	83.51	4.9
2015	247.17	169.99	1.57	77.18	-7.79
2016	259.57	179.07	7.3	80.50	6.1
2017	305.64	191.99	7.2	113.65	41.1

数据来源：福建省统计局：《2005—2017年福建省国民经济社会发展统计公报》。

4. 海洋合作

在与"海丝"沿线国家的经贸合作中，福建突出海洋经济特色，积极挖掘海洋产业合作潜力，海洋合作有效拓展。一是远洋渔业加快发展。作为中国第四个海洋经济试点省份的福建，远洋渔业发展呈现出速度快、规模大、产值高、装备强的特点，实现全国多个"第一"，船队规模增量、远洋渔业企业自有渔船平均拥有量、平均单船产值等均居全国第一。目前，福建远洋渔业企业达到29家，外派远洋渔船540艘，建立9个境外远洋渔业综合基地，境外渔业养殖面积超12万亩，数量与规模居全国前列。① 其中，宏东公司在毛里塔尼亚建设了覆盖码头、冷库、加工厂、鱼粉厂、造船厂的综合渔业基地，产品远销非洲、欧洲、东南亚、北美等地，成为我国在境外规模最大的远洋渔业基地。二是福建多个境外合作项目被纳入中国—东盟海上合作基金项目。如中国—东盟海产品交易所、印尼金马安渔业综合基地更新改造、中国—东盟海洋学院等。三是2015年3月，中国—东盟海产品交易所挂牌运营。作为对接"一带一路"建设的重要互联网交易服务平台，截至2017年3月，该交易所已发展境内外会员297家，交易商2287个；从2016年至2017年3月底，线上累计交易额5317亿元，现货交易额约8.1亿元。②

---

① 廖萌：《21世纪海上丝绸之路核心区的发展现状、问题和对策研究》，《经济视角》2018年第2期。
② 郁琼源、黄鹏飞：《福建借力海洋合作加快建设海丝核心区》，新华网，http://www.fj.xinhuanet.com/kfj/2017-04/26/c_1120878192.html，2017年4月26日。

(四)资金融通加快形成

1. 推动人民币跨境结算服务

2016年，福建与"海丝"沿线国家的跨境人民币业务量达431.38亿元，占同期全省跨境人民币业务总量的9.26%，有效降低了省内企业与"海丝"沿线国家投资贸易的汇兑成本，规避汇率风险。鼓励跨国企业集团开展跨境人民币资金集中运营业务，支持更多"走出去"企业集团享受贸易和投资便利化。

2. 优化跨境融资服务

截至2016年末，福建省银行业"一带一路"项目融资余额3094亿元，同比增长19%。推动设立战略合作基金和产业基金。目前相关金融机构已与福建省政府合作设立1000亿元的"21世纪海上丝路"产业基金，与福州市政府合作设立100亿元战略合作基金。截至2016年末，建设银行已审批通过"新海丝"系列基金11支，基金总规模435亿元；已投放4支"新海丝"基金，投资规模合计73.3亿元。[①]

3. 深化外汇管理改革

在经常项目方面，简化企业货物贸易外汇收支管理。在资本项目方面，取消了大部分直接投资项下的行政审批，全面推广资本金意愿结汇改革，以跨国公司外汇资金集中运营管理探索投融资汇兑便利化，全面推进全口径跨境融资宏观审慎管理政策，积极促成银行和企业在宏观审慎框架下实现跨境融资，支持实体经济发展。

4. 金融服务创新加强

福建已与国家开发银行、中国出口信用保险公司等机构签署合作协议，为海外投资项目提供融资、保险等全方位支持。同时，大幅度放宽市场准入，扩大服务业特别是金融业对外开放，加强同国际经贸规则对接，强化知识产权保护，创造更有吸引力的投资环境，从更高层面上吸引更多世界500强、全球行业龙头企业和知名跨国公司投资福建。积极推动设立"海丝"核心区建设基金、海陆丝绸之路城市联盟基础设施建设及国际产业合作基金等专项基金，引导和鼓励民间资本助力"海丝"核心区建设。扩大中长期信用保险覆盖面，支持出口信用保险公司积极发挥风险分担和融资促进作用，搭建支持企业"走出去"的风险保障平台，降低对外投资风险。

---

① 中国人民银行福州中心支行课题组：《"新海丝"核心区的金融支撑》，《中国金融》2017年第9期。

(五)民心相通稳步推进

1. 文化交流

福建依托自身具有的深厚历史文化底蕴,加强人文交流,大力推进"海丝"文化建设。一是成功举办了"海上丝绸之路国际艺术节""丝绸之路国际电影节""亚洲艺术节""21世纪海丝佛教福建论坛"等大型活动,在"海丝"沿线国家引起了强烈的反响。"海上丝绸之路国际艺术节"经国务院批准永久落户泉州。二是助推文化"走出去"。福建着力打造的两张"海丝"文化主题名片——大型舞剧《丝海梦寻》和"丝路帆远——海上丝绸之路文物精品图片展"频繁应邀赴"一带一路"沿线国家和地区演展,引起当地民众强烈共鸣,为双方文化融合注入了新活力。大力推进"闽茶海丝行",在英国伦敦等地设立了闽茶文化推广中心,传播闽茶文化。三是增进共同信仰。2017年7月,"妈祖下南洋——重走海丝路"暨中马、中新妈祖文化活动周在马来西亚、新加坡举办,受到当地华人的隆重欢迎。

2. 教育交流

教育交流交往持续加强。据不完全统计,近10年来,厦门大学、华侨大学、福州大学、福建师范大学、福建警察学院、福建中医药大学、福建医科大学、福建幼儿师范专科学校和福建工业学校以及福州市、厦门市、泉州市与"一带一路"沿线国家开展教育交流合作有成效的主要项目近80项。[①]这些项目都是各地、各学校立足自身优势和特色,针对"一带一路"沿线国家在经济建设发展中急需培养人才等多方面予以支持和输出,顺应了未来"一带一路"沿线国家发展形势需要,增进了"一带一路"沿线国家对中国及中华文化的认知和了解,促进了中外友好往来和文化教育交流,对于促进世界各地华人对祖籍国的了解,加强中外文化交流,均具有重要的意义,已逐渐打造为在海内外具有重要影响的教育交流合作知名品牌。特别值得一提的是,2016年2月,厦门大学马来西亚分校建成投入使用,中文、中医等12个专业就读学生超过1300人,成为我国公立大学在海外开办的第一所分校。2016年4月,华侨大学与泰国东盟普吉泰华学校签署合作办学协议。

---

① 段留芳:《福建教育发挥海丝核心区优势 促进国际交流与合作》,中国网,http://edu.china.com.cn/2017-05/20/content_40856277.html,2017年5月20日。

三、"海丝"核心区发展存在的问题

(一)平台功能建设仍需提升

1. 通道设施建设有待加强。福建港口设施建设滞后,现有的集装箱码头泊位紧张、堆场面积不足,影响集装箱装卸作业的正常开展;集疏运体系不够完善,集装箱压港现象时有发生。环厦门湾港区的大型深水航道及锚地等公共基础设施仍有待完善,环东山湾的古雷港区公共配套码头、东山对台客货码头、滚装码头港区建设需加快推进。

2. 办展条件和经验仍显不足。福建的一些地方举办国际性展会的软硬件设施跟进不够,展会策划运作水平不高,品牌规模影响力不大,招展招商质量有待提升。企业参展积极性明显下降,导致部分展会组展规模较小,无法凸显抱团优势,同时企业申请中小企业国际市场开拓资金补贴需要一年左右,希望适当缩短参展补贴兑现周期,减轻企业参展负担。

3. 侨力资源优势发挥仍较局限。一是近年来,华侨华人的社会结构和心态都发生了很大变化,从"华侨社会"变成"华人社会",从"落叶归根"到"落地生根"再到"世界公民",从注重感情联系转变为以经济、文化、学术等综合因素为纽带的联系。然而,福建各地与华侨华人交流交往主要通过寻根谒祖这个平台,仍然局限在传统的宗乡会、商会和文化类社团,而与华裔新生代这一群体的交流交往较为缺失,交流交往的广度、精度、深度不够,跟不上海外侨团多样化的发展趋势。二是"海丝"沿线国家是福建华侨华人最集中的地区,政治、经济发展层次复杂,文化多样性特点突出,特别是宗教信仰、风俗习惯的民族风格鲜明。而福建缺少这方面的研究,专门研究华侨华人历史和现状的机构较为分散,没有形成研究合力。三是福建从2005年开展全省大规模侨情普查以来已经十几年未开展新的侨情调查,国内外侨情发生了巨大变化,而侨务部门的侨情资料仍然显得陈旧,一定程度上制约了侨务工作的开展。四是海外华裔新生代迅速崛起,有的已经进入当地主流社会,但大多出生于海外,受中华文化影响相对较少。如何开展他们的工作也值得进一步思考。

(二)闽企"走出去"仍困难重重

福建境外投资大多是民营企业,以设立贸易公司、铺设营销网络、服务外贸出口为主，普遍存在境外投资项目体量小、分布散、抗风险能力弱的特点，真正有实力参与甚至主导国际分工和要素分配的很少，"走出去"始终缺乏带动性强、示范作用明显的龙头项目。同时福建"走出去"企业对东南亚国家政情社情复杂、法律政策陷阱、文化宗教多元等情况了解不多、研究不够，在海外失败的案例时有发生，"走出去"遇到不少困难和问题。

1. 融资较为困难。中国境内银行对投资境外的民企审批程序复杂、贷款比例较低，民企融资成本偏高。福建主要银行机构将纺织鞋服、陶瓷建材等传统产业列入高风险信贷行业，省级分行集中控制信贷规模和审批权，放款手续繁琐、时间长、效率低，导致多数企业资金链趋紧。

2. 扶持力度不大。福建在"海丝"沿线国家的项目推介力度与广东、浙江、江苏等地相比差距明显，仍有很多东南亚国家及欧洲、中东国家对福建"海丝"核心区建设、自贸试验区建设知之甚少。政府每年用于"走出去"的促进资金总量偏小，政策促进作用有限。受外汇管制等原因影响，民营企业"走出去"更多通过非正式渠道，自行在国外注册或绕道香港等地"走出去"。

3. 协调机制欠缺。目前，职能部门无法实时有效了解和掌握"走出去"企业在外建设的项目内容和进度安排，只能依靠企业自身单向报送，缺乏监管和核查机制。

4. 人才较为短缺。福建缺少通晓外语、熟悉国际经贸知识和专业技术知识，以及了解当地文化、法律背景的国际型复合型经营管理人才，制约着企业境外投资发展，由此导致企业管理水平低下，甚至遭遇错失商机、商务谈判失败等挫折。同时，省级国企负责人出访交流受到一定的限制，外派技术人员普遍存在签证时间较短的问题，对"走出去"洽谈投资和经营项目带来阻碍。

（三）城市建设管理国际化水平偏低

《中国城市竞争力报告2018》显示，福建主要城市厦门、泉州、福州的城市综合竞争力在全国各大城市中分列第19、28、34位。[1]从全球资源配置利用能力看，福建对资金、人才、信息等优质资源的配置能力相对较弱；从社会人文国际交流看，福建城市除宜居的生活环境外，在外籍常住人口数量、人文国际影响力、科技文教艺术水平以及国际化的语言氛围和生活环境方面，与北京、上海、广州、深圳等一线城市及武汉、重庆、成都等中西部城市相比，仍有很大差距，

---

[1] 杜汶昊：《中国城市竞争力第16次报告》，《中国城市报》2018年6月22日。

与建设"海丝"核心区的目标不相适应。此外，福建城市建设与管理普遍缺乏国际化思维和视野，路牌路标的双语标识不够普遍和规范，酒店、机场、出租车等窗口服务行业外语交流沟通水平不高，外事机构及国际商会、协会、区域性总部等组织在闽数量较少，国际交流互动、国际赛事举办等较为欠缺，外国人在闽生活、经商、办事的便利程度不高，与国际友好城市互派访问学者和留学生的力度不够、作用不明显，国际化人才不足，等等。很多企业反映，外籍商务人士、友好人士、游客，特别是引进人才很难在福建当地找到并形成国际化的生活圈，居留不易，增加了扩大对外交流的难度和引进人才的成本。

(四)体制机制创新有待继续深化

"海丝"核心区建设，从根本上要求实行协同开放的经济体制和管理模式。但由于历史和现实的原因，"海丝"核心区内的各个城市在享有政策、管理权限等方面并不一致，导致资源要素不能得到合理、高效配置，一些地方为留住企业和推动当地发展，市场保护行为时有发生，影响共同市场的形成；一些企业钻政策空子，投资跟着地方的优惠政策走，地方经济发展受到一些管理体制的约束。

(五)核心区地位不突出

首先，福建打造核心区的重点是对接东盟，但是兄弟省份与东盟的合作更紧密，走在福建前面。如广东在中国—东盟自由贸易区启动前就已经签署了《广东省与东盟秘书处合作备忘录》，双方将着重寻求并促进11个领域的合作，目前广东与马来西亚在马六甲合作建设深水港口及临港新城市等。广西北部湾经济区的功能定位包括建成中国—东盟自由贸易区的物流基地、制造加工基地，同时积极参加中国—东盟博览会和商务与投资峰会、大湄公河次区域经济合作等。云南也将与东盟国家修建3条铁路、3条高等级公路，开辟3条水路，新建和改造一批机场，开辟便捷空中通道，以便加快与东盟国家的合作。周边省份与东盟的密切往来合作将会对福建造成一定的竞争压力。

其次，福建与"海丝"沿线国家的经贸往来没有形成规模效应。从福建主要外商投资企业数量来看，"海丝"沿线国家的外商投资企业数量较少，在前十名以外。

第三，福建试图提高中西部地区对福建港口的利用率，但福建港口货物吞吐能力不足，其他省份多数利用广东、上海等地的港口。

第四，福建各地市融入"海丝"核心区建设的功能定位、目标任务、重点领域和拓展空间不够明确，缺乏全局站位、统筹规划和"一盘棋"发展思想，从而带来盲目竞争，不利于优化资源配置。在实际工作中对政策研究缺乏系统思维，没有形成合力，出现更重视自贸区而忽视核心区建设的趋势。

四、"海丝"核心区发展的对策

作为古代海上丝绸之路的重要起点和21世纪海上丝绸之路核心区，福建与"海丝"沿线国家合作潜力巨大。要进一步推动福建与"海丝"沿线国家和地区在产业、贸易、投资等方面的交流合作，大力推进"海丝"核心区建设，为"一带一路"建设做出积极贡献。

（一）加强合作平台功能建设

1. 加强通道设施建设。加快港口基础设施建设，重点推进核心港区、集装箱码头建设，着力完善港区航道、锚地等公共基础设施；调整港区功能定位，促进港口整合转型，进一步明确管理体制，深化同港同策，实现各大港区特色发展。对照其他省市做法，对港口资源开发利用和资金安排予以政策支持，如：在港口用地上，进一步研究出台更加优惠的政策；在海域使用上，实施先征后返政策并加大返还力度；在资金安排上，研究出台费改税后港航建设项目融资平台。完善对外区域陆路大通道建设，尽快打通以泉州、西安、昆明为等边三角形的陆上大通道，推动闽粤经济合作区交通一体化发展。推进信息化基础设施建设，争取工信部在福建增设互联网国际出口，大力推动泉州国际业务出入口局设立和国家级互联网骨干直联项目。

2. 强化平台载体建设。善用国家和福建已搭建的经贸合作平台，吸引更多国家和地区客商参会，大力增强引资引智实效；充分利用亚投行与丝路基金的融资便利，积极争取基础设施合作项目。积极推动高新区、产业园区、涉台园区、出口加工区、综合保税区、陆地港及跨境电商公共服务平台等平台建设和功能提升，吸引更多的"海丝"沿线国家来福建投资兴业。深化中国东盟海洋合作中心、马尾海产品交易市场等海洋经济合作平台建设，推动马尾东盟水产品交易中心在东山县设立分中心或办事处。

3. 巧用政府外事平台。根据对外交流合作的实际需求，加强制度建设，实施导向明确的区别管理，优化审批程序，加强经费管理，妥善处理好因公出访、对外交流受限问题，发挥好政府搭桥、企业唱戏的作用。善用地方外事，做强民间外交,组织各类行业、社团、协会加强与"海丝"沿线国家华侨华人社团、行业协会、工商团体、知名人士的交流合作,进一步发挥好"中国福建周"、缔结友好城市等活动平台功能。借助联合国海陆丝绸之路城市联盟这一国际性平台,加强与联合国各组织机构的紧密联系,当前要充分发挥由泉州工商界发起成立的联合国海陆丝绸之路城市联盟工商理事会的功能作用,积极开展与东盟、中东城市的物流和农业等项目的互利合作。

(二)扶持引导企业"走出去"

1. 加大政策扶持力度。研究出台鼓励企业"走出去"投资办企业和建营销网络的政策措施,提高外经贸发展资金支持民营企业特别是中小企业"走出去"的比例。推动银行业同步"走出去",在投资项目较多的"海丝"沿线国家设立相应的分支机构,加快推进跨境人民币结算业务,为对外投资和经济合作提供更灵活用汇和结算便利,满足融资需求。完善出口信用保险制度对企业的支持政策,对企业拓展"海丝"沿线国家的出口信用保险保费给予一定程度的财政补贴,鼓励福建企业"走出去"投资兴业。

2. 完善协调服务机制。积极向上建议,在国家层面建立类似"国际开发合作署"的机构,协调金融、财政、外交等部门,统筹指导企业"走出去",提供相关国家在对外产业合作方面的政策与法律保障背景,以及人文、自然环境、金融和基础设施等方面的背景资料,为资本与技术输出保驾护航。在省级层面构建"海丝"沿线国家投资商贸资讯服务平台,建立企业"走出去"项目统筹协调和监管服务机制,可由商务、外事部门牵头组织法律、金融、外经、营销等领域的专家形成"走出去"专业咨询服务团队,帮助"走出去"企业了解并充分利用政府出台的顶层设计和扶持政策;加强对"海丝"沿线国家的地区安全、政局变动、投资风险和文化宗教等系统研究,做好风险发布和预警防范;在外向型企业中开展"走出去"情况问卷调查,收集汇总其投资经营的困难与问题,为企业"走出去"提供更多更好的服务。

3. 实施"走出去"本土化战略。着力推进境外经济合作园区和生产加工基地建设,开展优势产能国际合作,探索创建集群式"走出去"国际合作平台,引导企业境外投资从单纯出口贸易向投资贸易相互融合方向转变,从单一项目向园区化转变。同时,借用海外华商力量,通过入股等合作形式,合理运用华侨华人开设的会计师事务所、律师事务所、咨询机构等专业中介机构的评估与应对能力,以此推动海外园区及企业的健康发展，如积极策划侨商与民商联合创业区、建立海外华侨华人杰出青年联络平台。对福建峰亿轻纺有限公司通过"走出去"在柬埔寨投建服装生产基地并成功实现转型升级等典型成功事例，要积极宣传。同时要引导福建省电子信息、海洋工程装备、新能源发电设备、环保设备、物联网等先进制造业"走出去"开拓海外市场，推动福建省产业向全球价值链高端转型。

(三) 着力打造国际化城市

1. 打造开放包容的人文环境。完善软硬环境建设，围绕外国人的生活需求，从信息、环境、人文等细节入手补齐短板，如街区路标、功能指示牌实行"双语双牌"标识，旅游景区提供不同语种的无线电导游解说，组织编写并在互联网知名搜索引擎上提供上传福建城市及旅游景点的英文介绍和英文地图；依据外国人通行生活习惯按照国际惯例提供公共服务，打造国际化生活小区，营造国际化生活氛围等。以国际化视野培育城市人文精神，广泛开展对外窗口单位的国际化文化教育和培训，增强市民国际交流交往能力，营造开放包容友好的良好氛围及人文环境。

2. 塑造福建特色的城市品牌。借鉴新加坡、首尔、深圳等国际化城市建设的成功经验，找出各个城市形象的核心亮点，加强城市国际形象设计，包括：市徽、市歌、城市口号、城市标志人物、城市碑、城市吉祥物、市花、市树、市鸟、城市标准色等整体设计，塑造特色城市品牌。推动各地城市国际形象推广工程，支持实施"海丝历史文化新名城""古城文化复兴"和"古港转型升级"行动计划，建设"一馆多区"的中国海上丝绸之路国际文化交流展示中心，积极在国际舞台上发出"声"，展现"影"，展示"形"。开展更广泛的国际交流合作，吸引更多的领事馆、国际商会、国际行业协会等入驻福建，争取承办更多知名展会、高端论坛和国际赛事，不断打造具有国际影响力的经济、文化品牌活动。

3. 建立互动联动的引智体系。近年来，广东通过开设首个国家级留学报国基地和首个国家级海归创业学院、创建海归创投联盟（深港）、举办广东"众创杯"创业创新大赛科技（海归）人员领航赛等，整合政策支持、创客基地、创投机构和专家导师等各方资源，为海内外优质创新创业项目搭建国际性、多元化、高效率的投融资服务平台，有效激发了海归创新创业热情；武汉通过举办华侨华人创业发展洽谈会、高层次人才创新创业交流会，推动武汉及长江中游城市群知名企事业单位与人才、人才与科技项目的有效对接，促进更多的海内外高层次人才到中部地区创新创业。要学习借鉴广东、武汉经验，发挥好福建省及各地留学生同学会（或归国创业人员联谊会）平台交流作用，将其提升发展成为集高端论坛、创业大赛、创业学院、创业基会、创新创业园区等为一体的引智引资体系。同时，要加大海外高层次人才联络工作力度，依托英国、美国、加拿大、新加坡等发达国家的闽籍社团挂牌成立"福建海外人才工作联络点"，推动海外人才与福建产业人才需求、海外高新技术项目与福建资本、产业的有效对接。

（四）持续推进体制机制创新

1. 进一步深化改革。加强顶层设计，清理各地政策措施，进一步建立健全商务、金融、财政、海关、国检、税务等多部门联动的外经贸发展促进体系，提升出口退税、检验检疫、口岸通关等方面的服务水平，构建更加开放的经济新体制，形成"海丝"核心区统一开放的政策环境和市场环境。

2. 进一步下放管理权限。拥有国家级台商投资区、国家级经济技术开发区、国家级高新技术开发区3块国字号牌子的泉州台商投资区，目前仅有部分市级经济管理权限，建议参照福州新区享有部分省级经济社会管理权限，加快开发建设步伐。漳州是福建省唯一入选构建开放型经济新体制综合试点试验地区的城市，建议下放相关管理权限，以利于拓展对外开放的广度和深度，更好地探索与"海丝"沿线国家投资合作新模式，做好相关政策先行先试工作，如：积极探索漳州产业园区和新加坡裕廊工业园的交流合作；探索在常山开发区设立福建—东盟经贸合作产业园区；与有关国家合作建设境外经贸合作园区等。

3. 进一步推动金融创新。泉州既是"国家级民营经济综合改革试点地区"，又是"国家级金融综合改革试验区"，现有民营工业企业10万多家和上市企业近100家。当前要加快推进海陆丝绸之路城市基础设施建设基金、中银—泉州丝路基金、兴业—海丝文化旅游基金、海陆丝绸之路工商企业发展基金的落地工作，发挥在海陆丝绸之路建设的金融支撑作用；加快复制推广自贸试验区金融创新经验，积极探索一系列金融资本与产业资本对接民间资本进入金融领城和实体经济、金融对外合作的做法和经验并在福建全省推广。外资私募基金是未来融资的重要渠道，也是缓解民营企业融资难的重要途径，建议学习重庆的做法，抓紧申请外资私募股权基金结汇投资便利化试点，吸引庞大的华侨华人资本助推"海丝"核心区建设。

(五)继续深化与东盟经贸合作

1. 促进双边经贸合作提质增效升级

当前福建与东盟都面临着经济发展转型的重要契机。随着"海丝"核心区建设的不断推进,双边的经贸合作不能仅仅停留在单纯追求规模增长的水平上,必须本着集约型增长和可持续性发展的原则,积极追求向质量和效益转变,即实现提质增效升级。

(1)大力优化双边贸易结构。一是大力发展产业内贸易,扩大福建与东盟贸易规模的同时形成产品的差异化发展,以相互依赖去替代相互竞争。二是优化出口产品结构,加快高新技术产品合作,提升出口产品的附加值,同时重视产品品牌塑造,从而增强福建出口产品的国际竞争力。三是积极扩大自东盟进口,拓展双边良性贸易。顺应国家调整对外贸易结构和促进进出口平衡的要求,加强与马来西亚、泰国、新加坡三国的科技合作开发,进口技术含量高的电子信息类产品,提高整体科技实力;继续扩大对原油、成品油、木材、矿产和原材料等东盟优势产品的进口,促进双方贸易持续、健康发展。

(2)进一步相互开放服务贸易领域。服务贸易有望成为今后双边经贸发展的新引擎。应通过BOT、合资、合作等方式,大力发展港口、交通、通信等基础设施和重点工程承包。在巩固普通劳务的同时,加强专业技术培训和继续教育,努力开拓劳务合作的新领域,实现劳务由低级到高级、由量的扩充到质的提高的转变。充分发挥福建区位优势,加强福州、厦门等港口与东盟大港口的合作,创造更加便捷、安全、高效的双向物流。积极争取福建重点城市列为开展跨境贸易人民币结算试点,建立与东盟各国之间货币的直接结算,构建面向东盟的区域金融结算体系。

(3)推进招商引资方式的创新。一是产业链招商。重点围绕汽车、石化、电子信息、船舶、纺织等产业的产业链关键缺失环节,精准开展对外招商,引进外资项目,促进产业链进一步完善,将产业做大做强。二是委托招商。积极对接联系境内外有实力的社会招商机构和境外跨国公司,利用其丰富的投资客户网络资源优势,开展针对性强的招商项目推介。三是联合招商。加强省、市、县商务部门的三级联动,积极拓展联合招商;加强与省直行业管理部门分工协作,积极开展部门联合招商。

(4)支持福建企业扩大对东盟的投资。选择政局稳定、投资环境较好、经贸合作基础好的国家，有计划、有重点、有步骤地引导和支持具备条件和实力的企业到东盟投资，特别是推动机械、电子、轻纺等一批有成熟技术和富余生产能力的企业到东盟投资，开展境外加工贸易，促进产业结构调整，并带动设备、零配件、原材料等出口。积极拓展与东盟在原材料生产、资源开发领域的合作，多渠道、多形式发展一批资源能源开采加工型投资项目。鼓励和引导自主品牌企业和有条件的企业在新加坡、马来西亚等市场成熟、辐射力较强的国家投资设立研发、分销、品牌连锁店等营销网络，实现深度开拓。

2. 实施差异化产业合作

由于东盟十国在经济发展水平、经济规模、产业特点等方面有很大差异，因此在与东盟国家的合作中要根据不同国家的特点分层次、分产业进行合作。

（1）在与新加坡的合作中，福建可以依托新加坡高科技产业集群的产业链，进行科技研发合作、生物医药、信息共享、人才培养等方面的合作。另外，新加坡服务业较为发达，在金融、物流、医疗、教育等领域具有竞争优势，而福建正处于加快现代服务业发展的关键时期。因此，福建可以重点引进新加坡的服务业，加强现代物流、金融、信息服务、服务外包等生产性服务业和商贸流通、健康服务、文化体育等生活性服务业的合作。

（2）在与马来西亚和泰国的产业合作中，由于马来西亚和泰国在互联网、汽车制造、电子电器产业方面比较发达，福建可在电子商务及互联网产业、电子电器、智能手机等产业、汽车零部件及其配套产业等方面与其合作。此外，泰国在土地、水源、食品加工等方面具有优势，已经成为亚洲最成功的食品出口国之一。泰国政府比较重视食品加工、橡胶产品、农产品贸易中心、生物技术及建立冷藏库等方面的建设，而福建很多企业都具有农产品加工、食品加工等方面的优势，因此可以积极寻求与泰国合作和投资的机会。

（3）在与印尼、菲律宾的产业合作上，要深化双方的基础设施建设合作、农业合作、海洋领域合作和能源投资合作。目前，印尼和菲律宾都在扩大基础设施建设，而中国在基础设施建设方面已经积累了很多经验，福建企业应该要加快对其投资的力度。另外，对于作为传统农业国家的印尼和菲律宾，福建应该加强与其农业领域包括林业、渔业养殖和捕捞等方面的合作，支持福建企业在境外设立农业生产基地，并参与海外农产品物流体系合作建设。此外，能源合作是福建与印尼经贸合作新的增长点，印尼是中国重要的能源合作伙伴。目前福建液化天然气项目已成为两国间一个战略性合作项目，双方应在石油、天然气、煤炭、电力等领域以及风能、生物质能等可再生能源方面加强合作，逐步创造共同受益的能源发展环境，实现双方合作的可持续发展。

（4）由于东盟其他国家（越南、文莱、缅甸、老挝和柬埔寨）具有优质廉价的劳动力资源和自然资源，市场还处于待开发阶段，而福建在劳动密集型产业如纺织面料、鞋帽等方面有过剩的技术和劳动力，因此双方合作发展潜力巨大。福建应鼓励企业"集群式"走出去，将低附加值、过剩技术的产业转移到东盟较低层次的国家，在东盟国家设立机械装备的制造工厂，在基础设施建设、自然资源开发等方面进行合作，与当地厂商形成产业集聚效应，拓宽国际间产业分工格局，取长补短，推动福建省产业结构的转型升级。

3. 创新合作模式

产业链与价值链的构建需要依托载体平台，需要以重要节点港口和安全高效的运输通道，实现互联互通的无缝对接。跨境经济合作的主要模式有4种：

（1）境外工业合作园。依托港口及其临港工业园区进行产业合作是实现资源优化配置和经济效益的最佳合作模式。福建企业在柬埔寨建设的中柬工业园和在印尼建设的中国冶金工业园具有良好的示范效应。

（2）境外生产基地。福建优势农渔业企业可以赴营商环境稳定的马来西亚、印尼、泰国等东南亚国家建设渔业养殖与加工基地和现代绿色农业示范基地。比如，福州宏龙海洋水产有限公司在印尼收购的金马安的综合渔业基地、福建华农投资有限公司和漳州柏森农业发展公司在柬埔寨的粮食蔬菜水果现代产业基地项目，推动双边在果蔬冷藏、加工、生产配套等方面的合作。

（3）采用并购相互持股模式。1998年和2002年福州港务局分别与新加坡港务集团合资营建福州青州集装箱码头、江阴港集装箱码头。2013年福州港务集团与新加坡国际港务集团签署了加强福州港集装箱深水码头深度合作的有关协议。2015年5—6月，厦门港、福州港管理局分别与马来西亚最大港口巴生港签订友好港合作协议，将在港口建设、运营、信息技术、招商引资等方面进行合作。

（4）跨境经济合作区模式。在两国边境接壤地区设立跨越国境线的经济合作区。虽然福建与东盟国家没有建设跨境经济合作区的条件，但是可以加强福建自贸试验区与东盟国家港口经济特区的跨境经济合作。中国（福建）自由贸易试验区与东南亚国家的海洋合作持续深化，在海产品交易平台建设、金融支持、远洋运输等方面均有所突破。

4.加强海洋渔业深入合作

（1）海洋渔业水产品经贸合作。一方面，福建与东盟主要渔业国家海洋渔业资源禀赋各有特色和专长，加强福建与东盟国家水产品贸易流通，建立水产品贸易协调机制，双方能够实现优势互补。福建要对现有优势出口品种保持稳定出口，同时要针对国际市场需求，培育新的精加工产品，进一步开发东盟乃至海外市场。另一方面，福建要重视产业链建设，推动养殖、加工、出口一体化，在加工示范园区建设的基础上，积极创建渔业品牌，进一步提高在对外贸易中的优势持续性。除了产品"走出去"，福建也要利用自由贸易区的发展优势以及政府的政策支持，实现企业"走出去"，鼓励渔业企业到东盟国家建立养殖和加工基地。

（2）海洋渔业科技交流与合作。通过养殖企业、远洋渔业和水产品原料加工企业之间的引进来、走出去，广泛开展福建与东盟各国的海洋渔业技术交流与合作。另外，通过阶段性的组织水产企业到国内外参展或举办形式多样的展览会、推介会，并吸引相关企业以及媒体和政府部门的参与。福建长期举办中国（厦门）国际渔业博览会、福建渔博会等相关展会，在促进与东盟的海洋渔业科技合作方面取得了很好的效果，还可以依托已经成立的海交所，举办渔业科技论坛，进一步推动福建与东盟渔业国家海洋渔业科技的交流与合作。

（3）远洋渔业资源开发的合作。福建应将远洋渔业作为同东盟各国海洋合作的重点，在2015年出台的《关于加快远洋渔业发展措施的通知》的基础上，积极引导扶持更多企业参与发展远洋产业，通过与东盟各国发展渔业合作，让更多的企业参与到渔业资源的分享，共同合作开发海洋渔业资源，在合作中获得实惠，从而推动福建海洋产业的发展。福建一方面要积极开发太平洋、印度洋、大西洋等公海渔业资源，发展大洋性渔业。另一方面，要进一步拓展包括东盟各国在内的主要入渔国渔场，巩固提升过洋性渔业，着力推进与东盟各国海上合作基金项目、远洋渔业基地建设。

（六）统筹推进福建自贸区对接"海丝"核心区

福建应将自贸区的建设与"海丝"核心区建设等统筹推进、有机结合，探求政策叠加效应，在更高水平的开放条件下建设新福建。

1.理顺福建自贸区和"海丝"核心区的关系

福建自贸区建设要顺应发展趋势，找准融入"一带一路"建设的切入点。比如，强化物流功能，完善多层次、开放性、社会化的物流配送体系，主动融入

"一带一路"要素流动的载体体系；重点发展跨境贸易电子商务，深化"一带一路"对外开放的重要功能载体；打造投资贸易便利内陆开放高地，强化"一带一路"要素集聚、产业聚集功能。更重要的是，自贸区建设应探索区域开发开放与"一带一路"沿线国家相结合的互利共赢合作新模式、新机制、新办法，可从探索构建联席会议制度和政府间合作平台、建立跨国合作产业园区和物流园区、重塑国际间产业发展合作模式等方面发力。

2. 协调推进三大片区建设

建议三大片区按"统一名称、统一规划、统一政策、统一建设、统一管理"的要求，积极稳妥地推进福建自贸区建设。同时，建立三地政府部门决策层、协调层、执行层三级对接平台，形成协调推进机制、工作任务分解落实机制和监督机制，明确职能部门工作职责，解决自贸区建设中出现的复杂问题。厦门、福州、平潭三地虽同属于一个自由贸易园区，但各地都有各自的发展条件与资源禀赋，在一些细分的产业类别中仍具有自身的比较优势。因此，全省应统一布局，根据各地的不同特点，制定不同的战略措施和产业合作政策，探索不同层次的产业互补分工与合作路径，在贸易互补性的基础上形成合理的产业分工布局和有效的竞争机制，将自贸试验区建设成果不断扩大。福州片区在"一带一路"上做重要支持，借助"海丝"门户地位打造成为中国对东南亚（东部沿海）的对外窗口；厦门主推现代服务业，打造东南航运中心；平潭的定位是对接台湾。

3. 拓展两岸产业发展的新空间

"一带一路"建设将未来中国经济发展的重心由太平洋转向欧亚大陆和东盟及印度次大陆，其影响力最终也将延伸至中东、西亚和欧非两洲。中国台湾对中国大陆、美国、日本和东盟等地的贸易总额超过90%。因此，对于两岸经贸合作而言，21世纪海上丝绸之路显得更重要。福建自贸区的最大特色是对台，应进一步拓展两岸产业发展的新空间，或可增强台商在两岸和东盟之间要素及市场转移的便利性。具体而言，两岸可以启动调研、交流学习、人才培养、海外投资等多方面合作。比如，大陆尤其是福建应启动部分科研和教育经费，鼓励两岸学者合作下南洋搞调研，鼓励两岸学生一起到南洋交流与学习。同时，福建高校可针对"一带一路"建设需要，开设相关专业的研究生课程，并以全额奖学金鼓励台湾相关科系学生来大陆深造；由大陆设置南海风投，鼓励两岸企业家携手建设海上"丝绸之路"。

4. 有效放大自贸区溢出效应

围绕营造国际化、市场化、法治化的营商环境，积极开展对沿线国家和地区的开放合作先行先试，在促进投资贸易便利化，优化境外投资管理流程，争取放宽企业申请对外承包工程资格的资质限制，进一步在简化境外投资项下外汇登记、对外担保等外汇管理手续等方面加大创新力度，加快创新成果的复制推广，形成区内区外联动发展的局面。

5. 争取设立自由贸易港

积极探索贸易和投资便利化政策，全面实行准入前国民待遇加负面清单管理制度，放宽市场准入，扩大服务业对外开放。对标国际贸易通行规则，探索在贸易、投资、金融、人员往来、出入境管理等方面实施更加便利的制度，实施更高标准的贸易监管制度。

（七）进一步推动与"海丝"沿线国家人文交流

1. 构建政府间交流合作机制

推动与"海丝"沿线国家政府建立常态交流机制，互设办事机构，推动双方或多方政府间开展合作。推动建立"海丝"城市联盟，争取在福建设立城市联盟秘书处。加强新型智库的建设，积极开展"海丝"学术研讨和政策研究，进一步整合博物馆、学术机构等相关资源，推动建立"海丝"国际文化交流展示基地。推动成立"海丝"多边商务理事会，在福建设立联络办公室，建立多边商务合作机制。

2. 拓展民间交流合作窗口

积极争取参照赴港澳台个人游的政策，率先实施赴东盟个人游政策。推进出入境管理机制创新，便利"海丝"沿线国家和地区之间人员往来、居留和营商活动。积极拓展与东盟等地区科教文卫体的全方位交流合作，推动建设一批经济效益高、社会影响大的人文合作项目。

3. 扩大闽台人文交流交往

加强祖地文化、民间文化交流，加快闽南文化生态保护实验区和客家文化、妈祖文化等载体建设，弘扬中华文化。扩大"海峡论坛"品牌效应，深化两岸民间基层交流合作。构建两岸直接往来主通道，强化福州、厦门、泉州在两岸空中直航中的中转功能，进一步方便两岸人员往来。

4. 打造"海丝"旅游品牌

一是推动跨境旅游合作。可借助中国海上丝绸之路旅游推广联盟、泛珠三角旅游合作平台、万里茶道旅游联盟等实施跨境旅游合作行动，实现跨境旅游合作，增强区域旅游整体竞争力，推动沿线国家和省市加强交流合作。二是制定便捷的旅游政策。福建可与"海丝"沿线省市共同协商制定系列便捷旅游政策，具体包括：在厦门高崎国际机场口岸实施部分国家公民72小时过境免签政策的基础上，争取将过境停留时间延长至144小时，免签人员的活动范围扩大至全省。三是实施品牌营销。福建应按照国家旅游局的部署和要求，推进"海丝之旅"国际旅游品牌的建设管理和联合推广。在统一品牌形象、联合产品推广、合理网络营销、共拓渠道开发、完善合作机制上形成合力。四是推进"互联网+"智慧旅游建设。具体内容包括：建设福建"海丝"国际旅游信息系统；建设福州、厦门、武夷山、龙岩、泉州等智慧旅游城市；建设武夷山、鼓浪屿、清源山、碗礁一号等智慧旅游景区；建设福建国际旅游电子商务系统等。五是打造旅游精品。福建可重点打造世界侨乡、人文海峡、钻石海岸、妈祖圣境、清新茶乡等五大"海丝"旅游品牌。福建省旅游局可以联合全国各省市或部分区域，共同改建、提升、新建一批"海丝"旅游线，包括：海丝世遗之旅、万里茶路飘香之旅、寻根乡愁之旅、重走郑和下西洋海上丝绸之旅（邮轮）等，促进区域旅游线路精品化。

（八）积极探索"海丝"核心区的金融支撑

1. 完善联动机制，打造"海丝"金融生态圈

建立地方政府及有关金融监管机构联席会议制度，定期研究金融支持"海丝"核心区建设的有关方案，协调解决相关问题。构建信息交流共享平台，及时发布相关职能部门的政策法规、操作规程和有关管理服务信息等，实现信息交流共享常态化、规范化，提高信息交流共享效率。为"走出去"企业提供一站式的综合服务平台和企业交流平台，引导金融机构主动对接。

2. 深化区域金融合作，推进金融业开放

大力推进金融机构与"海丝"沿线国家和地区金融机构的双边、多边合作，吸引"海丝"沿线国家和地区金融机构来福建设立分支机构或地区总部。支持符合条件的企业在境外或离岸市场发行人民币债券和外币债券。支持福建省内有条件的法人金融机构，按照市场原则，到"海丝"沿线国家和地区设立分支机构，促进金融交流合作。积极争取亚投行、丝路基金、中非发展基金、东盟基金等投

向"海丝"核心区建设项目。

3. 统筹各项资金，畅通融资渠道

充分发挥政策性融资的引领带动作用，统筹财政资金、政策性银行、商业银行、亚投行等各类贷款资金，创新金融产品，提升金融服务水平，为企业在海外的基础设施建设提供低成本融资服务。探索建立面向港澳台和东盟企业的股权交易平台，以海峡股权交易中心为载体，以服务两岸企业为基础逐步拓展到服务"海丝"沿线国家和地区企业，为福建、港澳台以及东盟的企业创建一个高效、低成本的直接融资渠道。

4. 加大政策保障力度，完善风险补偿机制

推动建立风险补偿和分担机制。建立贷款风险补偿资金池，对行业龙头企业"走出去"的贷款进行风险补偿。推动建立境外投资贴息制度，扩展优惠贷款和贷款贴息的规模和范围，优先资助有利于转移过剩产能的项目及对省内产业结构调整有带动作用的投资。成立专业融资担保公司，在绩效考核、资本金补充机制等方面制定有针对性的政策，引导其为"走出去"企业提供担保。探索与"海丝"沿线国家和地区的征信系统合作，加快建立独立反映沿线国家和地区相关金融信用活动的征信系统。

5. 依托区域特色，加快金融创新发展

以自贸试验区金融创新为契机，提升福建金融业对"海丝"沿线国家和地区的对外开放水平。深化闽台金融机构的双向互设和业务合作，搭建省内中资银行业金融机构与来闽开展业务的台资银行的合作交流平台。发挥作为海洋经济试点省份的优势，探索设立海洋金融合作平台，共同设立海洋产业发展基金等，推动与"海丝"沿线国家和地区的金融合作。

(九)强化"海丝"核心区建设的科技支撑

"海丝"核心区建设，应努力提高科学技术在其中所占的分量和比重，增加其科技内涵，充分发挥和强化科技创新的支撑和引领作用，努力争取架设起一条"科技海丝"。

1. 打造面向"海丝"核心区建设的科技研发与服务力量

尽管在闽的国家级科研力量并不十分雄厚，现有的中科院海西研究院、国家海洋局第三海洋研究所和海岛研究中心等国家级科研机构，以及厦门大学、华侨大学等高等院校，都各具明显的科技优势和特长，成果丰硕且契合"海丝"核

心区建设方向。因此建议，借助和依托这些国家级团队，结合福建相关省级和各市级特色科研团队，打造一支侧重于面向"海丝"核心区建设的科技研发服务优势力量，有组织、有协调、有分工、有合作地开展"海丝"科技研发、科技服务和科技交流合作。建议从福州、厦门、泉州或平潭中选择1—2个地方，规划建设1—2个"海丝"科技园区或"海丝"科技基地，并积极争取和主动对接科技部以及其他国家部委有关"一带一路"的计划、项目和资金，实行特殊的"海丝"政策，集中发展"海丝"项目。

2. 建立"海丝"核心区的科技交流合作组织体系

福建"6.18项目成果交易会"已具有相当的规模和国内外影响力。鉴于"6.18"的参展项目与福建推进"海丝"核心区建设的内容和需求相近，且科技内涵也较高，因此建议升级改造"6.18"为"海丝"项目成果交流交易平台。依托福建现有基础条件，吸引"海丝"沿线国家和地区相关机构，并争取联合台湾相关机构，分别出资出力，创办一个社会化甚至国际化运作的"海丝"科技交流合作中心。着手牵头建设"海丝"信息网络总平台，组织协调相关机构分工建设各自"海丝"专业信息子平台，及时传递有关"海丝"事务的最新信息和提供在线咨询服务。同时组织协调相关机构，按历史、文化、海洋、科技、商务、投资等领域分工建设"海丝"系列专题数据库，并集中在信息网络总平台提供检索查询服务。

3. 设立一个"海丝"科技交流合作基金

建议以省财政拨出部分资金为基础，吸引境内外社会资金参与，设立一个社会公益性的"海丝"科技交流合作基金，以国际规则运作，用于资助境内外有关机构和人员开展"海丝"科技交流合作，并奖励取得重要成果或有突出贡献的机构和人员。

4. 优先从福建优势科技领域开展"海丝"科技交流合作

建设"海丝"核心区、开展与"海丝"沿线国家地区科技交流合作，首先应该考虑我们能给对方什么，能为对方带去什么好处。因此，首先应该把福建自己的科技优势展示出来。目前福建在海洋科技、新材料科技、先进制造和装备制造技术、电子信息技术、食用菌技术、水稻种植技术等领域具有比较优势，易于开展交流合作且有传统和经验，建议福建可优先在这些领域重点开展"海丝"科技交流合作。

第四节 跨国主义视角下海外华商与"海丝"核心区互动

一、海外华商与"海丝"核心区互动现状

海外华商移居"海丝"沿线国家和地区历史悠久。他们既了解中国,也熟悉住在国的政治、经济、法律和社会状况;既熟练掌握中国及住在国的语言,又了解两国文化环境和民众心理差异,且对两国间舆论的运作规则也比较熟悉,是连接中国与住在国的"天然桥梁和纽带"。他们可以在"五通"方面与"海丝"核心区积极互动。

(一)海外华商在政策沟通中的互动

政策沟通是"海丝"核心区建设的重要保障。海外华商可以发挥其"民间大使"功能,在推进中外政治互信和政策沟通方面发挥重要作用。

1. 营造良好的国际环境

在营造福建"海丝"核心区建设所需的有利国际环境及良好国际形象方面,十分需要借助海外华商的力量。一些国家的政府和人民对中国提出的"一带一路"倡议并不理解和支持,存在较多顾虑,对福建"海丝"核心区建设也不太了解。海外华商既了解中国国情、福建省情,又熟悉住在国国情和社会经济形势,与当地社会有着千丝万缕的关系。借助他们及其开设的媒体,宣讲"一带一路"、"海丝"核心区建设的互利性等,加强相关国家和地区对"一带一路"倡议的认识与支持,进而为"海丝"核心区建设营造和平稳定的外部环境。

2. 通过民间机构增信释疑

在"海丝"核心区建设的实施过程中,发挥海外华商在住在国政商界的影响力,民间机构先行,有助于消除"海丝"沿线国家间互信度不够等障碍,提前为政府间合作创造条件,打下良好的合作基础。相对官方机制而言,商业协会、社团、智库等非官方组织开展的研究和宣介解读,更易为各方所接受。海外华商是构建海内外各类商协会、社团及智库的中坚力量。通过他们可方便与民间商业协会、社团及智库交流,多做政策沟通、增信释疑、凝聚共识的工作,及时解决问题,使"海丝"核心区建设少走一些弯路。

3. 构建政策双向沟通机制

充分发挥海外华商力量，构建多层次的、从政府到民间、从行业到企业的政策双向沟通交流机制，推动利益融合，促进政治互信，达成互利共赢的合作共识。海外华商、华侨华人专业人士、华侨华人社团、华文传媒、华裔新生代政治家的出现与良好发展，对中国与住在国政治、经济、相关产业与发展规划等方面的交流合作和对接起到沟通和桥梁作用。海外华商既可以向相关国家传递"开放包容"的合作理念，也可以发挥熟悉住在国文化背景和经济环境，对政府发展意向有一定程度了解的优势，向福建传递相关国家的需求，推动"海丝"核心区建设。

(二) 海外华商在设施联通中的互动

基础设施互联互通是"海丝"核心区建设的优先领域。"海丝"核心区建设将加快福建与"海丝"沿线国家和区域基础设施的互联互通，具体为道路、铁路、航运等联通项目。2012年，亚洲开发银行研究所在《亚洲基础设施互联互通》一书中测算，亚洲地区从2010—2020年，需要超过8万亿美元的基础设施投资费用[①]，才能维持目前的经济发展水平。经合组织（OECD）报告预测，2013—2030年全球基础设施投资需求将达到55万亿美元，其中港口、机场以及铁路运输设施需求量为11万亿美元，航空客运到2030年要增长2倍，港口集装箱吞吐量增长3倍，才能满足全球经济发展的需要[②]。目前，在基础设施领域，欧美发达国家面临更新换代，推出了庞大的基础设施改造和建设计划，旨在促进经济复苏和推动就业。发展中国家基础设施建设普遍薄弱，在工业化和城市化发展过程中对基础设施投资有着强烈的资金与技术需求。海外华商可借"海丝"核心区建设之势，根据自身优势和可能，在产业、资本、平台方面主动对接，参与到基础设施互联互通的众多项目运作中，在分享经济效益的同时助推"海丝"核心区建设的推进和实施。一方面，海外华商可借用基础设施建设的辐射效应，实施产业新布局，或整合资源、强强联合、内引外联，在住在国建设联通大项目。另一方面，海外华商企业可以与具有丰富海外工程承包经验的福建企业联合，在高铁、公路、港口、园区建设等方面加大投入，不仅为区域经济一体化奠定基础，同时会给企业带来长期稳定的资本收益。如探索创新合作模式，通过福建企业与当地

---

① 福蒙蒙：《十年间亚洲基础设施投资需8万亿美元——亚太梦下的中国机遇》，《华夏时报》2014年11月14日。

② 博思数据研究中心：《2014—2019年中国对外工程承包市场监测及投资前景研究报告》，2014年3月。

华商企业合作的方式承揽相关基础设施建设项目，并采用政府与社会资本合作（PPP）的方式进行投资。

(三) 海外华商在贸易畅通中的互动

贸易畅通是"海丝"核心区建设的重点。"海丝"沿线国家经济结构互补性很强，经贸互利合作潜力巨大。海外华商可以通过贸易与"海丝"核心区互动。

1. 推动产业合作

利用海外华商的产业基础和政商人脉，推动在"海丝"沿线各国优化产业链分工布局，依托福建强大的生产制造能力，整合上下游产业链，带动相关产业协同发展。积极参与建立研发、生产和营销体系，提升区域产业配套能力和综合竞争力，重点推动福建机械、电子和纺织等产业在沿线各国落地生根。通过产业投资合作一方面可以转移福建优质产能，推动产业转型升级；另一方面，能够有力推动沿线欠发达国家的工业化进程。此外，海外华商特别是东南亚华商在与各国合作中已形成一定规模的产业和资本布局。应充分发挥比较优势，通过产业转移与承接来实现多赢，为区域经济转型升级和扩大就业带来成效。

2. 深化经贸合作

利用海外华商通晓双方贸易规则和惯例、拥有传统贸易渠道和网络的优势，进一步提升福建与"海丝"沿线各国的经贸合作水平，加快培育福建外贸竞争新优势。在拓宽贸易领域、优化贸易结构、挖掘新的贸易增长点、发展跨境电子商务、服务贸易等方面，海外华商通过与"海丝"核心区相关企业、机构对接合作可起到桥梁作用。福建可发挥侨梦苑、海外侨商创业园以及"海外知名科学家福建行"等平台和活动积极引导海外华商投身相关产业与贸易建设。

3. 助力福建企业"走出去"

海外华商企业在帮助中国企业"走出去"中具有独特的优势和作用。一是借助海外华商企业的雄厚实力，开展企业间合作，走强强联合发展的道路，可以帮助福建企业节约成本。二是海外华商熟悉住在国国情和市场运作规则，对市场发展有相对准确的预测和判断，可以帮助福建企业把握投资方向，避免盲目投资。三是海外华商商业网络比较成熟，在住在国人脉广泛，熟悉经济环境，可以帮助福建企业更加顺利地进入当地市场，迅速打通营销渠道。四是海外华商了解住在国民风民俗，与当地政界、商界有密切往来，可以帮助福建企业融入当地主流社会，消除文化差异，减少投资摩擦。五是海外华商具有国际经营管理经验等优势，可以帮助福建企业提高管理水平，尽快与国际接轨。

（四）海外华商在资金融通中的互动

随着"一带一路"和"亚投行"的建设，海外华商可以提高资金使用效率，进一步发挥金融桥梁和管道作用。

1. 提供资金支持

海外华商经济实力雄厚，可以有效整合海外华商资本，为"海丝"核心区建设提供资金支持。"海丝"核心区建设为广大海外华商资本提供保值增值的机会。海外华商可以参与亚投行或其他形式的金融合作，通过开展亚洲区域发展中国家交通、能源等基础设施建设相关的融资业务，获得长期稳定的投资回报。

2. 推动人民币区域化

加快推动人民币进入"海丝"沿线国家和地区。随着中国与东盟经贸关系日益紧密，人民币在东盟的地位仅次于美元，东南亚是人民币区域化的重要方向。海外华商在东盟经济、金融行业中占据重要位置，在福建有大量经贸投资。可以发挥海外华商的金融桥梁和渠道作用，推动人民币的更广泛使用，将对地区经贸发展和金融稳定产生积极作用。

3. 建立侨商银行

采用政府与社会资本合作（PPP）的融资模式，建立侨商银行，推动福建国有、民营私营企业等直接对接海外华人资本进行投资。此外，中国与"海丝"沿线各国政府正在大力推动的双边货币互换、人民币离岸结算等都将有助于海外华商资本在"海丝"核心区建设中发挥更大作用。

（五）海外华商在民心相通中的互动

"民心相通"尤为关键，是社会根基。如果得不到沿线国家民众的理解和支持，"海丝"核心区建设将举步维艰。海外华商既熟悉住在国的政策法规、文化环境与风土人情，又与祖（籍）国同胞血脉相通、同宗同源，能够在民心沟通中发挥重要的作用。

1. 侨务公共外交

侨务公共外交的核心是以侨为桥，沟通中国与世界。它有两大特点：一是民间性，二是柔性。随着新移民和华裔新生代数量的增长，海外华侨华人经济科技实力不断增强，政治社会地位和影响力显著提升。通过他们的积极宣传，树立中国的正面形象，引导住在国人民和政府人士了解中国、了解福建，支持中国的"一带一路"倡议，有利于海外华商和中国实现双赢。他们善于从博大精深的中华文化中选取易被住在国民众所接受的内容、方式和途径，以"当事人"的角色开展公共外交，更具说服力和感染力。

2. 促进文化交流

海外华侨华人是福建与住在国文化交流的使者。长期的侨居生活，使他们融入了住在国生活的方方面面，通晓住在国的语言文字、历史文化和法律，熟悉住在国民众的社会习俗、生活方式，掌握住在国经济社会发展的状态和需求，积累了中华文化与住在国文化相互融合的经验。通过他们向国外传媒、学界、民众、政府和非政府组织客观地介绍福建，解读"海丝"核心区，能够加深福建人民与沿线国家人民之间的相互理解，实现民心相通。

3. 推广中华文化

海外华文学校、华侨华人社团、华文媒体等在培养跨文化人才、讲好中外故事、培养民间友好感情、夯实"一带一路"合作民意基础等方面的作用不可替代。目前，遍布世界的2万多所华文学校、2万多个华人社团、1000余家华文媒体，以及独具特色的唐人街、中国城、中餐馆和中医诊所等，已成为传播中华文化、丰富各国多元文化的重要载体，也是在海外推广中华文化基础最牢、覆盖面最广、效果最好的平台。

二、海外华商与"海丝"核心区互动取得的成效

福建通过广泛凝聚侨心、汇集侨智、发挥侨力、维护侨益，积极推动海外华商参与"海丝"核心区建设，成效显著。近5年来，福建共利用侨资323.8亿美元，在利用外资中占比超80%；接收侨捐项目6608个，金额36.75亿元人民币。截至2018年，海外侨胞和港澳台同胞累计捐赠福建公益事业已达280.1亿元人民币。①

（一）发挥"侨力"有新突破

在作为全国第二大侨乡的福建，"侨"不仅是特色和优势，而且是推进福建发展的重要力量和宝贵资源。

---

① 《福建五年利用侨资323.8亿美元 占外资比例超八成》，中国（福建）自由贸易试验区门户网，2018年1月11日，http://www.china-fjftz.gov.cn/article/index/aid/7928.html。

1. 制定闽菜"走出去"计划

一是推动国侨办"海外惠侨工程——中餐繁荣基地"挂牌。由福建省侨办、省商务厅主推，采取福建商学院、省餐饮烹饪行业协会、有关区市三方共建模式。积极建设省内培训点，首期授予沙县"福建省海外惠侨工程——中餐繁荣基地"称号。二是加大"闽菜走出去"的宣传力度。与商务厅联合举办"闽菜走出去"商务对接会，邀请来自美国、西班牙、爱尔兰等多个国家从事餐饮行业客商与省内餐饮企业家座谈交流，宣传推介闽菜文化和福建特色菜肴、食材，了解海外对闽菜的需求，积极寻找闽菜"走出去"的合作对象。举办"万侨创新"论坛，专题介绍福建"闽菜走出去"工作计划，推介闽菜"海外仓"。三是大力推进闽菜海外培训计划。2017—2020年，每年通过"走出去、请进来"的方式，培训境外学员1000名。至2020年，计划在海外培育5个以上拥有100家门店的连锁企业，形成1—2个辐射能力强的大型龙头企业，推进海外中餐闽菜标准化、品牌化、连锁化、产业化。

2. 推广"侨梦苑"模式

2015年7月，福建"侨梦苑"侨商产业聚集区在福州经济技术开发区正式揭牌，以福州经济技术开发区为核心，辐射福州市高新技术产业园、闽台蓝色经济产业园、江阴工业集中区、长乐临空经济区、闽清白金工业区，总面积达到624.49平方千米，形成"一区五园"、六大功能区的发展格局。一是东盟华侨华人水产品聚集区。以中国—东盟海产品交易所为核心，依托"海丝之路"全球水产冻品行业大会、"中国水产品流通研究院"等活动载体，吸引东盟乃至全球水产品企业来榕兴业，形成水产冻品产、供、销产业链，整合全球水产资源，逐步扩大成世界水产品的交易中心。二是新侨国际贸易集中区。集商业、购物、餐饮、酒店于一体，形成吸引客流、商流的强大载体。依托自贸区政策高地优势，举办具有海外特色和华侨特色的展览、展会，融合贸易、金融、物流、会展和电子商务等现代服务业元素，形成华侨华人国际贸易集中区。三是海外华侨华人文化旅游休闲区。汇集文化与旅游项目，为游客打造多元的丰富多彩的观光、游乐、休闲、度假胜地，在购物、贸易的同时旅游度假。重点支持琅岐国际海岛度假综合园、海峡旅游集散中心等侨资项目。四是侨商总部聚集区。建设侨商（南方）总部基地，兴建世界福建青年联会大厦等高档智能写字楼，打造侨资标志性楼宇，吸引侨资企业入驻。重点引进世界100强侨企集团及高端服务业、高科技研发企业、创意设计企业和律师事务所、会计师事务所等中介机构，发展符合区域要求、华侨特色鲜明的项目，形成侨商、侨企聚集区，辐射长江三角洲经济区、珠江三角洲经济区及台湾。五是华侨华人绿色宜居区。规划配套建设高档公寓、公寓式酒店以及绿色住宅，为侨商、高级管理人员、专业人士提供高品质生活配套服务。目前在建的名城房地产项目，已能够满足部分侨商的居住需求。配套建设教育机构，探索设立与外国医保直接结算的国际医院，保障侨商就医就诊。开办适应侨商需要的生鲜超市等服务项目，为侨商提供具有国际特色的生活服务。六是海外华文教育集中区。建设海外华裔青少年文体培训中心，为海外华裔青少年提供文化和体育的培训平台，以弘扬中华文化、增进与海外华裔青少年的联谊、增强他们对祖籍国的情感为目标，以马尾船政博物馆为载体，建设爱国主义教育基地。①

福建"侨梦苑"成立以来，积极推进运用"互联网+"模式，建立手机APP"侨梦苑"网上常态化对接工作平台；汇聚政策叠加优势，做好政策和招商项目汇编推介；拓展世界500强对接渠道，积极推动华商500强、世界500强与"侨梦苑"的对接；充分利用侨务经科平台活动，推动"侨梦苑"建设；搭建"侨梦苑"企业与"海丝"沿线国家的对接平台，做强服务平台，推动一批项目对接落地。目前"侨梦苑"对侨资侨智聚集效应明显，已对接侨商项目100多个，总投资金额61.46亿元，形成了以网龙网络公司为龙头的信息智能产业聚集区，以新大陆集团为龙头的互联网产业聚集区，以上润精密公司为龙头的精密制造业产业聚集区。"侨梦苑"挂牌以来，截至2017年6月底，仅福州经济技术开发区就新注册438家外资企业，其中70%以上是侨资企业。为更好地吸引广大海外华侨华人到福建"侨梦苑"投资兴业，福州市以"侨梦苑"为平台，拟设立100亿元"华侨基金"。②与此同时，福建将把"侨梦苑"模式辐射推广到厦门、泉州、莆田等其他发展区域，推动侨资侨智在更广泛的区域与福建开展全方位合作，进一步做大做强福建"侨梦苑"。

3. 筹建引资引智项目库

2016年举办第十四届"6·18"大会，共有27个海外高新项目现场签约，总投资金额73.96亿元。2016年福建省侨办先后举办三明、宁德、龙岩、南平4场内外架桥暨精准扶贫活动，成功引进正大集团中国水产品总部、畜禽养殖零排放

---

① 裴援平：《希望"侨梦苑"成为华侨华人创新创业的平台》，《福建侨报》2015年7月3日。
② 兰楚文：《国侨办主任裴援平赴福建侨梦苑调研》，福建侨网，2017年9月15日，http://www.fjqw.gov.cn/xxgk/qwdt/sjdt/201709/t20170915_708234.html。

循环经济及水体修复系列项目,与中国进出口银行福建省分行签订战略合作协议,促成福州宏东远洋渔业公司入渔东帝汶,填补了福建渔企在东帝汶海域捕捞的空白。2017年举办海内外闽商回归项目对接会,推动签约海外闽商项目72个,总投资金额1277亿元。①

(二)挖掘"侨智"有新举措

福建省华侨华人众多,分布广泛,尤其在东南亚国家,海外华商在住在国的地位和作用举足轻重。一是积极挖掘"侨智"。2016年,福建省组织海外华侨华人专业人士来闽考察,邀请多伦多华侨华人科技考察团来闽考察对接,达成合作意向17项。二是联合国务院侨办举办中国侨商投资企业协会科技创新委员会"走进侨梦苑东南行"活动,达成合作意向48项,投资总额超20亿元。邀请"中德工业4.0团"、国侨办"海外专家咨询委员会"考察团来闽考察对接,近百位侨商参加政府与社会资本合作(PPP)项目推介会。三是举办"海外科技专家顾问团"年会,在加拿大福建同乡联谊会等16个重点社团设立"海外招才引智点",广泛挖掘海外专家和高层次人才等智力资源。

(三)涵养"侨源"有新提升

一是广泛联系海外重点侨商和社团。2016年,福建省组织27批访问团赴印尼、美国、英国等国看望海外乡亲,举办19场涉侨公务活动,邀请一批重点侨商来闽访问;接待美国福建工商总会、全非洲和平统一促进会等60多个来访团体;推动成立乌干达福建同乡会、孟加拉福建商会等;邀请400名海外侨商参加第五届世界闽商大会。2017年,安排涉侨活动近200场次。2018年2月,成功举办第二届世界闽籍华侨华人社团联谊大会暨福建省海外交流协会第六次会员代表大会、世界福建青年联会第四次会员代表大会,66个国家和地区逾450名海外闽籍华侨华人回乡赴会,共襄盛举。二是重视海外侨商和社团工作。为提升华裔新生代和新华侨华人的工作水平,举办第三期福建省海外青年精英研修班、第五期港澳侨界杰青研习班、首届"海丝情·中国梦"港澳青年精英故乡行、"四海一家·闽港青年交流团"、世界福建青年联会"青春勇担当·侨心中国梦——厦门行"等活动,推荐60名海外侨领和重点侨商列席省政协会议。三是做好"留根

---

① 《省侨办主任冯志农发表2018年新春贺词》,福建侨网,2018年2月11日,http://www.fjqw.gov.cn/xxgk/qwdt/sjdt/201802/t20180211_714677.html。

工程"。2016年,福建省侨办举办了88期海外华裔青少年夏(冬)令营活动,参与者约8950人,规模保持全国第一。其中,泉州市举办的2016年菲律宾青少年学中文夏令营营员人数达1149,规模创全省历届夏令营新高。2017年共有8385名海外华裔青少年赴闽参加海外及港澳台地区华裔青少年夏(冬)令营,办营规模居全国首位。选派81名外派教师赴"海丝"沿线国家任教。开展"文化中国·福建文化走出去"系列活动,探索建立闽侨海外华文教育联盟。

(四)维护"侨益"有新成效

一是积极贯彻侨法,推进维护侨益。福建省华侨权益保护工作一直走在全国前列,已形成"一办法、两条例、两规定"的地方性涉侨法规体系,即《福建省实施〈中华人民共和国归侨侨眷权益保护法〉办法》《福建省华侨捐赠兴办公益事业管理条例》《福建省华侨权益保护条例》《福建省保护华侨房屋租赁权益的若干规定》《福建省保护华侨投资权益若干规定》,不仅能够有效保护海外侨胞在福建省内的权益,进一步推动侨界和谐稳定发展,而且为国家层面立法保护华侨权益起到了推动作用。二是大力实施"侨爱工程"。落实为侨服务责任,举办归侨侨眷职业技能培训班,规范华侨捐赠表彰,改善侨界民生。2016年,福建省下拨归侨救济费130万元,落实散居社会贫困归侨生活困难补助资金155.46万元,对2601名散居归侨(低保户)给予生活困难补助,并对享受低保后仍有较大困难的归侨家庭和低保边缘户实行临时生活救助。[①]三是加大侨务外宣力度。2017年邀请境外64个国家和地区的430多家华文媒体参加第九届世界华文传媒论坛;积极发挥侨务人脉资源优势,助力晋江市成功申办2020年第18届世界中学生运动会。四是加强侨乡文化建设。联合福建省住建厅,在全国侨务系统率先开展华侨历史文化名镇名村创建工作,确认厦门市集美区集美街道、福清市海口镇牛宅村、安溪县湖头镇、莆田市涵江区江口镇等首批创建试点单位。五是优化为侨服务。联合福建省公安厅、福建省外事办出台《华侨来闽定居办理工作办法》,缩短华侨回国居住时限,将为侨公共服务事项统一纳入闽政通手机App,推动侨胞通过移动客户端实现为侨公共服务的移动化、信息化、便捷化。

---

① 陈学颖:《福建省侨务办公室主任冯志农:在八项行动中寻找四新突破》,《欧洲时报》2017年2月22日。

三、海外华商与"海丝"核心区互动存在的问题

（一）海外宣传不够

海外华商因福建成为"海丝"核心区很受鼓舞，但又面临信息不对称的问题。在海外报纸、网络上基本看不到英文版的有关福建"海丝"核心区建设的相关信息。海外华商很希望搭"海丝"核心区的便车，深化与福建的合作，但基本看不到与福建合作的项目信息，也不知道该找哪个部门、向谁了解具体情况。

（二）对新侨情了解不够

一是"海丝"沿线国家是海外华商最集中的地区，政治、经济发展层次复杂，文化多样性特点突出，特别是宗教信仰、风俗习惯的民族风格鲜明。而福建缺少这方面的研究，专门研究华侨华人历史和现状的机构较为分散，没有形成研究合力。二是福建从2005年开展全省大规模侨情普查以来已经十几年未开展新的侨情调查，国内外侨情发生了巨大变化，而侨务部门的侨情资料仍显得陈旧，一定程度上制约了侨务工作的开展。三是海外华裔新生代迅速崛起，有的已经进入当地主流社会，但大多出生于海外，受中华文化影响相对较少。如何对他们开展工作也值得进一步思考。

（三）住在国政策不够确定

海外华商参与"海丝"核心区建设还受到住在国环境的参差不齐和政策的不确定等影响。一般而言，住在国政局稳定、制度公平、经济水平高、社会趋于稳定，华侨华人就可能顺利发展，其与中国在当地的合作也会更为顺利；反之，则可能对华侨华人的发展及其与中方的合作造成不利的影响。因此海外华商与"海丝"核心区的互动经常受到住在国政府或明或暗的阻力。东南亚一些国家认为海外华商大量投资中国是对当地社会不忠的表现，甚至认为华人资本到中国大陆将对住在国经济安全和国家利益构成威胁。此外，海外华商资本虽然相当雄厚，但可供对外投资的数量却是有限的，并不像西方舆论媒体宣扬的那么庞大。海外华商资本尤其是华人资本已经当地化，与住在国民族资本融为一体，特别是许多大财团，由各种族裔的资本构成，更不能随便投放在中国。

(四)新一代海外华商更加注重对利益的追求

老一辈海外华商投资中国不仅仅是为了单纯的商业往来,更含有浓浓的思乡之情。南美洲闽南同乡联谊会会长刘振魁在回乡参加同乡恳亲大会和闽商大会时表示:"投资兴业首选家乡,现在同乡会中已经有部分人想在国内投资,我首先都会把他们带到自己的家乡来,听到他们夸漳州环境好,我也感到自豪。如果要在国内投资,一定会在漳州,因为我也是漳州人,不管走多远,'根'总牵系着自己的心……。"正是在这份浓浓的乡情指引下,海外华商投资首选中国,首选家乡。一般来说,菲律宾、马来西亚和新加坡的华商则选择到福建投资。新一代华商与老华商相比,投资理念发生了一些变化,在投资的过程中更注重利益而非对祖籍国的感情。近年来,随着经济发展和产业转型升级的需要,中国开始调整涉及外商及华商的一些政策。2008年实施的新企业所得税法取消了外商投资企业的超国民税收待遇,从某种程度上减少了外商投资企业的投资收益。其次,中国土地、原材料、劳动力等生产要素价格上涨,侨企生产成本不断增加。此外,海外华商有相当一部分集中在东盟国家,在地理上更靠近越南、老挝、柬埔寨和缅甸等国。这些国家在优惠政策、劳动力素质和价格等方面具有更强的吸引力。在这些因素的共同作用下,福建在吸引海外华商投资方面将逐渐失去优势。

(五)海外华商自身发展问题

海外华商的发展并非一帆风顺。在经济方面,区域和行业发展不平衡。以区域而言,东南亚华商经济实力较强,而欧美华商实力则相对较弱。即便在东南亚内部,华商的经济实力也极不平衡。新加坡、泰国、马来西亚、菲律宾、印尼等国较强,而缅甸、越南、老挝、柬埔寨等国发展缓慢。在产业方面,海外华商过分集中于制造业、商业,科技含量普遍不高,且同质化竞争严重。此外,规模经济发展不够、管理亟待转型等问题也制约着海外华商经济的发展。

四、进一步推动海外华商与"海丝"核心区互动的对策建议

随着"海丝"核心区建设的深入和不断拓展,海外华商的优势与作用日益凸显。要将他们的资金优势、智力优势、人脉优势和人文优势转化为"海丝"核心区建设优势,促进海外华商广泛参与和积极融入"一带一路"建设。

（一）营造良好的营商环境

一是成立有侨务部门参加的"海丝"核心区工作协调小组，研究海外华商参与"海丝"核心区建设的途径和模式，重视海外华商的获得感，制定具有针对性和可操作性的以侨为"桥"的策略方针。各地市在"海丝"核心区建设规划中，更要尽快完善相关政策，营造良好的制度环境，为海外华商生存、投资与发展创造有利环境。鼓励海外华商将自身事业发展和"海丝"核心区建设有效结合起来，让海外华商成为推动侨务公共外交、人文交流的重要参与者。二是建设"海丝"沿线的华商资源和产业数据库，以及信息发布的平台，为海外华商参与其中提供信息的服务和对接的载体。三是省内企业可以与海外有需求的侨商或者工商社团合作，请他们提供相关的招商项目、招商信息，特别是在工商、工程承包、农业、矿产及高科技等领域，吸引省内有兴趣的企业参加，促成合作。利用海外重点侨商的经济实力、技术优势和网络资源，以现代农业、先进制造业、能源矿产、海洋产业和高科技产业为重点，鼓励福建有实力的企业与其合作，实现强强联手。四是对海外华商投资大型项目实行"一企一策"，由地方政府"一把手"负责，建立项目"一条龙"服务团队，为项目接洽、审核批准、开工建设、运营管理等提供全过程服务。五是继续做大做强"侨梦苑"，充分利用国内外科技资源，促进企业自主创新，减轻企业创业成本。加强技术支撑体系和服务支持体系建设，可以与发达国家的科研机构和专业人士开展远程合作，输送成果转化项目，推动高新技术成果产业化。积极发挥海外华侨华人工商、科技社团优势，在美国、加拿大、澳大利亚、日本等发达国家设立海外"侨梦苑"招商引智工作站，引导更多的海外华商创新创业。

（二）适度维持对海外华商的优惠政策

一是财税支持政策。建议从海外华商企业的利税贡献和产业需求等方面综合考察进行财政补贴。补贴在一定起点上分额度按比例给予，既可给予企业本身，也可以给予引进企业的中介机构。二是金融支持策略。支持海外华商金融机构在福建设立办事处、分支机构，成立合资银行，为海外华商企业贴近提供服务。在合规和风险可控的前提下，积极创新金融产品，推出适合海外华商投资企业的金融产品和服务方式。三是人才支持策略。对海外华商500强企业的高层次管理和技术领军人才给予住房和生活补助，引进国外高管和技术领军人才，支持其申报国家"千人计划""外国专家千人计划"和"高端外国专家项目计划"，给予办理一定期限的来华工作许可和外国专家证。四是市场支持策略。协助海外华商投资企业建立"海外华商产品营销中心",扩大海外华商投资企业的产品在大陆的销售。

(三)推动海外华商与"海丝"核心区对接

一是产业对接:助推"双向"转型。在传统制造业方面,与海外华商合作共建跨境产业园,在"海丝"沿线国家中梯度转移,延长产品生命周期;在高新技术产业方面,引进优秀海外华商企业和人才,合作研发,进军战略性新兴产业;在现代服务业方面,搭乘"海丝"核心区快车,与海外华商共建商业网络,发展现代商贸。二是资本对接:搭桥"走出去"。"走出去"是促进福建产业转型升级的重要方式,顺着"海丝"沿线国家走出去则是与福建产业特征和类型相适应的路线选择,海外华商是"走出去"的重要牵线人和重要合作方,可以帮助福建企业把握投资方向,避免盲目投资。三是技术对接:打造华人"创造"。加强与海外华商的技术对接,大举引进所需要的优秀人才和适用技术是"海丝"核心区建设的重要内容。福建产业和海外华商经济都面临着提升科技水平、促进转型升级、增强国际竞争力的问题,在研发上具有很强的互补性。福建在基础研究、成果运用上具有优势,华商在设计开发、研发灵活性上具有优势。因此,要推动双方的科研机制对接,共建科技平台和孵化器。

(四)拓展涉侨合作广度和深度

一是以"内外架桥行动""重点侨商行动"等为抓手,举办"闽乡情·故乡行""内外架桥——海外侨商福建行"等系列活动,定期分片按区邀请海外社团和商会负责人开展商务考察活动,架设重点侨商与省市领导交流沟通的桥梁,增进海外华商对故乡的情感认同,提高经济融入度。二是借助海外知名华商的人脉和经贸网络,对"海丝"沿线国家和地区的侨力资源进行全面梳理挖掘,以重点联系的60个重点侨社和120名重点侨商为突破口,围绕福建六大领域产业,加大对华商500强企业和重点侨商的招商力度,争取引进一批投资大、效益好、带动力强的优质侨资龙头项目。组织实施"重点侨商家族行动工程",对遴选出的10个重点侨商家族,重点联系,深耕细作,推动侨商家族企业把发展的目光转向福建。建立便捷高效的PPP项目发布对接渠道,着力推动福建PPP项目与海外华商、跨国资本对接。三是用足用好福州新区设立等重大政策利好,引导侨资参与东盟华侨华人水产品聚集区、新侨国际贸易集中区、海外华侨华人文化休闲旅游区、侨商总部聚集区、华侨华人绿色宜居区、海外华文教育集中区、琅岐国际海岛度假综合园、海峡旅游集散中心等项目，努力打造海外华商和高端科技人才共享福建发展新机遇的优质投资创业载体。四是联合福州市政府、新华都商学院和民间创投机构，推动设立"海外侨商创业园"，打造集创业辅导、项目孵化、风投对接、金融支撑等功能于一体的引资引智合作平台，增强对海外资本、人才和高新技术的吸引力。

（五）主动服务"走出去"战略

一是充分发挥海外华商熟悉住在国政治、经济、文化和法律习俗的特点，发挥他们在对外经贸合作中的桥梁纽带作用，帮助福建有条件的企业在境外上市融资、投资设厂、设立原材料基地、筹建产业合作园区等方面提供帮助，合力规避投资壁垒，开辟更加便捷安全高效的国际合作通道。二是探索设立"海外法律顾问团"，聘请一批海外知名律师，为福建"走出去"企业提供法律服务。三是办好"海上丝绸之路研究院"，发掘一批兼具理论视野开阔、应用性强的专业智库，就"走出去"战略重点国家和地区的风俗习惯、民族信仰、资源分布、主导产业等方面内容合作开展应用研究，充分挖掘"地方性知识"并及时向"走出去"企业提供有价值的资讯和舆情支持，引导企业尊重当地社会文化和价值观的多元性，缩短企业与当地社会的磨合周期。

（六）搭建海外华商"二代"沟通交流平台

一是建立健全海外华商"二代"信息库，进一步加强与新华侨华人、华裔新生代和社团新力量的联谊工作，帮助他们加快熟悉中国政商环境，协助解决海外华商企业的代际传承问题。二是组织开展海外华裔青少年民宿夏令营、海外华裔青少年微信大赛、"海丝情·桑梓梦——海外华裔青少年美丽福建欢乐行"等更符合年轻人性格特点和生活背景、更容易引起年轻人兴趣的活动，增强他们对祖籍地文化的了解和认同。三是组织实施"海外社团接班人千人培养计划"，办好"海外青年精英研修班"，引导和推动"两新"华侨华人加入海外社团发挥更大作用，不断为海外社团输入新鲜血液。四是充分利用福建政策优势和"两新"华侨华人处于事业上升期和创业冲动期的特点，积极向他们推介福建的资源、区位和政策优势，加大引资引智力度，鼓励海外年轻人返乡创业，与"海丝"同成长、共发展。

(七)深化人文融合交融

一是高水平编撰《福建华侨史》,为建设21世纪海上丝绸之路提供史实借鉴。在福州、厦门两地筹建"海丝"文化展示馆,并统筹省内涉侨展览馆、院资源,充分挖掘"海丝"文化遗迹内涵,培育打造一批华侨华人"海丝"文博交流基地。二是深化教育交流合作。厦门大学马来西亚分校完成建设并投入使用,华侨大学与泰国东盟普吉泰华学校签署合作办学协议。加强对海外华人社群的文化支持,积极为海外华商聚居地的孔子学院、孔子课堂和华文学校提供师资等多方面支持。持续实施福建省政府外国留学生奖学金等项目,支持海外青年学生来闽接受教育和开展研学旅行。三是丰富文化交流活动。加大"海丝"题材文化艺术精品创作推广力度,继续办好丝绸之路国际电影节、艺术节、旅游节等系列文化活动,组织福建优秀传统文化赴海外展演,邀请海外文化社团来福建参观交流,增进海外华商对福建的了解认同,凝聚对建设"海丝"核心区的共识。四是整合海外华文媒体资源,推动成立"福建省海外华文媒体联盟",进一步加强与对我友好、有话语权且社会影响力大的华文媒体的战略合作,提高福建在《国际日报》《星洲日报》等重点华文报纸的见报率,向海外华商和住在国主流社会积极传递"海丝"相关信息。持续拍摄《天涯海角福建人》《世界记忆名录》等影视作品,集中优势资源打造一批有较大影响力的侨务外宣精品,进一步提升福建文化的海外知名度。

(廖 萌 张 洁)

第四章 侨(外)资影响创新驱动经济增长的机制研究

第一节 侨(外)资影响创新驱动增长的现状

改革开放以来，中国经济发展取得了令人惊叹的成就。不同时期关于中国经济高速增长的解释存在较大差别。20世纪70年代末，中国经济的发展成果主要归因于农业改革。[①]20世纪80年代末，中国国际贸易政策从进口替代转向出口替代，[②]为中国经济的持续健康发展提供了良好的环境。随着对外开放政策的推进和深化，侨(外)资[③]的持续增长促进了中国经济繁荣。[④]

一、侨(外)资对经济增长影响的概况

进入21世纪，科学技术高速进步，在全球经济一体化浪潮的席卷下，技术竞争越来越激烈，国家及企业的发展对技术创新的依赖已然成为焦点。高技术产

[①] Yao S. "Economic development and poverty reduction in China over 20 years of reforms", *Economic Development and Cultural Change*, 2000, Vol. 48, No.3, pp.447–474.

[②] Yao S, Zhang Z. On regional inequality and diverging clubs: A case study of contemporary China, *Journal of Comparative Economics*, 2001, Vol. 29, pp.14–29. Groves T, Hong Y, McMilla J, Naughton B. Autonomy and incentives in Chinese state enterprises, *The Quarterly Journal of Economics*, 1994, Vol. 109, No.1, pp.183–209. Hay D, Morris D, Liu S, Yao S. *Economic reform and state-owned enterprises in China 1979-1987*, Oxford: Oxford University Press, 1994.

[③] 侨资是指华侨华人投资，在统计口径上还包括港澳投资，但不包括台湾投资。

[④] 姚树洁、韦开蕾：《中国经济增长、外商直接投资和出口贸易的互动实证分析》，《经济学》2007年第1期. Chen C, Chang L, Zhang Y. "The role of foreign direct investment in China's post-1978 economic development", World Development, Vol. 23, No. 4, pp.691–703. 姚树洁、冯根福、韦开蕾：《外商直接投资和经济增长的关系研究》，《经济研究》2006年第12期。

业向来是经济领域的研究对象，也是国家经济的命脉。高技术产业体现在培育新兴产业上，在我国传统产业的转型升级和经济发展模式的转变以及产业结构调整中扮演着举足轻重的角色。高技术产业创新是我国经济发展方向的指明灯。根据国家统计数据，截至2016年，我国国内高技术企业接近6万家，与2012年相比增长了63%。2016年，高技术企业投资额高达4.75万亿元，环比增长14.2%，与2012年相较增长了131%，其间的年复合增长率达到25.9%。2016年，企业新增了固定资产投资1.28亿，同比增长19.4%，与2012年相较增长了135%，其间复合增长率上升至27.6%。当下，全球经济增长趋势渐缓，但我国2016年GDP增长率7%，位居世界主要经济体前列。我国的经济结构体制不断优化，消费对经济增长的贡献率达到了68%。目前，我国正面临经济下行的压力，处于接续关键期。预计"十三五"期间，产业结构将愈加显现出它的高技术特征，促进我国经济朝着可持续发展目标前进。为了将技术创新作为高技术产业成长的后勤保障，我党在十八大确定以创新驱动发展战略为目标，产业R&D投入力度的增强使创新驱动特征愈发清晰。然而，我国在经济发展过程中逐渐暴露出许多问题，如整体技术没有达到标准，产业仍处于国际垂直分工体系的低处，机制制约创新和培育的矛盾日益严重，技术性应用型人才严重匮乏，未建立起长期多元化有效投入机制，产业动力不足以提供持续性发展等。为解决类似问题，以"市场换技术"的战略来弥补缺陷成为重要的途径，此时侨（外）资扮演着中流砥柱的作用。同时我国还出台了各种扶持政策来强化创新驱动，完全贯彻经济发展目标。

侨（外）资的流入不仅是货币市场的转移，激发了我国本土企业的经济活力，还产生了技术溢出效应。《中国统计年鉴》数据显示，外商投资企业的研发活动在我国经济体系中占38%，具有重要的地位，其对研发的投入远大于本土企业。外资的大量流入不仅增加了中国的全社会固定资产和税收收入所得，还提升了进出口总额。作为我国外资的主体成分，侨资对我国的经济社会发展发挥了重要作用。同时，侨办、侨联相关数据显示，华侨华人投资占外商直接投资的60%—70%（在福建甚至占80%），[1]对推动我国的研发活动起到重要作用。本节从以下6个方面研究了侨（外）资对经济增长的重要作用。

---

[1]《福建五年利用侨资323.8亿美元 占外资比例超八成》，新华网，2018年1月4日，http://www.chinanews.com/hr/2018/01-04/8416361.shtml。

(一)弥补资本形成不足

资本形成不足是较长时期内制约中国经济发展的重要因素。吸引华侨华人投资是弥补中国资本形成不足的重要途径。尤其是在中国经济发展的起步阶段，华侨华人投资对于带动外资大规模进入中国发挥了重要作用。在2011—2016年中国全社会固定资产投资总额149988.7亿元人民币中，有23027.8亿元来自侨（外）资，占15.4%。① 如按江永亮提出的华侨华人投资比重推算，有约2840.4亿元全社会固定资产投资来自华侨华人投资。② 可见华侨华人投资对中国固定资本的形成，以及对中国经济的增长起到了重要作用。同时，引进先进的技术、设备和人才，也为中国经济建设与发展注入了新的生机和活力。

(二)增加就业机会

带动城乡劳动力就业是侨（外）资的重要作用之一。侨（外）资的投资动机在于利用中国潜在的巨大劳动力市场。调查显示，侨（外）资主要投资劳动密集型产业，且该产业的平均资本有机构成不高，这使大批待业人员获得了就业机会，缓解了劳动力过剩所带来的社会负担和压力。2011—2016年，侨（外）资单位共接收就业人员8398万。自20世纪90年代中期以来，中国政府的引资政策由注重扩大引资规模转变为注重提升引资质量，流入中国的侨资逐步由轻工、纺织等劳动密集型产业向重化工、汽车制造、微电子、家用电器、通信设备等资本、技术密集型产业集中，而这些企业的先进技术对劳动者的素质提出了更高要求，从而对就业增长的直接贡献大幅减少。2015年和2016年侨（外）资单位接收的就业人员分别减少了7.4%和5.9%。侨（外）资企业还通过与中国企业的各种连锁关系间接创造就业机会，产业的关联效应使得供货商、销售商和代理商创造了大量的就业机会。侨（外）资的进入还促进了中国产业结构升级，第三产业的迅速发展也吸纳了大量的劳动力。③

(三)提高财政和税收收入

改革开放40多年来，中央政府的财政收入和地方政府的财政收入一直呈上升趋势，这离不开华侨华人投资企业所产生的经济效益。以2017年为例，全国

---

① 数据来源于《中国统计年鉴》。
② 江永亮：《利用海外华商投资问题的研究》，《发展研究》2002年第4期。
③ 刘志中：《中国服务业利用侨资的就业效应研究》，《技术经济与管理研究》2011年第1期。

财政收入为144369.87亿元，其中侨（外）资企业上缴的税收占总额的十分之一，约14437亿元人民币，而华侨华人投资企业的上缴税收约为10000亿元人民币。在沿海重点侨乡，华侨华人的贡献就更为突出，例如2017年广东省财政收入为11315.21亿元人民币，其中三分之一是侨（外）资企业上缴的税收。[1]近年来，约10%的中国财政收入来自侨（外）资企业上缴的税收。

（四）促进对外贸易发展

华侨华人投资在进出口贸易中起到了重要作用。如从1982—1996年，华侨华人投资企业进出口总额从3.3亿美元上升至1371.1亿美元，增长了415倍，占中国进出口总额的比重由0.7%上升至47.29%。其中出口总额由0.5亿美元上升至615.1亿美元，增长了1230倍，占中国出口总额的比重由0.24%上升至40.72%，进口总额由2.8亿美元上升至756亿美元，增长了169倍，占中国进口总额的比重由1.43%上升至54.45%。[2]在侨资企业进出口总额中，华侨华人投资企业进出口额分别占65%。而从2002—2004年，华侨华人投资企业进出口总额分别为1023.55亿美元、1482.69亿美元、1953.93亿美元，增加了950.38亿美元，占中国进出口总额的比重分别为31.0%、30.2%、29.7%，出口总额为521.43亿美元上升至922.64亿美元，增加了401.21亿美元，占中国出口总额的比重分别为30.7%、29.6%、29.3%；进口总额由502.12亿美元上升至961.29亿美元，增加了459.17亿美元，占中国进口总额的比重分别为31.3%、30.8%、30.1%。在侨（外）资企业进出口总额中，华侨华人投资企业进出口额分别占31.02%、30.25%、29.77%。[3]显然，华侨华人投资为中国对外贸易的迅速发展起了积极的促进作用。

（五）促进中国改革开放的不断深化

侨（外）资在中国经济增长过程中促进了中国改革开放的不断深化。侨（外）资数额不断增加，投资规模不断扩大，投资地域不断延伸，投资领域不断拓展，反过来不仅促进了中国经济建设的发展，而且坚定了中国政府推行改革开放方针的信心和决心。主要原因是：第一，华侨华人投资从沿海向内陆延伸和拓展，促进了中国从东部向中西部地区逐步开放政策的实施；第二，侨（外）资为中国个

---

[1] 中华全国归国华侨联合会网站，http://chinaql.org/.
[2] 林晓东：《试论华侨华人和港澳同胞对祖国大陆的投资及其法律保护》，《华侨华人历史研究》2000年第2期。
[3] 中华全国归国华侨联合会网站，http://chinaql.org/.

体、私营、合伙等非公有制经济及多种股份合作制经济形式的出现和发展起了示范作用；第三，侨（外）资在投资过程中带来了先进的管理经验、管理机制，为中国国有企业的改革提供了借鉴；第四，侨（外）资企业进出口贸易额的不断增长，加大了中国对外开放的力度。这些因素使中国改革开放卓有成效。

（六）促进地区经济的发展和城市化进程

改革开放以来，大量的华侨华人在中国东部沿海地区投资发展产业，从而大大促进了东部地区经济的迅速发展，形成了珠江三角洲、闽南三角洲和长江中下游地区等经济繁荣地带。这些地区人民的生活水平相应有了很大提高，基本上摆脱了贫困，走向小康。广东省的许多地区提前5年甚至10年步入了小康。同时，华侨华人投资还加快了乡镇城市化的进程，这一点在侨乡和华侨华人投资比较集中的地区表现得更为明显，如广东、福建的大部分县已撤县建市，并出现了"城市群带"和"卫星城镇"。20世纪90年代以来，随着中国向中西部地区倾斜政策的实施，华侨华人也开始逐步向中西部地区投资，现在武汉、西安、郑州、太原、包头、兰州、银川、西宁、乌鲁木齐等城市正成为华侨华人新的投资热点。华侨华人投资的数额不断增加，推动了中西部地区的大开发、大发展，并为中西部地区人民的脱贫致富注入了生机。此外，华侨华人在中国国内投资，还增强了他们对祖（籍）国的感情和了解，同时也增进了中国与华人居住国的经贸合作和友好往来。

侨（外）资对我国经济发展表现出正向作用，这个结论在经济研究领域广受认可。[①]目前研究的聚焦点落在侨（外）资产生的技术溢出效应上，国内学者观点各异，研究重心集中在侨（外）资对我国投资是否产生溢出效应，以及产生的途径和影响效果等方面。

二、侨（外）资的技术溢出效应对经济增长的作用

国内关于侨（外）资溢出渠道已经进行了大量的研究，蒋仁爱和冯根福（2012）通过改进的C—H模型估计了基于国际贸易、侨（外）资和无形技术外溢渠道的国际性技术知识外溢渠道对中国技术进步的影响效果；傅元海等（2010）按影响侨（外）资溢出效应因素的特征分组构造影响因素针对研究对象设立外资

[①] 参见李鸿阶主编《华侨华人经济新论》，福建人民出版社，2002年；林勇，等：《华侨华人与福建改革开放40年》，世界图书出版广东有限公司，2018年。

参与度的连乘变量,讨论了本国在侨(外)资溢出效应作用下的技术进步路径的选择以及侨(外)资不同溢出途径对经济增长绩效的影响问题。结果发现侨(外)资的溢出对本地的影响有多种途径。

侨(外)资的进入会与本地企业产生竞争和联系,诱使本地企业模仿学习侨(外)资带来的先进技术。在对比分析国际贸易中的发达国家和发展中国家从侨(外)资的溢出效应中得到的福利差异时发现,经济发展程度和科研资本存量不同的国家之间受侨(外)资的影响亦存在巨大差异,经济发展趋势较好的发展中国家能从侨(外)资中明显受益,而创新实力不相上下的发达国家之间外溢不明显。侨(外)资的溢出效应对引进地区技术创新的影响取决于当地自身条件,只有达到能够促进侨(外)资产生正向溢出效应的条件时侨(外)资对当地的技术创新才会有积极作用。

在研究侨(外)资对技术创新的影响时,创新成果的数量一般被视为创新能力的代理变量,其中专利申请数量备受青睐。在一些更微观层次的研究中创新能力则被创新产品的价值所取代。其实不仅创新成果的数量可以衡量创新能力,在研究侨(外)资对技术创新的影响时,经济价值也被视为技术创新的成果,因为技术创新的最终表现反映在对经济的影响上。

侨(外)资的溢出效应是否会对引进地区产生的积极促进作用和其地理位置有很大的关系。在对中国东中西部的研究中就发现侨(外)资的溢出效应是有条件的。考虑到各个省市科研资本存量和经济发展程度的差异对侨(外)资溢出效应的影响,就中国以地理位置为划分标准区别中国东中西部各省市技术创新受侨(外)资溢出效应的影响而言,侨(外)资在中国东部的溢出效应比较明显。这不仅因为东部科研资本存量相较其他地区的优势,而且还与政策偏向和市场开放程度有关。而西部和中部地区引进的侨(外)资的溢出效应则没有十分明显,个别地区或行业甚至因为侨(外)资的进入与当地创新主体形成竞争关系而抑制其技术创新。只有当这些地区和行业达到侨(外)资产生有效溢出效应的条件时,侨(外)资才会对当地技术创新产生正向促进作用。

侨(外)资带来的技术的溢出渠道和途径主要是通过产生水平溢出效应,即竞争效应、示范模仿效应、关联效应和科研人员流动以及垂直关联效应,即企业间前向关联和后向关联对本国技术创新产生的影响。国内研究侨(外)资对行业技术创新的影响多选择从中国制造业入手。从外贸依存度、科研水平方面对中国企业进行划分,处于技术创新活动频率较高的行业在吸收外来创新成果时具有优势，但同时也具有较高的竞争压力。而科研活动频率较低的产业则通过模仿外来创新成果受益较大，但不利于长期发展。

在研究侨（外）资对技术创新的影响时，创新成果的数量一般被视为创新能力的代理变量，其中研究对象的专利申请数量备受青睐。在一些更微观层次的研究中创新能力则被创新产品的价值所取代。不仅只有创新成果的数量可以衡量创新能力，在研究侨（外）资对技术创新的影响时经济价值也被视为技术创新的成果，因为技术创新的最终表现反映在对经济的影响作用上。研究侨（外）资对技术创新的影响一般是从直接影响作用和间接影响作用两个方面入手。直接影响作用方面主要探索侨（外）资对技术创新的影响，包括具体作用促进还是抑制和影响渠道水平溢出效应或是垂直溢出。而间接影响作用方面则主要通过分析能够影响侨（外）资对技术创新产生作用的干扰因素，包括研究人力资本水平、国内研发投入、制度的完善程度、经济发展水平等观察经济的表现。技术创新成果的数量还反映在全要素生产率（TFP）的作用上，因此将全要素生产率用以衡量侨（外）资对技术创新的影响。

三、侨（外）资企业的创新活动驱动经济增长的现状

真正成为对华投资的主力只能是中国香港、东南亚较大型的华人企业集团。他们虽然数量少，但却拥有雄厚的资本实力，跨境投资已成为不可避免的发展选择。因此本研究对华投资来源于中国香港、东南亚地区的主要华人企业集团，其中以东南亚华人企业集团为主要对象来进行研究分析。归纳起来主要有以下6个地区的华人企业集团：

（1）中国香港华人企业集团。1997年回归以后，当地的华人企业已成为最大的经济势力。目前中国香港最大的企业集团是长江实业，主营不动产、贸易、运输、电力、通信等，广泛地进行多元经营。此外，新鸿基、恒基兆业等也是代表性企业集团。其中长江实业集团属下有100多家子公司，是中国香港最大的大型联合企业，在中国香港的所有经济领域具有强大的影响力。其投资对象已扩展到中国内地、东南亚、日本、美国、加拿大、欧洲、中南美洲等，在各种领域开展事业，其中不动产、基础设施建设、零售、贸易、金融是主要行业。

（2）新加坡华人企业集团。新加坡华人人口占了全国人口的70%以上。丰隆集团、华侨银行、大华银行等是代表性华人企业。其中丰隆集团是新加坡最大的华人企业之一。其属下企业超过300家，1995年的资产总额为160亿美元，年销

售额为25亿美元,在全世界雇用了300万名员工。据统计,新加坡华人企业集团对华投资总额的50%集中在劳动密集型制造业。① 在新加坡政府有关政策的引导下,华人企业集团利用中国廉价劳动力成本的区位优势,以保持对欧美国家的出口竞争力,扩大对中国市场的占有率。新加坡华人企业集团对华直接投资较多的另几个领域为商业、房地产和运输服务业,② 其中商业和房地产由于高额的投资回报率目前正成为新加坡华人企业集团追寻的热点目标。华人企业集团参与中国运输业的投资也较多,并且单项平均投资规模较大,主要项目包括与中方合资成立广州白云机场地上服务公司(有限)、深圳飞机修理工程公司(有限)、北京航空地上服务公司(有限)、上海华星国际集装箱公司(有限)等。近年来,随着对外开放领域的逐渐增多,华人企业集团对金融、服务、建筑、电脑等领域的投资发展迅速,呈现出多元化的投资格局。

(3)马来西亚华人企业集团。在一直采取原住民优先政策的马来西亚,华人企业的地位依然很高。在股票市场,华人企业1996年底占全部企业数的50%,占市价总额的48%。在1995年的销售额排名前100家的企业当中,华人企业为53家,占全部销售额的49.4%。其代表性企业集团有郭氏兄弟集团、云顶集团、马来西亚丰隆集团等。其中郭氏兄弟集团从20世纪70年代开始进行海外投资,初期阶段的投资重点是新加坡,其后迁到中国香港,其总部也移到了中国香港,从20世纪80年代中期开始,对中国内地的投资进一步扩大,经营领域也更加多样化,其属下拥有200多家公司。而制造业较强的华人企业集团对华投资的产业结构出现了一些变化,即在第三产业的投资占压倒性优势。据统计,截至1994年底,以华人企业集团为主的马来西亚企业对华直接投资的产业分布如下:第三产业的投资额为12.23亿美元,占总投资额的79.2%,其中房地产(含建筑业)与商业又分别占投资总额的42.86%和17.3%;第二产业的投资额为12.23亿美元,占总投资额的20.3%,其中约三分之二资金投向粮食食品加工业、饮料业、橡胶产品加工业、棕油提炼业等劳动密集型行业;投资第一产业的比重较小,农、林、牧、渔业的4项投资额为0.3亿美元,仅占投资总额的0.5%。③

---

① 转引自林金枝:《外商在中国大陆的投资现状及其今后发展趋势》,《华侨与华人》1992年第2期。
② 在新加坡华人企业集团对华直接投资的行业当中,房地产、商业、运输业位列第二、第三、第四位。
③ 唐礼智:《东南亚华人企业集团对华直接投资的区位选择与产业特征》,《世界地理研究》2004年第1期。

(4) 泰国华人企业集团。泰国商业、制造业资本总额的90%在华人企业支配之下。[①] 其中代表性华人企业有卜蜂集团、盘谷银行集团、泰兴钢管集团等。而海外投资最多的企业是卜蜂集团。该集团通过香港的控股公司卜蜂国际公司统辖海外事业。泰国华人企业集团对华投资一般是与该集团在泰国国内产业相关联的项目，其中以农产品综合经营和银行业的投资最为突出。如正大集团、顺和成集团等泰国最为著名的农商集团在中国都有较大规模的投资，投资领域也主要集中在饲料加工、养殖、林业等。自1979年以来，正大卜蜂集团已在中国兴建200余家合资和独资企业，[②] 总投资额45亿多美元，投资区域遍及除西藏、青海、宁夏外的所有省份。在银行业方面投资扩展迅速，盘谷银行在汕头、上海、北京、成都，泰华农民银行在深圳、北京、上海、昆明，大城银行在汕头、上海、昆明，那坤吞银行在汕头等地，都设立了分行或办事处。

(5) 菲律宾华人企业集团。菲律宾华人占全国人口的比重不大，但华人企业却具有可支配该国经济的强大力量，如亚洲世界集团、陈永栽集团、首都银行集团等。其中，走金融相结合之路的陈永栽集团现在的经营领域已经扩大到工业、畜产加工、贸易等。他是菲律宾最大的华商，拥有菲律宾最大的卷烟厂、菲律宾第二大啤酒厂，而海外投资在20世纪80年代以后急速扩大，目前其海外投资以中国香港为基地，已扩展到中国内地、美国。菲律宾华人企业集团在华投资主要以房地产和土地开发为主。郑周敏的亚洲世界集团在河南洛阳投资了包括中亚大饭店、大型购物中心在内的长期系列开发项目，还有厦门中亚城等。陈永栽集团在厦门海沧投资1亿美元开发工业园区。施至成的SM集团在广州投资开发项目。黄明顶的光华集团投资2亿元人民币与厦门本材总公司合建多功能的骈体大楼。

(6) 印尼华人企业集团。印尼的华人企业约有300家，最大的企业集团有40家，资产总额达到了110亿美元。主要大企业为三林集团、金光集网、力宝集团等。其中，最积极地进行海外投资的是印尼最大的企业集团三林集团。它从20世纪70年代开始就接二连三地在香港收购当地的企业和银行，在香港设立控股公司第一太平洋公司，以统辖海外事业，领域有贸易、通信、银行及不动产等。

---

① 崔晨著，柳弘译《香港、台湾、东南亚华人企业集团的海外事业扩展》，《南洋资料译丛》2005年第4期。

② 其中许多公司已成为中国著名的企业，如正大康地（深圳）膏限公司、E海易初摩托车有限公司、上海大江有限公司、上海万国实业公司、北京大发正大公司、北京正大饲料有限公司等等。郑学益：《商战之魂——东南亚华人企业集团探微》，北京大学出版社，1997年，第196页。

此外，力宝集团于1984年收购了香港华人银行之后，不断在香港收购或设立了金融机构。印尼华人企业集团对华投资项目相对集中在两个行业：一是土地成片开发，如林绍良的香港第一太平集团投资开发福清的工业园区；李文正的力宝集团在莆田投资度假区和工业项目；吴家熊的大马集团投资4500万美元在泉州从事土地成片开发等。二是控股投资。

第二节 FDI影响创新驱动增长的研究现状

一、FDI的相关理论

早前，西方经济学家分别以国际理论和产业组织理论为基础，探究FDI的增长效应。直到20世纪70年代后期，学界才把这两种理论相互融合来开展研究。

（一）投资与贸易替代论

1957年，Mundell在《国际贸易与要素流动》一文中论述了跨国公司经营过程中的贸易与投资关系，即提出"投资与贸易替代论"。[①]他认为国际贸易是国际直接投资的起因，但在自由贸易的情形下，获得利益的条件不存在，导致国际直接投资不发生。投资与贸易替代论成为跨国公司遇到直接投资困难时的一种比较高成本的国际竞争方式。

（二）比较优势理论

比较优势理论首先是由日本经济学家Kojima在1977年提出的，又被称作"边际产业扩张论"。[②]该理论以东道国的明显优势产业以及无外来资金和技术支持的劣势产业为研究对象，解决企业对外投资时面临的选择问题，得出我国应进口劣势产业的产品而出口优势产业的产品的结论。该理论认为，应对外投资国内的劣势产业，把这些劣势转移到其他国家，令这些产业成为其他国家有优势的产业，同时扩大本国对这些产业的产品生产出口，保存原有优势的产品并扩大出口，不仅可以扩大贸易，还可以将产业进行国际性转移。

---

① Mundell R A, International Trade and Factor Mobility, J.N. Bhagwati edited, *International Trade: Selected Readings* (second edition), The MIT Press, 1987, pp.21-36.

② [日]小岛清著，周宝廉译《对外贸易论》，南开大学出版社，1987年。

(三)国际生产折衷理论

1977年,美国经济学家Dunning在《贸易、经济活动的区位与跨国企业:折衷理论的探索》一文中提出了国际生产理论,并据此解释了FDI,进一步对企业境外直接投资的原因和决定因素进行分析。[①]他认为,企业对外投资要结合企业的所有权优势、区位优势和内部化优势,且这三种优势不可单独成为衡量企业境外投资的标准,而是需要同时作用才能决定是否进行海外投资。但企业的对外投资又是相对的,这三种优势在某种程度上可相互代替。也就是说,即使企业没能同时拥有这三种优势,还是可以进行对外投资。

(四)雁行模式理论

日本经济学家赤松要在1930年提出,一个国家的产业发展必须经过当地生产、开拓出口、增强出口等几个阶段。某些进入工业化时期的发展中国家,通过增加发达国家的产品进口量来弥补自己经济技术水平落后的弱点,增加发达国家产品的进口量,等本国的经济和技术发展较为完善时,就会将该产品的进口转为本国生产线,从而完成经济发展和产业结构升级。该理论认为,发展中国家可以运用这种进口到国内生产最后出口的经济发展方式促进经济发展和产业结构升级。雁行模式理论以动态比较优势原则为基础,是一种追赶型发展模式,提倡实行投资国与受资国的产业动态转移,但也有相应的局限性。对后发国家而言,这仅仅是一种追赶模式,而非创新,因此有比较大的风险。

(五)产品周期理论

产品周期理论是美国经济学家Vemon在1966年研究美国跨国公司的对外直接投资时提出的。他以美国为研究对象,将产品周期分为产品创新、产品成熟、产品标准化这三个阶段。创新企业在产品创新阶段拥有垄断技术,但该产品在研发过程中投入相当高的成本,也没有标准化,所以这些产品并不是面向所有消费者,而主要是高收入人群。在此阶段,资本和技术是两个决定性因素,而美国在这两个方面都具有比较大的优势,此时不会选择对外直接投资。又因为产品需求的价格弹性比较低,企业会选择在本国生产。

[①] Dunning, J. H., Reappraising the Eclectic Paradigm in An Age of Alliance Capitalism, *Journal of International Business Studies*, 1995, No.3.

二、FDI对技术创新影响的研究现状

Schumpeter早在《经济发展理论》一书中提到"创新"作为资本主义的摇篮，显示出其影响着资本主义经济的增长和发展。在《经济发展理论》中谈及的创新，在新名词中的生产要素和生产条件之间建立新的逻辑关系，使这种新的生产函数诞生了。

国外著名学者Hymer提出了垄断优势理论来分析FDI的行为。从当时美国跨国公司实际出发，认为当市场处于低效率和非完全竞争性导致了对外直接投资的行为，一个跨国企业具备一定的垄断优势时，更加倾向于对外直接投资。从表面上看外商企业打入东道国，作为代价，需承担高昂的组织和生产成本。相关企业处于不平等的地位，是由市场本身的不完全性导致的，外商企业充分发挥自身特定优势，然后对东道国特定行业加以控制。前述表明市场的不完全性导致外商企业的垄断优势，必然导致对外直接投资。外商企业因市场不完全性的存在，使其产生对外直接投资的动机，因为外商企业具有产生技术溢出效应进而拥有技术优势，直接导致了投资行为的技术溢出。"新经济增长理论"由罗默等人提出。知识有个显著的特点：模仿成本远不及创新的成本，是因为知识本身具有非竞争性和非排他性。由此表明外商企业与东道国之间的技术差距越明显，模仿和学习的空间就越大。对于发展中国家来说，更大程度的开放和更加广阔的国家贸易，可以取得经济上的发展和技术上的进步。技术进步产生的知识产品成本是固定的，所以东道国政府在FDI的过程中发挥着中流砥柱的作用。

国内学者也对FDI影响技术创新的问题展开了丰富的讨论。梁云、郑亚琴主要探讨我国自改革开放以来，通过"以市场换技术"的方式引进外资来推动经济增长的过程中是否包含有技术创新的要素，采用实证方式来验证，利用省级面板数据计算全要素，来证明FDI—技术创新—全要素生产率增长的路径。[1]徐毅、张二震根据中国工业行业投入产出比，发现外商企业部分外包业务有利于促进东道国技术创新，但是这个现象又表明了本土内资企业在全球化分工的情形下不善于利用各国优势去生产。[2]叶娇、王佳林研究了自改革开放以来FDI的流入对江苏省产生的影响，主要还是站在经济发展水平、基础设施建设、人力资本3个方

---

[1] 梁云、郑亚琴：《FDI、技术创新与全要素生产率——基于省际面板数据的实证分析》，《经济问题探索》2015年第9期。

[2] 徐毅、张二震：《FDI、外包与技术创新：基于投入产出表数据的经验研究》，《世界经济》2008年第1期。

面去衡量影响程度,主要呈现的问题是目前经济结构与地区企业类型还未与FDI的技术溢出效应产生正向影响的趋势。[1]牛泽东、张倩肖等以我国高新技术产业为研究对象,并假设高新技术产业中存在"发展门槛效应"。当FDI流入到我国时,需要相应的配套设施相匹配,才能促进高新技术产业的发展。只有我国企业自身具备一定的吸收能力,才能使得FDI的流入产生技术溢出效应。[2]孔群喜、彭骥鸣等认为FDI对我国各地区的促进作用存在差异,非港澳台地区由于存在企业所有权优势作用效果更加显著,同时发现产业的集聚并非是因为能源效率而形成的,更多的是依赖政府优惠政策,FDI的流入对产业的规划有一定的影响,产业存在着上下游关系,整体资源能够得到更好的拟合。[3]郑义、徐康宁将来自欧美的FDI、亚洲的FDI等进行细分,呈现出的异质性结果表明欧美FDI主要集中在高新技术产业,亚洲则是以劳动密集型产业为主,同时外资的规模从侧面有利于本国的经济发展,但是当超过一定比例之后,这种收益将不存在,将遏制本土企业的创新。[4]

本研究主要从两个视角评述FDI与区域创新发展关系。第一,区域创新发展政策如何影响FDI。研究表明,东道国的优势区域可以通过FDI的方式获得创新资源和高级人力资本[5]。例如在英国,拥有高等级资质的化学研究区能吸引的制药R&D研究所和实验室的数量是本国平均水平的两倍,外国平均水平的三倍。高等级研究机构间的高水平知识溢出吸引了海外和本国的制药公司,也为毕业生或为研究者提供了工作机会。这种外部效应在区域创新系统里被称为"撞击效应"(knock-on effects)。

第二,FDI如何促进区域创新发展,或者说是在多大程度上促进了区域创新发展,FDI如何提升区域技术水平,增加就业机会,促进知识溢出等。大卫·提斯指出,在20世纪八九十年代,跨国公司实施了全球化的投资发展战略,外包

---

[1] 叶娇、王佳林:《FDI对本土技术创新的影响研究——基于江苏省面板数据的实证》,《国际贸易问题》2014年第1期。

[2] 牛泽东、张倩肖:《FDI创新溢出与门槛效应——基于非线性面板平滑转换回归模型的分析》,《产业经济研究》2011年第6期。

[3] 孔群喜、彭骥鸣、孙苏阳:《FDI与东道国企业的能源效率——以江苏高新技术企业为例》,《产业经济研究》2011年第5期。

[4] 郑义、徐康宁:《外资特征与技术创新——基于中国省际数据分析》,《管理科学》2011年第5期。

[5] Abramovsky L, Harrison R, Simpson H. "University research and the location of business R&D", *The Economic Journal*, 2007, Vol. 117, No. 519, p.114.

和离岸贸易根本性转变了许多国家的生产体系。[①]

（一）FDI如何受区域创新发展政策影响

目前，国外研究者通过研究越南、中国、德国、英国、巴西、以色列、美国、欧盟等国家和地区的FDI，对于东道国（地区）通过制定投资优惠政策和激励机制是否可以吸引FDI从而促进经济增长这一问题一直没有形成定论。

关于激励政策作用的研究并没有形成定论。大部分国家或地区实施各种优惠政策与激励机制来鼓励促进FDI，主要针对的是衰落地区。虽然激励机制发挥了一些作用[②]，但总体而言，其作用在企业的区位决策中并不是决定性的，而是其他关键因素起了更重要的作用。[③]沃斯默和安德森的研究还表明，激励机制的效果需考虑环境背景，只有在特定时候，某些特定形式的激励政策才能对当地经济发展发挥预期的积极作用。[④]

在某种程度上，激励机制能够促进FDI，但是不一定完全能够促进区域竞争力。而在推动技术进步、缩小收入差距[⑤]、提高就业率和收入水平[⑥]、增加工作机会[⑦]等方面，FDI也并没有发挥太大作用。对巴西FDI的研究表明，巴西不同地区对FDI的争夺与竞争还增加了当地的经济发展成本，竞争越激烈，激励政策就会越多，成本越高。基利安指出，美国在爱尔兰的投资造成了爱尔兰区域间的税收

---

① Teece D J. "Reflections onprofiting from innovation", *Research Policy*, 2006, Vol. 35, No. 8, pp.1131-1146.

② Rainey D V, Mcnamara K T. Taxes and the location decision of manufacturing establishments, *Review of Agricultural Economics*, 1999, Vol. 21, No. 1, pp.86-98.

③ Mai P H. Regional economic development and foreign direct investment flows in Vietnam, 1988-98, *Journal of the Asia Pacific Economy*, 2002, Vol. 7, No. 2, pp.182-202.

④ Wassmer R W, Anderson J E. Bidding for business: New evidence on the effect of locally offered economic development incentives in a metropolitan area, *Economic Development Quarterly*, 2001, Vol. 15, No. 2, pp.132-148.

⑤ Haddad E A, HEWINGS G J D. The short-run regional effects of new investments and technological upgrade in the Brazilian automobile industry: An interregional computable general equilibrium analysis, *Oxford Development Studies*, 1999, Vol. 27, No.3, pp.359-383. Schalk H J, Untiedt G. Regional investment incentives in Germany: Impacts on factor demand and growth, *The Annals of Regional Science*, 2000, Vol. 27, No.2, pp.173-195.

⑥ Axarloglou K. What attracts foreign direct investment inflows in the United States, *The International Trade Journal*, 2005, Vol. 19, No.3, pp.285-308.

⑦ Bartik T J. Solving the problems of economic development incentives, *Growth and Change*, 2005, Vol.36, No.2, pp.139-166.

竞争，这不但损害了爱尔兰的本国经济，而且对美国也造成了负面影响。虽然吸引FDI在东道国的区域创新发展政策中是必不可少的，但是FDI对区域创新绩效的影响并不突出。①

(二) FDI如何受区域创新发展影响

从经济长期发展周期来看，无论是发展中国家还是发达国家，虽然FDI可以为区域创新发展提供一个平台，在促进区域经济增长方面却显得很乏力。20世纪90年代，许多计算机硬件组装企业正在欧洲地区寻找投资区域，考虑到市场潜力、劳动力受教育水平、企业税赋、当地政府的支持力度以及东道国是否为英语国家等情况，这些企业最终选定位于欧洲外围的爱尔兰来投资。

在20世纪七八十年代，中东欧地区的区位成本更低，劳动力廉价，生产技术成熟，再加上斯拉夫语系对一些企业来说并不存在交易壁垒，吸引了大量FDI。②然而，近几十年来情况有所变化，成功吸引FDI的关键因素是东道国的人力资源储备，高端人力资源的稀缺性正成为FDI在全球范围内进行区位选择的决定性因素。高端人力资源来自大学、研究所等高等教育教学中心，虽然属于不同种族，但对企业来说，更重要的是人力资本的创新能力，这符合"开放创新"型企业的体制要求。高端人力资本主要从以下两个方面来提高技术型的FDI企业的获利能力。第一，帮助FDI跨国企业在高端人力资本组成的平台上开创全球化的发展"演化空间"(evolution space)。再加上全球化的FDI在资金、法律以及财务等软性基础设施(soft infrastructure)上的支持，FDI跨国企业就能够集聚大量的高素质劳动力和研究型创业者。第二，拓宽FDI企业的高端技术学科领域，如生物技术、纳米技术、清洁技术以及数字媒体技术等，在不同产业集群里会产生不同的创新应用技术。当然，前提条件是FDI企业必须具有前瞻性与洞察力以及合理的经济规划体系。

根据我们所熟知的"三螺旋模型"③，以上整个过程是一个内生的和谐过程，其中企业作为进行经济体生产的载体，承担着生产最终产品的重任；政府作为中介组织，确保生产交易稳定相互作用；而大学则作为新知识、新技能的来源，是

① Killian S. Where's the harm in tax competition?: Lessons from US multinationals in Ireland, *Critical Perspectives on Accounting*, 2006, Vol. 17, No.8, pp.1067–1087.
② Fröbel F, Heinrichs J, Kreye O. *The new international division of labour*, Cambridge Books, 1981.
③ Etzkowitz H, Leydesdorff L A. *Universities and the global knowledge economy: a triple helix of university-industry-government relations*, 1995.

知识经济的生产力要素。大学、产业和政府在发挥自身原有作用的同时，又表现出与另外两者相重叠的特点。三者的角色互换多样，多边和双边互动沟通，形成持续的创新流。而实际生产并不是像三螺旋模型描述的那样和谐稳定，而是非和谐的演化过程，是编配（Orchestration）、冲突、竞争的变化过程，是会产生合力多样化的整合过程。[①]

编配既不是独裁式控制决策，也不是集体式民主决策，而是不同利益集团从自身能力出发，相互配合，相互协作，就像交响乐团那样。这些企业并非商业寡头，没有激烈的竞争关系，也不会有强烈的冲突。区域编配过程（regional orchestration）是一个以区域创新发展为中心，政府、企业和大学三者共同参与、共同编配的过程，也包括消费者、职工、工会、供应商、竞争者等其他组织。这种编配机制还会改变创新环境，产生一定的区域风险，但不会颠覆区域企业的生产模式，总体上会促进区域经济发展和创新水平，每年能创造约1000个创新企业，其中10%的企业会产生商业创新。

（三）FDI如何影响区域经济发展

20世纪下半叶，以煤炭钢铁为标志的工业革命兴起，许多发达地区开始海外扩张，掠夺资源，经济迅速发展。吸引FDI投资到本国的军工企业成为发达国家区域政策的重中之重。如果东道国某个区域的FDI不断减少，企业要么迅速在其他经济发达的地区落脚，要么马上迁出离开。

在20世纪五六十年代，国家的区域政策主要通过供应劳动力、降低厂房租金、提供设备补助等来促进本国企业的发展。当时，巴宝莉（Burberry）、达克斯（Daks）等英国服装制造企业选择在南威尔士的朗达（Rhonddad）产煤区来投资建厂；热刺电子企业（Thorn）选择在邻近的梅瑟蒂德菲尔地区来投资建厂；英国通用电气公司的电视部门则在阿伯德尔地区（Aberdare）投资；威尔士的利兰（Leyland）和鲁特斯（Rootes）汽车集团在苏格兰地区投资。

20世纪60年代，全球范围的FDI主要来自美国，例如百时美施贵宝制药公司（Bristol-Myers Squibb）、礼来制药（Eli Lilly）和巴克斯特医疗保健公司（Baxte）；其次是英国，例如北威尔士航空公司柯林斯（Rockwell Collins）、苏格兰霍尼韦尔公司（Honeywell）。经过十几年的发展，到了20世纪70年代，FDI发

---

① Dahlander L, wallin M W. A man on the inside: Unlocking communities as complementary assets, *Research Policy*, 2006, Vol. 35, No. 8, pp.1243-1259.

生转变，全球FDI得到了飞速发展，到了20世纪90年代才逐渐放缓。亚洲的FDI跨国企业主要来自日本、韩国、新加坡等国。这些国家或地区在英国进行大规模投资，对法国和德国的投资规模相对较小。1974年，索尼（Sony）作为投资巨头，在南威尔士建立了彩色电视的生产基地；紧随其后的日立（Hitachi）和松下（Matsushita）选择在北威尔士投资；夏普（Sharps）则选择在英国西南部投资；冲电气（Oki）和松下还在苏格兰地区进行了投资。索尼在欧洲其他地区投资建立了工厂，如法国西南部城市巴约纳（Bayonne）和德国的巴登符腾堡（Baden—Wurttemberg）地区。杜塞尔多夫（Dusseldorf）成为日本服务公司在欧洲大陆的投资中心。

日本尼桑、本田、丰田等汽车投资商为英国、德国和法国提供了大量的就业机会，扩大了东道国的市场，特别是美国和欧洲市场，因为他们投资的地区没有强大的工会，即便有，双方也会达成"绝不罢工"（no-strike）的共识。日本企业强大的生产供应链体系不但提升了东道国的生产水平，而且吸引了来自其他地区的FDI。索尼在威尔士的供应厂商刺激了德国、瑞典和日本的层压、玻璃、零件、金属等企业纷纷加入到当地的产品供应链体系中，就像在南威尔士远程控制。虽然索尼在英国有着庞大的供应基地，但不到索尼在欧洲总供应量的50%。

在20世纪90年代，爱尔兰经济发展迅速，被誉为"凯尔特猛虎"（Celtic Tiger）。在爱尔兰国民经济中，FDI年均占比为27%，对爱尔兰的经济发展起到了巨大推动作用。[1]爱尔兰经济奇迹始于1987年，但并没能持续很久。虽然爱尔兰政府借助全球化FDI促进了经济发展，但为了避免经济过热，爱尔兰货币当局提高了利率，极大增加了贷款企业的成本负担。由于与政府、工会签订了合同，企业不得不降低工资来维持财务平衡，避免信用危机。为帮助爱尔兰度过危机，欧洲区域创新发展基金为其提供了发展资金。爱尔兰利用FDI着重建设人力资本，而不是修建高速公路。爱尔兰建立了全新的技术产业来提高本国的信息通信技术（Information and Communication Technology，ICT）水平。根据《欧盟共同市场法》规定，外国企业在欧洲投资建厂需给予最惠国待遇，爱尔兰是对FDI企业征收的企业税税率最低的国家之一，起初为10%，之后增加到12.5%。爱尔兰还为FDI企业提供租金、培训、设备等方面的政策优惠和资金扶持。美国和日本的ICT企业都在爱尔兰投资建立了组装车间，例如在科克郡（Cork）的苹果公司、利默里

---

[1] Krugman P. Good news from Ireland: a geographical perspective, *International perspectives on the Irish economy*, 1997, pp.38-53.

克（Limerick）的神舟（DEC）、都柏林（Dublin）的惠普（Hewlett-Packard）、戈尔韦（Galway）的IBM。由此，爱尔兰的计算机软件集群产业迅速发展起来，为微软、甲骨文和IBM等计算机硬件制造商提供了大约9000个工作岗位。[①]在东欧和亚洲，很少有计算机硬件生产企业能够像爱尔兰的企业那样生存下来，包括很多苏格兰传统的计算机组装商，都会选择转移到劳动力低廉的地区设厂。[②]

在2000年，为了吸引FDI促进区域创新发展，爱尔兰实施积极政策，成功吸引麻省理工的顶尖多媒体实验室进驻都柏林（Dublin），成为爱尔兰新型多媒体中心——欧洲多媒体实验室（Media Lab Europe），作为爱尔兰高端的电子技术研究与创新实验室。实验室初始资金由爱尔兰政府提供，之后采取由企业融资等内部筹款的方式为实验室提供研究资金。然而，2005年，MLE公司董事会突然宣布破产清算，原因是公司的主要股东、爱尔兰政府与麻省理工三方在新一轮的资金筹措方面没有达成统一协议。虽然MLE的分支公司没有全部破产，但是大约50家小型数码企业受到牵连，付出了约7000万欧元的代价，这些企业的利润空间都非常有限。[③]2010年，阿尔卡特—朗讯（Alcatel-Lucent）企业的贝尔实验室宣布，要将在都柏林的研究人员扩大到70人，这个数量是2005年创立之初的两倍。贝尔实验室主要研究"开放创新"（open innovation）和绿色节能通信设备。阿尔卡特—朗讯公司在美国、中国、印度、德国、法国、比利时都设有研究中心。最初的投资项目在都柏林的三一大学（Trinity College）建立通信价值链驱动研究（Telecommunications Value Chain-Driven Research，CTVR）中心，国外职工和本国职工各占一半，采用大学性质的工作形式。2008年贝尔实验室选择了通信应用领域作为研究方向，这与当地丰富的ICT专业人才有重要关系。北电网络公司（Nortel）的大型光电实验室始终位于皇后大学旁边，以便于雇佣优秀的毕业生。贝尔实验室的发展路径是从FDI到区域创新，而不是从区域创新到FDI。FDI进入爱尔兰的前提条件是ICT的建立，通过当地技术院校的培训提高人力资本的水平，进而促进了当地的区域创新。

[①] O'malle E, O'gorman C. Competitive advantage in the Irish indigenous software industry and the role of inward foreign direct investment, *European Planning Studies*, 2001, Vol.9, No.3, pp.303–321.

[②] Egeraat C, Jacobson D. The rise and demise of the Irish and Scottish computer hardware industry, *European Planning Studies*, 2004, Vol.12, No.6, pp.809–834.

[③] Bayliss D. Dublin's digital hubris: Lessons from an attempt to develop a creative industrial cluster, *European Planning Studies*, 2007, Vol.15, No.9, pp.1261–1271.

三、FDI与经济增长理论

(一) FDI与新古典增长理论

1956年，美国经济学家Solow与英国经济学家Swan在柯布—道格拉斯生产函数的基础上，提出新古典经济增长模型。其中，$Y = f(K, L, A)$ 以正增长率增长，即如果使长期经济增长能够达到Kaldor所总结的典型化事实的稳定状态，技术进步必然是劳动增大型的。

在新古典增长模型中，FDI对经济增长有促进作用。第一，FDI是资本来源，将会直接促进经济增长。工厂新建、机器购置、建立并发展基础设施等为经济体的资本净存量，其净增加即资本形成。FDI属于私人投资，FDI增加会直接促使总投资增加进而促进经济发展。第二，FDI对经济发展也有间接影响。它可以增加宏观经济变量，如国内生产总值、外汇储蓄、产品出口量等其他因素来促进经济发展。第三，FDI会同时影响投资质量和投资水平。FDI的流入会提高东道国的技术、设备与基础设施水平。但从新古典经济增长模型来看，FDI只有短期效果，而劳动力的增长与技术进步这两个因素才是经济长期增长的根源。

(二) FDI与内生增长理论

20世纪50年代以来，Solow等新古典经济学家提出技术进步可以推动经济增长，从而将经济增长划分到经济领域来分析。但新古典增长理论不能明确阐释经济增长的动因，特别是不能阐明技术进步的内在原因，这导致增长理论研究不能向前发展。这一局面直到20世纪80年代才得以改变。内生增长理论的提出重新引起了经济学家的重视。内生增长理论是当前最热门的研究课题之一，是宏观经济学的一个新方面。Romer、Lucas等经济学家的相关研究衍生出内生经济增长理论。他们对新古典增长模型进行了进一步研究，并在此基础上对长期增长进行了探讨。经济系统内生决定经济的持续增长是这一阶段理论的主要研究内容。内生增长理论认为，FDI不仅给东道国带来了资金，还转移了相关生产要素，如管理、技术等，由此转变并更新了国企的观念。人才、质量等方面的观念更新使得各产业的竞争力得到增强，即为FDI的"溢出效应"。简单地说，就是FDI对东道国的发展能力或经济效率产生了间接影响。内生增长理论在经济模型中引入了当事人行为来分析技术进步的内在原因，是经济政策的理论依据。它说明政府介入市场进行经济政策干预的重要性。政府的干预能够有效克服市场自身存在的缺陷。事实上，影响技术进步的政府政策确定了经济的持续增长。因此技术外溢的实现一般有以下5种方式：

第一，人力资本的培训及流动效应。虽然外企拥有的设备和技术更为完善，但若缺少人力资本，国外资本也无法进行正常运转。因此，跨国公司必须在当地开发人力资源以确保海外投资项目的正常运行。跨国公司可以通过培训相关知识的方式开发当地的人力资源，让他们进入企业并参与专家的项目。另外，外企开发培训人力资本的方式很多，如直接交由当地企业对他们进行培训，或直接将外企内素质较高的人员调到国企中来。

第二，竞争效应。在发展中国家，外企很明显占有资金、管理经验和技术上的优势。外企的进入迫使国企不得不完善管理和生产手段，更新旧的思想观念，采用新技术来提高自身的竞争力。从竞争力角度看，FDI的竞争效应在此显得尤为重要。Barrio的研究发现，FDI对东道国企业存在正向的外部效应和负向的竞争效应，并呈现出"U型"的特点。FDI刚流入时可能对东道国企业造成冲击，从而竞争效应可能强于外部效应，后期则与之相反。[1]

第三，前向联动效应。前向关联是指，外企与分销商联系时从中产生的外溢。下游产业则将外企中质量好、成本低的产品进行加工，从而获得更高收益。

第四，示范—模仿效应。外企进入国内后，国企可以通过了解其产品、技术和管理方式，对当地企业进行改革，从而提高国企的生产效率。东道国可以通过学习外企的创新，积累工作经验，避免新技术在运行开发过程中遇到困难，及时解决发生的问题，从此获得优势。沈坤荣和耿强提出FDI能通过外溢效应与学习效应提高要素生产率，促进国民经济增长。[2]姚树洁等也认为FDI是提高生产效率的助推器和生产前沿的移动器，通过这两重作用，FDI是新兴化国家赶超发达国家的重要因素。[3]

第五，后向联动效应。后向关联是指，外国企业与上游供应商联系而发生的外溢。这主要体现在5个方面。（1）控制市场。外企在技术和管理方面具有优势，可以引领东道国市场的整体走向。（2）使东道国人才流失。若外企的薪酬比东道

---

[1] Barrio S, Gorg H, Strobl E. Foreign direct investment, competition and industrial development in the host country, *European Economic Review*, 2005, Vol.49, pp.1761–1784.

[2] 沈坤荣、耿强：《外国直接投资、技术外溢与内生经济增长——中国数据的计量检验与实证分析》，《中国社会科学》2001年第5期。

[3] 姚树洁、冯根福、韦开蕾：《FDI和经济增长的关系研究》，《经济研究》2006年第12期。

国企业的薪资高,那么东道国企业的人才就会大量地流失,不利于其长远发展。(3)排挤国内供应商。外企对原材料的要求高,由此导致东道国企业中水平低、产品差的下游生产企业被排挤在外,不利于其发展。(4)利润汇出。若外企将其在国内所获取的利润转嫁到国外,将不利于国内GDP的增长。(5)挤垮东道国的本土企业。外企不仅资金雄厚,技术和管理也相当完善,若东道国企业不进行内部改革,采用新技术来提高自身竞争力,将会面临倒闭的境况。对此,Venables提出FDI的联系效应可以促进技术进步和经济增长,尤其是发展中国家的经济增长。① 但Glass和Saggi认为联系效应未能完全解释经济增长,FDI并不一定能够为东道国带来先进技术,它取决于母国和东道国之间经济发展和技术水平的差距;当两个国家的技术差异较小时,FDI所带来的技术可能并非先进技术。②

一些研究还从其他角度对FDI进行研究,比如外资流入增加国内企业的转型压力,不同进入模式的FDI通过利用外资的效益和优化结构等方式,能有效促进东道国经济增长方式的转变③。这一系列研究表明,通过知识溢出和技术扩散效应,可以促进发展中国家生产效率和技术水平的提高。但FDI对技术进步和经济增长的作用并非总是促进的,可能影响并不显著,甚至影响可能为负向,这也许是由于采用不同时期、不同国家的数据样本所致。如于津平和许小雨认为,FDI对中国的技术溢出效应并不明显④,而且即使FDI产生技术溢出效应,可能由于FDI对国内投资的"挤出"推动资本的扩张,导致对经济增长的效果并不显著⑤。显然,这些文献资料为FDI对经济增长的作用进行了非常有益的探索,但对于影响经济增长的具体机制存在明显的争议,有待进一步研究。

作为生产过程中的基本生产要素,与国内投资相比,FDI包含了东道国原本没有的专有技术和新技术。国内企业为了在跨国企业的竞争中占得一席之地,需要向跨国公司学习先进的技术和管理经验。鉴于此,国内企业和跨国企业之间的

---

① Venables A. Equilibrium locations of vertically linked industries, *International Economic Review*, 1996, Vol. 37, No.2, pp.341-359.

② Glass A J, Saggi K. International technology transfer and the technology gap, *Journal of Development Economics*, 1998, Vol.55, pp.369-398.

③ 郭克莎:《加快我国经济增长方式的转变》,《管理世界》1995年第5期。金宏平、周晓博、张俏有:《合资型侨资、独资型侨资与中国经济增长——基于省际面板数据的实际分析》,《当代经济科学》2016年第3期。

④ 陈继勇、盛杨怿:《侨资的知识溢出与中国区域经济增长》,《经济研究》2008年第12期。

⑤ 于津平、许小雨:《长三角经济增长方式与外资利用效应研究》,《国际贸易问题》2011年第1期。

竞争可能加剧，这有助于资源的利用，缩小稳定状态条件下的技术效率的差距。通过对先进技术的学习，东道国的生产前沿可能有所提高。当然，它离不开东道国实施出口导向战略、丰富的人力资本以及完善的交通设施等条件。

FDI与经济增长呈相互影响、相互促进的关系。FDI会促进一国的经济增长。对于新兴投资市场来说，FDI投资资金对促进经济发展起到了重要作用。FDI的流入会带动周边乃至整个国家的经济发展以及生产经营方式的转变，同时外来设备、技术、管理经验也会刺激企业生产经营方式向现代化转变，使人力资源、土地资源、地方资源优化运用，最终提高经济竞争力。

当前对外投资面临跨国公司与当地企业发生竞争的问题，其中跨国公司要面对一些不利的因素，例如地理文化的差异，因此拥有所有权成为与当地公司竞争的优势。外国企业拥有管理技能经验、资本实力雄厚、更广阔的市场渠道以及更为有效的技术等优势。FDI的进入会有利于提高技术、设备与基础设施水平。然而，从新古典经济增长模型体现来看，FDI的作用只体现在短时期内，因为直接影响到经济长期发展的两个重要因素是劳动力的增长和技术水平的进步。

综上所述，现有关于FDI影响经济增长机制的研究主要基于以下3种理论。

（1）工业组织理论。该理论主要强调FDI对经济增长影响的直接效应和"外部经济"，并基于此分析了FDI对技术转移和知识传播的作用，以及此后技术对经济增长的外生影响。[1]

（2）国际贸易理论。该理论主要阐释了FDI产生的原因以及FDI流入东道国的模式。[2]

（3）内生增长理论。该理论主张FDI是人力资本积累、国际间创新溢出和技术进步的重要来源，强调人力资本、科学技术以及经济增长外部因素。[3]

这些理论为国内外学者研究FDI影响东道国经济增长的机制提供了良好的理论基础。然而，关于FDI对经济增长的影响及其机制，学界尚未达成一致观点。

---

[1] Dunning J. Multinational enterprises and the global economy, MA: Addison Wesley, 1993.

[2] Brainard L, Simple A. Theory of multinational corporations and trade with a trade-off between proximity and concentration. *NBER Working Paper*, 1993, No. 4269.

[3] Romer P M. Increasing return and long run growth, *Journal of Political Economy*, 1986, Vol. 94, No.5, pp1002-1037. Romer P M. Growth based on increasing returns due to specialization, *American Economic Review (papers and proceedings)*, 1987, Vol. 77, No.2, pp.56-62. Grossman G, Helpman E. *Innovation and growth in the global economy*, Cambridge, MA: The MIT Press, 1995.

第三节 侨（外）资影响资本驱动增长的机制分析

一、问题提出

近年来，随着我国外国资本流入量的逐渐增长，侨（外）资规模也不断增大，有助于促进经济增长。同时，华侨华人投资的范围较为广泛，其对经济增长的影响路径具有多样性。有经验表明，侨（外）资可以通过生产性投资或教育投资的方式来促进经济增长。有学者汇总了华侨华人资本投入不同领域的比重，并发现投入占比由大到小的领域依次为房子装修、商业、教育、偿还贷款等。[1]这些学者均认为，侨（外）资能够通过增加本地区的物质资本投资和人力资本投资，促进经济增长。[2]为此，本节结合我国的经济发展状况，探索侨（外）资通过不同的资本投资渠道对经济增长的作用路径，对提高我国的资本流动效率，合理引导并改善华侨华人资本的结构性投资并以此促进地区的经济增长具有重大的现实意义。

二、侨（外）资影响资本驱动增长的模型构建和均衡增长路径分析

（一）侨（外）资影响资本驱动增长的模型构建

为理论探究侨（外）资影响经济增长的机制，本节将侨（外）资引入经济增长模型，构建了新的经济增长模型。假定一国侨（外）资总量 X 保持不变，劳动力总数 L 保持不变，且单一代表性移民家庭仅将侨（外）资 x 用于投资，因此对于移民家庭而言，侨汇即为侨（外）资。为提升移民家庭资产的可延续性，移民家庭会将侨（外）资通过生产性投资或教育投资的方式来增加家庭的资本累积水平，分别将投资份额设定为 $\lambda_1 x$ 和 $\lambda_2 x$。其中，用于生产性投资的侨（外）资，一方面能提高国内收入水平，另一方面会削弱人们的劳动积极性，减少国内产量；用于教育投资的侨（外）资能够提高人力资本的累积水平，但用于生产投资的侨

---

[1] Ullah, AKM A. *Rationalizing Migration Decisions*: *Labour Migrants in South and South-East Asia*. Aldershot: Ashgate, 2010. Mamun, K. A. & H.K. Nath. Workers' Migration and Remittances in Bangladesh. *Journal of Business Strategies*, 2010, Vol. 27, No.1, pp.29–52.

[2] Cox Edwards, A., and Ureta, M. International Migration, Remittances, and Schooling: Evidence from El Salvador. *Journal of Development Economics*, 2003, Vol.72, pp.429–461.

（外）资也会削弱人们试图提高人力资本累积水平的积极性。

1. 个人

资本累积率 $\dot{k}$ 不仅由移民家庭的个人收入水平 w 和侨汇 x（即侨（外）资）决定，还由教育投资水平和消费水平 c 决定。移民家庭的消费均可在个人收入水平 w 中列支。单个移民家庭的资本累积方程为

$$\dot{k} = (1-e)w + (1-\gamma_2\tau_1)x - c, \qquad (4.1)$$

其中，e 为移民家庭个人收入中用于教育投资的比例；γ_2 为用于教育投资的侨（外）资比例；τ_1 为金融发展程度，即金融发展程度越高，侨（外）资所产生的成本越小。

人力资本累积率 $\dot{h}$ 主要受教育投资水平（ew 和 $\gamma_2 x$）以及现有的人力资本 h 影响。人力资本累积方程为

$$\dot{h} = \zeta(ew)^\delta (\gamma_2\tau_1 x)^{\eta-\omega} h^{1-\delta-\eta}, \qquad (4.2)$$

其中，ζ 为人力资本累积效率；δ 为个人收入中用于教育投资的份额对人力资本累积的贡献；η 为侨（外）资中用于教育投资的份额对人力资本累积的贡献；ω 为侨（外）资对人力资本累积存在的抑制效应。

2. 企业

假设市场上存在 N 个完全竞争的同质企业，生产函数为柯布—道格拉斯形式，社会总生产函数为 $Y = AK^\theta (Lh)^{1-\theta}$，其中，$A$ 为生产效率参数；K 为总物质资本；h 为人力资本；θ 衡量了物质资本投入对产出的贡献。

考虑到侨（外）资会对产出存在两方面影响，将生产函数扩展为

$$Y = AK^{\theta_1}(\gamma_1\tau_1 X)^{\theta_2-\omega}(Lh)^{1-\theta_1-\theta_2}, \qquad (4.3)$$

其中，θ_2 为用于生产投资的侨（外）资份额对产出的贡献；ω 为用于生产投资的侨（外）资对产出的抑制效应。

假设物质资本折旧率为 1，所以企业利润最大化的一阶最优条件为

$$w = \frac{\partial Y}{\partial (Lh)} = (1-\theta_1-\theta_2)\frac{Y}{Lh} = A(1-\theta_1-\theta_2)(\gamma_1\tau_1 X)^{-\omega}(\gamma_1\tau_1 x)^{\theta_2} k^{\theta_1}, \qquad (4.4)$$

其中，k 为每单位有效劳动的资本，$k = K/(Lh)$。

整个规划可以表述为

$$\underset{c,\gamma_2,e}{\text{Max}} \int_0^\infty \frac{c^{1-\sigma}-1}{1-\sigma} e^{-\rho t} \, \mathrm{d}t$$

$$\text{s.t.} \begin{cases} \dot{k} = (1-e)w + (1-\gamma_2\tau_1)x - c \\ \dot{h} = B(ew)^\delta (\gamma_2\tau_1 x)^{\eta-\omega} h^{1-\delta-\eta} \end{cases} \quad (4.5)$$

其中，c 为消费水平。

(二) 侨（外）资影响资本驱动增长的均衡路径分析

为求解规划问题，定义现值 Hamilton 函数为

$$J = \ln c + \lambda_1 \left[A(1-e)(1-\theta_1-\theta_2)(\gamma_1\tau_1 X)^{-\omega} (\gamma_1\tau_1 x)^{\theta_2} k^{\theta_1} + (1-\gamma_2\tau_1)x - c \right] \\ + \lambda_2 \left\{ B \left[eA(1-\theta_1-\theta_2)(\gamma_1\tau_1 X)^{-\omega} (\gamma_1\tau_1 x)^{\theta_2} k^{\theta_1} \right]^\delta (\gamma_2\tau_1 x)^{\eta-\omega} h^{1-\delta-\eta} \right\} \quad (4.6)$$

依据现值 Hamilton 函数的一阶条件、欧拉方程和横截性条件，求得以下等式

$$\frac{\partial g_h}{\partial x} = \frac{\delta \theta_1 \tau_1 \gamma_2}{(1-\delta-\eta)(\eta-\omega)ek}, \quad (4.7)$$

$$\frac{\partial g_w}{\partial x} = \frac{\partial g_e}{\partial x} = \frac{(\delta+\eta)\delta\tau_1\gamma_2}{(1-\delta-\eta)(\eta-\omega)(\upsilon+1)ek} \, . \quad (4.8)$$

结合式（4.7）和式（4.8），本文将从物质资本累积、人力资本累积和金融发展这3种路径分别探究侨（外）资对经济增长的影响机制。

从物质资本累积角度分析，由 $\partial(\partial g_w/\partial x)/\partial\gamma_2 > 0$，$\partial(\partial g_h/\partial x)/\partial e < 0$ 和 $\partial(\partial w/\partial x)/\partial k < 0$ 可知，在侨（外）资促进经济均衡增长的过程中，投入教育的侨（外）资份额和个人收入份额的中介作用存在反差，且两者的共同作用所产生的资本累积越少，经济增长速度越快。因此，物质资本累积路径不利于侨（外）资对经济增长的作用，但由 $\partial(\partial w/\partial x)/\partial\theta_1 > 0$ 可知，物质资本累积效率的提高则有利于推动这一积极影响。进一步说，要想通过生产投资来促进经济增长，首先要均衡消费，并使资本累积维持在一个合适的门槛区间。

命题1：侨（外）资通过物质资本累积路径并不一定会对经济增长产生正效应，其关键是要提升物质资本的累积效率。

有研究反映，侨（外）资不仅可以通过简单的收入转移促进移民母国的消

费，还可以通过投资渠道为移民母国经济发展提供金融支持。[1]那么，侨（外）资在商业动机驱动和收入补偿动机驱动下的增长是一致的，如果期望收益足够高，移民会对移民母国进行更多投资。

从人力资本投资角度看，由 $\partial(\partial g_h/\partial x)/\partial e < 0$ 可知，移民家庭投入教育的个人收入会抑制侨（外）资对人力资本均衡累积率的积极影响。但侨（外）资在促进人力资本和经济均衡增长的过程中，又会产生积极的收入效应，尤其是当侨（外）资能够补偿移民带来的收入损失时，通过减缓移民家庭中下一代成员接受教育时面临的预算约束，促进人力资本累积，提高经济增长水平。这一点可以从 $\partial(\partial g_h/\partial x)/\partial \gamma_2 > 0$，$\partial(\partial g_w/\partial x)/\partial \gamma_2 > 0$ 中反映出来，即侨（外）资投入教育的份额 γ_2 推动经济增长。

命题2：侨（外）资通过投资教育对经济增长产生的影响存在双重效应，且其最终效应取决于效应的偏差程度。

移民家庭的收入分配之所以会产生两种不同效应，主要由以下两方面原因引起。一方面，由于教育资源有限，因此教育对经济增长的贡献有限，个人收入对教育的投资会"挤出"侨（外）资对教育的投资，收入整体的不合理配置降低了家庭的生活质量，由此阻碍经济长期增长。另一方面，收入水平一般较低，若移民家庭将个人收入投入教育领域，高入学成本和接受教育的机会成本等预算约束会"挤出"消费支出，降低家庭的福利效应，在移民家庭没有满足基本生活需求的情况下，不利于侨（外）资发挥对经济增长的积极效应[2]。以上两方面原因导致投入教育的侨（外）资效率对经济增长的影响会产生两种不同的效应，因此 $\partial(\partial g_h/\partial x)/\partial \eta$ 的符号取决于效应的偏差程度。

从金融发展程度来看，$\partial(\partial g_w/\partial x)/\partial \tau_1 > 0$，$\partial(\partial g_h/\partial x)/\partial \tau_1 > 0$，即 τ_1 越大，w 和 g_h 对 x 的促进作用均越大。侨（外）资的流入会增加移民家庭对银行等金融机构的负债需求，从而促进金融机构规模的扩大；随着规模的扩大，金融机构会进一步要求政府进行金融改革，提高国内金融系统的效率，由此吸引更多的侨（外）资投资于国内的金融资产，促进国内金融发展和经济增长。

---

[1] Y.A. Akinpelu, O.J. Ogunbi, O.T. Bada, et al, "Effects of Remittance Inflows on Economic Growth of Nigeria", *Developing Country Studies*, 2013, Vol.3, No.3, pp.113–122.

[2] D. McKenzie, H. Rapoport, Can Migration Reduce Educational Attainment? Evidence from Mexico, *World Bank Policy Research Working Paper*, 2006, No.3952.

命题3：金融发展是侨（外）资影响经济增长的重要路径，且其程度越高，侨（外）资对经济增长的积极影响越强。

三、侨（外）资影响资本驱动增长的实证检验

（一）模型与数据

依据命题1、命题2、命题3，侨（外）资对其经济增长的影响可能会受人力资本累积、国内物质资本累积以及金融发展程度影响。为实证检验侨（外）资作用于经济增长的不同路径的显著性，本文构建联立方程组模型，如下所示。

$$\begin{cases} \ln Y_{i,t} = \alpha_{11} \ln Y_{i,t-1} + \alpha_{12} \ln INV_{i,t} + \alpha_{13} \ln SCH_{i,t} \\ \qquad\qquad + \alpha_{14} \ln CRE_{i,t} + \alpha_{14} \ln control_{1,i,t} + C_1 + u_1 \\ \ln X_{i,t} = \alpha_{21} \ln REM_{i,t-j} + \alpha_{22} \ln control_{2,i,t} + C_2 + u_2 \end{cases} \quad (4.9)$$

其中，i 为国家；t 为时间；$\ln Y$ 为人均 GDP 水平；$\ln X$ 为内生变量，可能包括 $\ln INV$，$\ln SCH$，$\ln CRE$ 和 $\ln REM$，其中，$\ln INV$ 为移民地区的物质资本存量，采用固定资本形成总额为替代指标；$\ln SCH$ 为移民地区的人力资本存量，采用高等院校入学率为替代指标；$\ln CRE$ 为移民地区的金融发展程度，采用银行为私营部门提供的贷款额为替代指标；[1]$\ln REM$ 为侨（外）资流入量。$\ln control$ 为外生变量，包括 R，$\ln JYGGKZ$，$DKLL$，$\ln GJQX$ 等，其中，选取银行实际利率 R 为影响变量 $\ln INV$ 的外生变量；选取教育公共开支总额 $\ln JYGGKZ$ 为影响变量 $\ln SCH$ 的外生变量；选取贷款利率 $DKLL$ 为影响变量 $\ln CRE$ 的外生变量；选取移民国家的国际迁徙者数量 $\ln GJQX$ 为影响变量 $\ln REM$ 的外生变量。u_1,u_2 为随机干扰项。

本节使用1981—2014年中国31个省份的面板数据，所有变量数据均来自《中国统计年鉴》。

（二）实证结果

1. 整体层面的探讨

从整体上看，侨（外）资对我国31个省份经济增长的直接影响不显著。这一

---

[1] B.O. Oke, O.M. Uadiale, O.P. Okpala, "Impact of Workers' Remittances on Financial Development", *International Business Research*, Vol.4, No.4, 2011, pp.218–225.

点可以从表4-1、表4-2、表4-3看出。因此，移民家庭需要对侨（外）资进行有效投资，才能促进经济的快速增长。人力资本、物质资本、金融发展都是实现侨（外）资资本升值的重要途径。但对于我国31个省份而言，这些路径并不都能促进经济的快速增长。

由表4-1、表4-2、表4-3可以看出，在侨（外）资作用于经济增长的过程中，物质资本投资的中介作用不显著，同时金融发展的中介作用显著为负。由于我国产业的发展主要依靠劳动力成本低的优势，以轻工业、种植业、农产品行业等劳动密集型产业为主，如进口替代用机械备件、机器及零部件、小型工具、玩具、消费品、纸产品、自行车等，而钢铁、有色金属、建材、船舶等重工业主要依赖进口。近年来，随着经济的不断发展，劳动力成本不断提高，"人口红利"已逐渐消失，产业发展的增长效应逐渐达到饱和，但实体经济的发展仍较落后，由此将侨（外）资投入生产性领域已难以显著促进一国经济的长期增长。正是由于我国目前的实体经济已实现饱和且仍较不发达，第三产业在此约束下，其金融资本的投入将阻碍我国经济的长期增长。这一点从表4-2和表4-3可以反映出来。金融市场的发展仍不成熟，金融服务成本和沉没成本较高，若将侨（外）资投入金融市场，势必在某种程度上挤出生产性投入或教育投入。由此，命题1和命题3得证。

因此，为进一步挖掘经济发展潜力，我国需要发展技术密集型产业，因此人力资本累积尤显重要。由表4-1和表4-3可得，侨（外）资通过人力资本的中介作用能显著促进我国的经济增长。特别是不断发展起来的医药行业，更需要人力资本的累积来提升技术创新能力。进一步看，国内物质资本投资和人力资本投资也会反过来促进侨（外）资的增加。由此，命题2得证。

表4-1 侨（外）资通过物质资本、人力资本路径作用于经济增长的联立方程组估计结果

估计法	OLS	2SLS	SUR
GDP	—	—	—
GDP_{t-1}	1.044（0.000）	1.017（0.000）	1.045（0.000）
INV	−0.041（0.193）	−0.069（0.094）	−0.048（0.018）
SCH	0.028（0.004）	0.036（0.009）	0.025（0.000）
CRE	−0.005（0.034）	−0.006（0.033）	−0.004（0.008）
REM	0.008（0.812）	0.033（0.461）	0.016（0.487）

(续上表)

估计法	OLS	2SLS	SUR
_cons	0.507(0.058)	0.687(0.051)	0.478(0.008)
INV	—	—	—
REM	0.870(0.000)	0.876(0.000)	0.894(0.000)
R	0.045(0.041)	0.045(0.041)	0.036(0.008)
_cons	1.921(0.246)	1.783(0.283)	1.347(0.325)
REM	—	—	—
INV	0.962(0.000)	0.994(0.000)	0.959(0.000)
SCH	0.088(0.086)	0.077(0.166)	0.079(0.002)
GJQX	−0.103(0.565)	−0.133(0.479)	−0.015(0.862)
_cons	2.765(0.171)	2.523(0.222)	1.678(0.231)
SCH	—	—	—
REM	2.222(0.074)	2.183(0.089)	3.456(0.000)
ZXSCH	4.862(0.026)	4.898(0.026)	4.338(0.005)
JYGGKZ	−1.379(0.259)	−1.342(0.285)	−2.660(0.003)
_cons	−28.736(0.011)	−28.830(0.010)	−24.291(0.004)

表4-2 侨(外)资通过物质资本、金融发展路径作用于经济增长的联立方程组估计结果

估计法	OLS	2SLS	SUR
GDP	—	—	—
GDP_{t-1}	1.031(0.000)	1.045(0.000)	1.047(0.000)
INV	−0.031(0.382)	−0.027(0.615)	−0.053(0.036)
SCH	0.014(0.187)	0.019(0.122)	0.007(0.392)
CRE	−0.002(0.383)	−0.004(0.268)	−0.001(0.771)
REM	0.026(0.530)	0.019(0.761)	0.047(0.110)
_cons	−0.044(0.876)	−0.042(0.889)	−0.127(0.555)
INV	—	—	—
REM	0.906(0.000)	0.920(0.000)	0.928(0.000)
R	0.062(0.005)	0.062(0.005)	0.050(0.000)
_cons	1.173(0.408)	0.824(0.566)	0.668(0.593)
REM	—	—	—

(续上表)

估计法	OLS	2SLS	SUR
INV	1.068(0.000)	0.987(0.000)	1.077(0.000)
CRE	0.018(0.107)	0.028(0.033)	0.018(0.001)
GJQX	−0.217(0.184)	−0.108(0.552)	−0.209(0.004)
_cons	1.987(0.148)	2.075(0.144)	1.655(0.137)
CRE	—	—	—
REM	2.307(0.034)	2.556(0.021)	2.644(0.004)
DKLL	−42.983(0.000)	−42.508(0.000)	−40.728(0.000)
OPEN	−0.117(0.662)	−0.110(0.680)	−0.261(0.082)
_cons	81.854(0.045)	66.096(0.078)	75.165(0.021)

表4-3 侨(外)资通过人力资本、金融发展路径作用于经济增长的联立方程组估计结果

估计法	OLS	2SLS	SUR
GDP	—	—	—
GDP_{t-1}	1.044(0.000)	1.037(0.000)	1.043(0.000)
INV	−0.041(0.193)	−0.117(0.119)	−0.041(0.056)
SCH	0.028(0.004)	0.027(0.158)	0.027(0.000)
CRE	−0.005(0.034)	−0.007(0.092)	−0.004(0.003)
REM	0.008(0.812)	0.092(0.274)	0.008(0.739)
_cons	0.507(0.058)	0.369(0.465)	0.508(0.004)
SCH	—	—	—
REM	2.223(0.074)	2.717(0.053)	2.573(0.000)
ZXSCH	4.862(0.026)	4.424(0.049)	3.793(0.005)
JYGGKZ	−1.379(0.259)	−1.835(0.176)	−1.332(0.052)
_cons	−28.736(0.011)	−27.574(0.015)	−34.566(0.000)
REM	—	—	—
CRE	−0.045(0.356)	−0.050(0.393)	−0.066(0.020)
SCH	0.469(0.004)	0.512(0.008)	0.569(0.000)
GJQX	0.712(0.008)	0.708(0.011)	0.581(0.001)
_cons	12.036(0.003)	11.858(0.004)	13.635(0.000)
CRE	—	—	—

(续上表)

估计法	OLS	2SLS	SUR
REM	3.079(0.046)	3.320(0.034)	3.034(0.018)
DKLL	−47.449(0.005)	−46.861(0.006)	−47.695(0.000)
_cons	67.027(0.254)	59.696(0.312)	68.703(0.155)

表4-4 侨(外)资通过物质资本、人力资本和金融发展路径作用于经济增长的联立方程组估计结果(浙江)

估计法	OLS	SUR
GDP	—	—
INV	0.322(0.000)	0.313(0.000)
SCH	0.018(0.086)	0.019(0.031)
CRE	0.007(0.019)	0.007(0.001)
_cons	−1.741(0.029)	−1.554(0.017)
INV	—	—
REM	0.599(0.000)	0.602(0.000)
R	0.033(0.021)	0.032(0.005)
_cons	8.290(0.000)	8.224(0.000)
SCH	—	—
REM	1.873(0.000)	2.160(0.000)
ZXSCH	−0.421(0.734)	−1.405(0.130)
_cons	−37.567(0.000)	−41.088(0.000)
CRE	—	—
REM	11.104(0.000)	11.168(0.000)
DKLL	1.855(0.856)	8.112(0.254)
_cons	−247.522(0.000)	−265.024(0.000)

表4-5 侨(外)资通过物质资本、人力资本和金融发展路径作用于经济增长的联立方程组估计结果(福建)

估计法	OLS	SUR
GDP	—	—
INV	0.335(0.000)	0.325(0.000)
SCH	0.035(0.000)	0.035(0.000)

(续上表)

估计法	OLS	SUR
CRE	0.003(0.133)	0.004(0.019)
_cons	−1.811(0.049)	−1.626(0.029)
INV	—	—
REM	0.581(0.000)	0.625(0.000)
R	−0.002(0.943)	0.021(0.214)
_cons	8.182(0.000)	7.162(0.000)
SCH	—	—
REM	2.134(0.000)	2.227(0.000)
ZXSCH	−0.086(0.949)	−0.495(0.646)
_cons	−39.901(0.000)	−40.488(0.000)
CRE	—	—
REM	8.462(0.000)	8.431(0.000)
DKLL	−10.336(0.146)	−10.577(0.019)
_cons	−135.614(0.009)	−134.376(0.000)

表4-6 侨(外)资通过物质资本、人力资本和金融发展路径作用于经济增长的联立方程组估计结果(广西)

估计法	OLS	SUR
GDP	—	—
INV	0.488(0.000)	0.504(0.000)
SCH	0.019(0.000)	0.021(0.000)
CRE	0.003(0.079)	0.001(0.324)
_cons	−6.642(0.000)	−7.041(0.000)
INV	—	—
REM	0.407(0.000)	0.417(0.000)
R	−0.044(0.105)	−0.037(0.043)
_cons	15.464(0.000)	15.161(0.000)
SCH	—	—
REM	−1.633(0.022)	−2.426(0.000)
JYGGKZ	14.063(0.000)	16.056(0.000)
_cons	−345.585(0.000)	−381.090(0.000)

(续上表)

估计法	OLS	SUR
CRE	—	—
REM	10.298（0.002）	9.559（0.000）
DKLL	27.401（0.434）	14.341（0.517）
_cons	−311.079（0.059）	−259.219（0.015）

2. 分地区层面的探讨

下面，本文分别针对侨（外）资影响我国经济增长的路径展开研究。

侨（外）资通过物质资本投资路径、人力资本投资路径和金融发展路径对浙江省经济增长的影响都比较显著（如表4-5所示）。物质资本投资能快速提升侨（外）资对经济增长的促进作用，且金融发展程度的提高在提升侨（外）资的经济增长效应过程中具有一定的稳定性。目前，浙江的优势产业以服装业、皮制品业、医药业等劳动力密集型轻工业为主，固定资本的大量投入通过提高劳动生产率促进了资本密集型产业的发展。同时，在大规模实体经济驱动下，浙江的金融业也不断得到完善，因此金融发展程度的提高能够提升侨（外）资对浙江经济增长的促进作用。

侨（外）资通过物质资本投资和人力资本投资路径能显著促进福建的经济增长，而通过金融发展作用则不显著（如表4-5所示）。侨（外）资通过上述3种路径对广西经济增长的影响特征存在差异（如表4-6所示）。物质资本累积路径是提升侨（外）资经济增长效应的快速且稳定路径。其次是人力资本投资。但通过该路径，侨（外）资与经济增长之间呈显著负相关关系。最不稳定的路径则是金融发展。近年来，为发展优势产业，广西的许多企业进行了大量的固定资产投资。在此过程中，部分侨（外）资也用于固定资产配置。但在资本驱动型经济增长模式下，广西实体经济体系仍不成熟，还不能稳步推进金融业发展，特别是银行还不能给私人部门扩大贷款，因此金融发展还不能成为侨（外）资促进经济增长的主要路径。同时，人力资本投资对经济增长的促进作用也很关键。

四、结论与政策意义

本文通过构建新的经济增长模型，采用均衡增长路径分析法探究了侨（外）资促进经济增长的路径并得到相关命题，随后运用联立方程组模型的实证方法，选取了我国31个省份为研究对象，实证检验了国际侨（外）资对我国福建、广西、广东、浙江等地区经济增长的影响路径。

实证结果显示,总体而言侨(外)资对我国经济增长的直接影响不显著,但侨(外)资通过物质资本累积、人力资本累积和金融发展3种路径影响经济增长效应的确存在。以上3种路径在侨(外)资影响经济增长的过程中表现各有差别,其中侨(外)资通过人力资本累积路径能显著促进我国的整体经济增长,但通过物质资本累积和金融发展路径的影响并不显著。由于我国的劳动力成本不断提高,"人口红利"已逐渐消失,由此将侨(外)资投入生产性领域已难以显著促进经济的长期增长。同时由于我国目前的实体经济已实现饱和且仍较不发达,金融资本的投入将阻碍我国经济的长期增长,因此若将侨(外)资投入金融市场,势必在某种程度上"挤出"生产性投资或教育投资。实证结果还反映接收侨(外)资较多省份的影响路径存在一定差异。侨(外)资通过物质资本投资路径、人力资本投资路径和金融发展路径对浙江经济增长的影响均比较显著;提高物质资本投资是广西提升侨(外)资的经济增长效应快速且稳定的路径,但通过人力资本累积路径和金融发展路径却未能促进经济快速增长;侨(外)资通过物质资本投资和人力资本投资路径能显著促进福建经济增长,而通过金融发展的作用则不显著,福建的物质资本累积制约了金融发展路径的作用。

有鉴于此,我国需要对侨(外)资进行有效配置,才能有效发挥其对经济增长的促进作用。因此,我国首先应该采取措施降低交易成本,确保侨(外)资的不断增加。其次,政府应该出台政策大力改善金融发展水平,提升金融发展程度,改善金融发展的增长效应。再次,政府应同时改善侨(外)资的有效配置,加大金融改革发展力度,发展技术密集型产业,更加科学有效利用侨(外)资促进人力资本投资和物质资本投资,促进经济长期可持续增长。

第四节 侨(外)资与自主创新的协同度分析——以福建、浙江、广东为例

一、引言

提高自主创新能力,并以此推进产业结构优化升级,是我国经济增长方式转变的关键因素。在经济全球化背景下,我国成为国际产业转移的最大承接国,因此,通过侨(外)资引进国外的先进技术,是推动我国产业结构调整的路径之

一。由此可见，自主创新与利用侨（外）资是推动我国经济增长方式转变的两个不可或缺的动力。自主创新是一种探索式创新，利用侨（外）资进行的创新是一种利用式创新，一国的创新能力应源于两者间的有效选择、平衡及协同。过分地强调探索式创新，却忽视利用式创新可能会使一国消耗过多的资源，进而产生成本增加与收入减少；过分地强调利用式创新，则会抑制一国创新的柔性与能力，丧失其长期发展的活力。

长三角是我国综合实力最强的区域，科技发达，有着深厚的文化底蕴；长三角的基础设施不断完善，产业体系较完备，产业的配套能力很强；长三角的外资公司多，也建立了较多的研发机构，该区域的市场化、开放化程度较高，在我国开放型经济发展中具有重要的地位及示范性。因此，本节将以长三角为例，从协同学角度来建立自主创新和利用侨（外）资的协同评价模型。从当前学术界对两者协同状况具体评价较少的研究现状来看，本研究做了一些探索性工作。在对国内外文献分类整理的基础上，可发现利用侨（外）资对自主创新的作用的研究，主要是从促进、不促进以及不确定是否促进的角度来进行的。[1]本研究的思路和以往自主创新与利用侨（外）资关系的研究有所不同，主要反映的是自主创新与利用侨（外）资的协同程度。

协同学（Synergetics）一词源于希腊语，是由德国理论物理学教授哈肯（Herman Haken）创立的。哈肯将"Synergetics"解释为"working together"，即为合作，协同学是一门如何协作之学。[2]他把协同学定义为系统的各部分之间相互协作，结果整个系统将形成一些微观个体层次所不具备的新的结构和特征。针对协同学运用到社会科学之中的现状，曾健和张一方对社会协同学的定义是：在社会中如何通过对不同的社会领域和社会作用之间的互相协同，以期在社会整体形成在微观个体层次之间的新的结构特征的科学。[3]目前国内外经济管理领域中应用协同学方法的研究尚处于初级阶段。国外学者Gupta和Gerchak分析了并购中的经营协同[4]，Fandel和Mohn研究了公共社会私人关系项目的协同关系[5]。国

---

[1] 黄传荣、陈丽珍：《自主创新与利用侨资的关系研究现状与展望》，《湖南社会科学》2013年第1期。

[2] ［美］H·哈肯著，戴鸣钟译《协同学——自然成功的奥秘》，上海科学普及出版社，1988年。

[3] 曾健、张一方：《社会协同学》，科学出版社，2000年。

[4] Gupta D, Gerchak Y. Quantifying Operational Synergies in a Merger, *Acquisition Management Science*, 2002, Vol. 48, No. 4.

[5] Fandel G, Mohn B. "Measuring synergy effects of a public social private partnership (PSPP) project", *International Journal of Product Economics*, 2012, Vol. 140, No. 2.

内徐浩鸣、徐建中和康姝丽①，季玉群和黄鹃②，陶长琪、陈文华和林龙辉③，刘志迎和谭敏④，孙鹏和罗新星⑤，王宏起和徐玉莲分别从经济管理领域中的产业组织、物流业、技术转移、科技创新与科技金融等角度来研究协同问题。

本节首先研究自主创新与利用侨（外）资之间的互相影响及互相作用的耦合关系。然后，应用了该领域研究中尚不多见的协同学方法，以长三角为例，探讨两者协同发展的协同度，从而为我国开放式的自主创新提供借鉴。

二、自主创新与利用侨（外）资的协同机理

自主创新与利用侨（外）资之间的协同应从分析两者之间的相互关系着手，这是建立自主创新与利用侨（外）资协同发展系统的前提条件。自主创新与利用侨（外）资之间可形成一个彼此共同协作的整体，即自主创新与利用侨（外）资协同发展系统，其内在驱动力为控制风险，寻求共赢，并且围绕整体的效益最大化进行合作。从我国当前的发展状况来看，自主创新与利用侨（外）资协同发展系统的形成才刚刚起步，远离平衡态。从理论上讲，自主创新与利用侨（外）资协同发展系统是一个复杂系统，是一个具有多样性的、耦合度较高的、组分较多，并具有层次结构的非线性系统。

（一）利用侨（外）资对自主创新的作用机理

企业自主创新动力系统要实现顺利运行，一方面要进行系统内部的调整，使各子系统之间、各要素之间的非线性作用能够不断增强并且协调一致，进而能够建立并维持系统的自组织机制；另一方面要保持系统的对外开放性，应不断大量地从外界吸收信息、资金、人才和物质，为系统的自组织奠定所必需的物质基础。⑥

侨（外）资企业拥有较高的创新能力，产生的新技术、新产品乃至新行业将会为自主创新的发展提供新的动力。通过他们可实现技术扩散、示范以及应用等的技术外溢效应。内外资公司间的人才流动，内外资公司、科研机构间的合作研究、开发，内资公司为外资公司提供的配套产品和服务等，都会形成外资技术的

---

① 徐浩鸣、徐建中、康姝丽：《中国国有医药制造产业组织系统协同度模型及实证分析》，《中国科技论坛》2003年第1期。
② 季玉群、黄鹃：《旅游业系统经济——文化特性协同关系研究》，《科研管理》2005年第1期。
③ 陶长琪、陈文华、林龙辉：《我国产业组织演变协同度的实证分析》，《管理世界》2007年第12期。
④ 刘志迎、谭敏：《纵向视角下中国技术转移系统演变的协同度研究》，《科学学研究》2012年第4期。
⑤ 孙鹏、罗新星：《区域现代物流服务业与制造业发展的协同度评价》，《系统工程》2012年第7期。
⑥ 孙冰：《企业自主创新动力系统的协同论解释》，《商业经济与管理》2008年第4期。

扩散效应。以下将具体地从微观和宏观两个层面来说明侨（外）资引进对自主创新的作用机理。

1. 微观层面

（1）利用侨（外）资有助于提高企业技术和管理水平，为自主创新奠定技术和管理基础

利用侨（外）资一般会伴随着较先进的设备和技术的引进，即会产生一定量的技术转移。技术转移一方面会促进我国一些传统产业的技术改良，另一方面在一定程度上加快了新兴产业的发展。拥有领先的技术是企业在激烈的市场竞争中立于不败之地的法宝，也是一地区长盛不衰的动力源。引进侨（外）资可促进技术进步，为引资地区的自主创新奠定先进的技术基础。另外，国外资金及技术的转移往往伴随着较高管理水平的转移，由于外资公司的管理理念及管理水平较高，内资公司与外资公司在竞争与合作中，会学到外资公司较高水平的管理理念与方法。如先进的组织机构、公平竞争的机制、管理经验等都有助于提升公司的管理水平，管理上的改进有助于促进内资公司的自主创新。

（2）利用侨（外）资将会促进内资公司的发展，为自主创新奠定较好的主体基础

跨国公司因其资金雄厚、研发能力强、市场扩张及应变能力强等优势，对内资公司构成强大的压力。为避免被市场淘汰，内资公司只有不断创新、开发出新产品等才能立足于竞争激烈的市场中。当跨国公司在引资地区投资的是高科技项目时，为使内资公司提高相关技术水平以达到其要求，将会拉动当地关联产业的发展，从而对上、下游产业起到关联效应。跨国公司凭借其较高的技术及管理水平，一般会投资在收益水平较高的高科技企业，这将会对内资企业产生技术示范效应，促使内资企业模仿，提升自身的研发能力，提高自身的技术与管理水平。跨国公司所从事的行业技术水平较高，常常要对员工进行专业培训，因而其员工的技术水平较高。当这些人员跳槽到内资企业时，其在外资企业所学的专业及经营管理技术也随之流入到内资企业，这将有利于内资企业的发展。综上所述，跨国公司的进入促进了内资公司的发展，为引资地区提供了较好的自主创新主体。[1]

---

[1] 张国华、张二震：《开放条件下的昆山自主创新之路》，人民出版社，2007年。

2. 宏观层面

(1) 利用侨（外）资有助于产业结构优化、升级，为自主创新提供较好的产业基础

跨国公司的对外投资常常会受到其垄断优势、战略目标以及引资地区的产业结构政策等方面的制约，所以其对不同产业是否要进行投资以及投资的多少采取不同的做法，导致了其在引资地区产业分布的不均衡性。这种不均衡性必将导致引资地区产业结构的不断演化。这是由于侨（外）资进入多的产业会发展得较快，其在产业结构中所占的比重会不断扩大。反之，侨资进入少的产业发展得相对缓慢，其产业占比会相对减少。因此，外资的进入导致了国内市场竞争的加剧，会加速淘汰那些效率低的企业，促进引资地区产业结构的优化升级。日本、韩国是利用外资来调整其产业结构的典型。它们为了有效利用欧美等发达国家产业转移的机遇，充分吸收这些国家转移的资本和技术，制定了相应的产业政策来促使本国产业的发展。产业结构的升级为自主创新提供了较高的产业基础，使自主创新能在一个高起点上进行。

(2) 利用侨（外）资有助于形成产业集群，为自主创新提供较好的创新环境

跨国公司对外投资面临高风险，因为要了解东道国的政治、经济、法律、文化等情况，要面临较高的信息搜索成本及交易成本。为减少这些成本，一些跨国公司会采取紧跟策略，从而为产业集群的形成及发展打下基础。而外资进入产业集群，将有助于改善引资地区的投资环境，吸引更多的投资者进入该产业群，从而形成投资的良性循环，进一步扩大产业集群。

目前我国一些产业集群的形成都和最初的利用外资有关，如苏州市的台资IT行业的产业集群，天津市的微电子及通信产业群等。一地区的产业集群现象越强，越有助于促进该地区的自主创新，因为某一企业的创新会通过示范效应和关联效应来促进同类企业或与本企业相关的上下游企业进行创新，有利于促使单个或简单的创新形成团体的或复杂的创新，有利于在该地区形成浓厚的创新氛围。

(3) 利用侨（外）资有助于制度创新，为自主创新奠定较好的制度基础

外资的大量涌入，不仅可弥补引资地区的资本与技术缺口，还将对引资地区的体制改革及人的思想理念产生冲击，将有助于推动引资地区的制度变迁。如外资的进入会对法律法规的完备性、市场竞争的公平性以及政府工作的透明度与效率等提出更高的要求。基于维护技术先进性的需要，外资公司都很看重对自身的知识产权保护，由此会促进引资地区能提供行之有效的知识产权保护制度，并提

高知识产权保护的执法力度,从而有利于推动引资地区内的知识产权保护制度建设。国内知识产权的法制完善,必将促进自主创新。

(二)自主创新对利用侨(外)资的作用机理

高水平地利用侨资依存于引资地区的自主创新水平。引资地区的自主创新、内涵发展是其从侨(外)资一揽子创新溢出资源中获利的基础条件,也是其引进高水平侨(外)资的前提条件。这是由于引资地区自主创新能力的提升会带来其对新技术吸收能力的提升,进而产生的侨(外)资的溢出效应会越显著。另外,技术势差原理说明:与创新源的技术势差越小的话,将会越容易获得先进技术,即引资地区的自主创新水平越高的话,将越容易引进外国领先技术,对外资将会越有吸引力。技术势差是指,在发展科学技术并将其应用于实践的过程中,在同一时间点上,某种技术在不同地域、不同行业及不同单位之间所存在的差别。

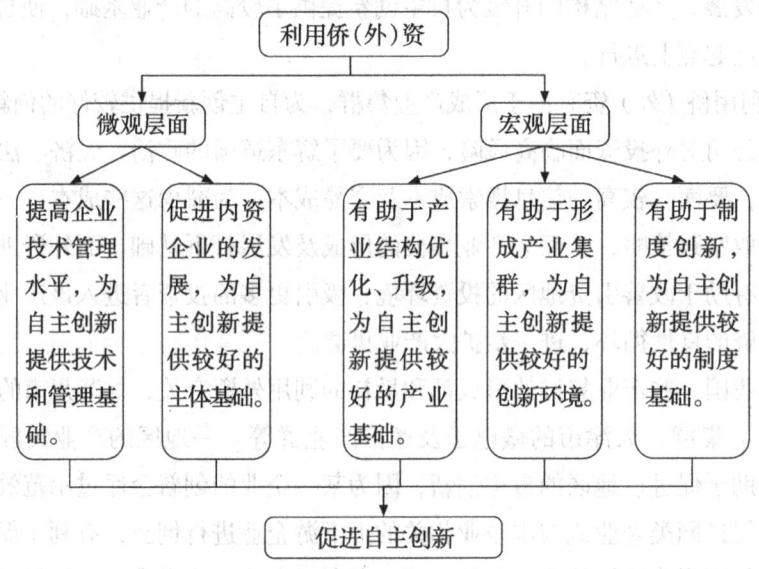

图4-1 侨资的投入对自主创新的作用机理

鉴于各国经济、科技实力的不同,他们之间的技术势差是不可避免的,高技术优势系统从自身利益考虑,将会千方百计利用自身的技术优势去获得经济效益,以此来不断提高自身的实力。[①]和发达国家相比,技术差距越小的引资国家和地区将越容易吸引具有高技术优势的侨(外)资,并利用其所带来的技术转移

---

① 陈国宏:《我国工业利用外资与技术进步关系研究》,经济科学出版社,2000年。

效应实现再创新，形成外资引进的良性循环。如果引资地区本土企业自主创新能力低的话，将影响其引进高质量的外资以及有效利用跨国公司研发资源来进一步提升自主创新能力。由此得到的启示是引资地区自主创新水平的提高，将有助于引进高水平的外资。

综上所述，自主创新与利用侨（外）资之间一方的发展可为另一方的发展提供有利的条件，进而促使对方的发展，彼此间形成良性循环，且都能从对方的发展中有所收获。自主创新与利用侨（外）资在客观上存在着互相影响、互相促进的耦合关系，可进行两者间的协同发展研究。

三、模型建立

自主创新和利用侨（外）资的协同表现在两个子系统在时间、空间或功能上有序结合的过程，彼此间进行耦合，形成步调一致的运动方向，由此出现协同效应。自主创新和利用侨资的系统协同度是指自主创新和利用侨资两个子系统内部的各个要素发展的协同层次。如果协同度越大，则表明协同发展处于较高层次；相反，则表明协同发展处于较低层次，或者协同发展尚未实现。以下是协同度的计算步骤[①]：

设长三角地区自主创新和利用侨（外）资的复合系统的子系统为 $S_p, p \in [1,k]$，令其发展过程中的序参量为 $e_p, e_p = (e_{p1}, e_{p2}, ..., e_{pn})$，其中，$n \geq 1, \beta_{pq} \leq e_{pq} \leq \alpha_{pq}, q \in [1,n]$，假设 $e_{p1}, e_{p2}, ..., e_{pm}$ 为正向指标，其数值越大，那么体现出越高的系统有序度，而其数值越小，那么将会体现出越小的系统有序度；假设 $e_{pm+1}, ..., e_{pn}$ 为负向指标，其数值越大，那么将体现出越低的系统有序度，而其数值越小，那么将表现出越高的系统有序度。

定义1：为子系统的序参量分量的有序度。

计算公式为：

$$u_p(e_{pq}) = \begin{cases} \dfrac{e_{pq} - \beta_{pq}}{\alpha_{pq} - \beta_{pq}} & q \in [1,m] \\ \dfrac{\alpha_{pq} - e_{pq}}{\alpha_{pq} - \beta_{pq}} & q \in [m+1,n] \end{cases}$$

公式中，$u_p(e_{pq}) \in [0,1]$，其数值越大，说明 e_{pq} 对子系统 S_p 的有序贡献度

[①] 孟庆松、韩文秀：《符合系统协调度模型研究》，《天津大学学报》2000年第4期。

越高。

定义2：$u_p(e_p)$ 为子系统 S_p 的有序度。

计算子系统 S_p 的有序度函数 $u_p(e_p)$ 的公式是：

$$u_p(e_p) = \sqrt[n]{\prod_{q=1}^{n} u_p(e_{pq})}$$

$u_p(e_p) \in [0,1]$。如 $u_p(e_p) = 0$，那么子系统 S_p 的有序度应为最小；如 $u_p(e_p) = 1$，那么子系统 S_p 的有序度应为最大。

定义3：如若在复合系统的全部发展演变过程中给出的初始时刻定义为 t_0，各子系统 S_p 的有序度则为 $u_p^0(e_p)$，而在时刻 t_1 时，各子系统 S_p 的有序度则为 $u_p^1(e_p)$，那么定义复合系统协同度为 cm。

$$cm = \theta \cdot \sqrt[k]{\prod_{p=1}^{k}\left[u_p^1(e_p) - u_p^0(e_p)\right]}$$

$$\text{其中，} \theta = \frac{\min_p\left[u_p^1(e_p) - u_p^0(e_p)\right]}{\left|\min_p\left[u_p^1(e_p) - u_p^0(e_p)\right]\right|}$$

说明：

（1）$cm \in [-1,1]$，其值越小，则表明系统处于越低的协同发展程度；相反，则越高。

（2）θ 这一参数在这里所起到的作用在于，当 $u_p^1(e_p) - u_p^0(e_p) > 0$ 时，复合系统的协同度才会为正。

（3）上述所给出的协同度指标全面考察了所有子系统的情况，当某个子系统的有序度数值较小或呈下降态势，即使另一子系统的有序度数值较大，复合系统的协同度数值也不会高，其中 cm 的表现是其值在 $[-1,0]$ 区间内。

四、实证分析

构建长三角地区的自主创新和利用侨（外）资的复合系统协同度的评价指标体系，可遵循指标的可得性、科学性、实效性、完备性等要求，在可反映长三角地区自主创新和利用侨（外）资两个子系统全貌的前提下，所选取的指标数量应尽可能少。本文将选出的长三角地区自主创新子系统的序参量指标分别为研究与发展经费内部支出（亿元）、大中型工业企业从事科技的人员数[①]（万人）、大中型工业企业新产品销售收入（亿元）、发明专利授权数（件）；侨（外）资子系统的各序参量指标分别为外企出口比重（%）、实际利用侨（外）资额（万美元）。将2002—2013年的数据最小值设定为下限，将数据最大值设定为上限，把这些数据代入（1）式后得出长三角地区自主创新和利用侨（外）资的两个子系统序参量分量的有序度数值如表4-7所示。

从表4-7可知江苏自主创新系统里的序参量中的研究与发展经费内部支出、大中型工业企业从事科技的人员数、大中型工业企业新产品销售收入、发明专利授权数分量的有序度逐年提高，其中2003—2013年的研究与发展经费内部支出分量的有序度的年均增长率为41.5%，大中型工业企业从事科技的人员数分量的有序度年均增长率为44.89%，大中型工业企业新产品销售收入分量的有序度年均增长率为48.79%，发明专利授权数分量的有序度年均增长率为49.81%。侨（外）资子系统中的序参量里的实际利用侨（外）资分量的有序度大体呈现出逐渐上升的轨迹，除了2004年、2005年与2003年相比有一定下降，2013年比2012年略有下降外，其他年份都是逐渐提升的，2003—2013年的有序度年均增长率为15.46%。外企出口占比这一分量的有序度显示出先是逐渐提高然后渐渐下降的基本态势，2006年达到最高点。

表4-7 长三角地区自主创新与利用侨（外）资两个子系统的序参量分量的有序度

省市	年份	自主创新子系统序参量分量的有序度				侨（外）资子系统序参量分量的有序量	
		研究与发展经费内部支出	大中型工业企业从事科技的人员数	大中型工业企业新产品销售收入	发明专利授权数	实际利用侨（外）资	侨（外）资企业出口占比
江苏	2002	0					0.221
	2005	0.121	0.105	0.081	0.055	0.111	0.976
	2008	0.357	0.319	0.337	0.193	0.581	0.802
	2011	0.723	0.738	0.770	0.651	0.857	0.543
	2014	1	1	1	1	0.902	0

---

① 大中型工业企业从事科技的人员数：江苏统计年鉴和浙江统计年鉴中的大中型工业企业科技情况表里均有该指标的数据，上海统计年鉴里的大中型工业企业科技情况表里没有该指标的数据，只有大中型工业企业从事技术开发人员数，所以上海市用大中型工业企业从事技术开发人员数来代替这一指标。

(续上表)

省市	年份	自主创新子系统序参量分量的有序度				侨(外)资子系统序参量分量的有序量	
		研究与发展经费内部支出	大中型工业企业从事科技的人员数	大中型工业企业新产品销售收入	发明专利授权数	实际利用侨(外)资	侨(外)资企业出口占比
上海	2002	0	0.067	0	0	0	0
	2005	0.165	0.003	0.230	0.150	0.155	0.818
	2008	0.385	0.241	0.528	0.355	0.430	0.745
	2011	0.734	0.887	1	0.799	0.644	0.820
	2014	1	1	0.995	0.933	1	0.726
浙江	2002	0	0	0	0	0	0.500
	2005	0.139	0.275	0.156	0.080	0.415	0.833
	2008	0.379	0.537	0.409	0.272	0.629	0.807
	2011	0.731	0.843	0.676	0.793	0.773	0.413
	2014	1	1	1	0.971	1	0

上海自主创新系统里的序参量中的研究与发展经费内部支出分量的有序度表现出不断提升的趋势，其中2003—2013年的研究与发展经费内部支出分量的有序度的年均增长率为38.19%。大中型工业企业从事科技的人员数分量的有序度由2002年的0.06707降至2004年的0，随后基本呈现不断提升趋势，2003—2013年的年均增长率为30.83%。大中型工业企业新产品销售收入分量的有序度在2002—2011年呈现增长态势，2012年、2013年与2011年相比有所下降，2003—2013年的年均增长率为33.49%。发明专利授权数分量从2003—2012年一直表现出逐年上升态势，其中2012年达到最大，2013年稍有降低，发明专利授权数分量的年均增长率为34.27%。侨(外)资子系统序参量中的实际利用侨资分量的有序度不断提高，2003—2013年的有序度年均增长率为30.50%。外企出口占比分量的有序度在2004—2009年的变化不大，基本徘徊在0.7—0.88，2010年达到最高点，此后又在不断下降，2003—2013年的年均增长率为6.64%。

浙江自主创新系统中的研究与发展经费内部支出、大中型工业企业从事科技的人员数等序参量分量的有序度逐年提高，其中2003—2013年的研究与发展经费内部支出分量的有序度的年均增长率为43.79%，大中型工业企业从事科技的人员数分量的有序度的年均增长率为22.30%。发明专利授权数分量的有序度在2002—2012年呈逐年上升趋势,但2013年略有降低,其在2003—2013年的年均增长率为49.96%。大中型工业企业新产品销售收入分量的有序度基本逐年提高,年均增长率为35.76%。总的来说,侨(外)资子系统序参量里的实际利用侨资分量的有序度体现出逐渐增高趋势,除了2008年、2009年与2007年相比较有一定下降以外,其他各年都是表现出逐渐提升的,2003—2013年有序度的年均增长率是16.99%。外企出口占比分量的有序度在2002—2006年呈上升态势,其后又不断下降,2013年降到最低。

将表4-7中的数据带入(2)式,计算出长三角地区自主创新与利用侨(外)资两个子系统有序度(表4-8)。将长三角地区自主创新与利用侨(外)资两个子系统有序度数据代入(3)式,计算出长三角地区自主创新与利用侨(外)资的复合系统的协同度(表4-8、图4-2)。从表4-8可看出江苏创新子系统的有序度逐年不断增加,2003—2013年的年均增长率为46.21%。侨(外)资子系统的有序度呈现起伏变化趋势,尽管2004年的有序度比2003年有所降低,但2005—2010年的有序度总体表现为上升态势,到了2010年后又逐年下降,2013年降至0。江苏复合系统协同度在2004年、2005年、2013年为负数,2006—2011年呈增长趋势,2013年降至最低且为负数,2013年这种不协同的后果是由2013年外企出口占比都比其他年份小所造成的。上海创新子系统的有序度除了2004年比2003年有所降低外,其他各年均不断增长,2003—2013年的有序度年均增长率为34.17%。上海侨(外)资子系统的有序度基本呈不断上升趋势,2003—2013年的年均增长率为17.97%。尽管2004年上海复合系统的协同度为负数,但其后各年均为正数,且逐年不断提高,2005—2013年的年均增长率为41.74%。2003—2013年浙江创新子系统的有序度逐年上升,年均增长率为37.56%。侨(外)资子系统的有序度表现为先上升后下降的态势,2013年降至0。浙江复合系统协同度呈现出先上升后下降的基本趋势,2013年降至-0.556。

表4-8 长三角地区复合系统协同度

年份	江苏				上海				浙江			
	创新子系统有序度	侨(外)资子系统有序度		复合系统协同度	创新子系统有序度	侨(外)资子系统有序度		复合系统协同度	创新子系统有序度	侨(外)资子系统有序度		复合系统协同度
2003	0.022	0.353	—	—	0.052	0.163	—	-0.088	0.041	0.325	—	—
2005	0.087	0.329	1	-0.040	0.064	0.356	1	0.049	0.148	0.588	1	0.168
2008	0.293	0.683	1	0.299	0.363	0.566	1	0.354	0.388	0.712	1	0.367
2011	0.719	0.682	1	0.479	0.849	0.727	1	0.670	0.758	0.565	1	0.415
2014	1	0	1	-0.588	0.982	0.852	1	0.800	0.993	0	1	-0.556

五、结论及对策建议

本节采用协同度模型分析了长三角地区自主创新与利用侨（外）资系统的协同度。结果表明，长三角地区中江苏复合系统的协同度呈现上下波动起伏，2004年、2005年及2013年呈现不协同，最高协同度为0.47886，尚未超过50%。上海复合系统的协同度呈现为逐年上升趋势，2010年后的协同度均超过0.5，2013年为最高，达到0.80022。浙江复合系统的协同度呈现出波动趋势，其中2013年表现为不协同。通过横向对比可以看出，江苏、浙江复合系统的协同度的变化趋势类似，都是呈现出波动态势，且2013年的协同度均为负数。上海复合系统协同度除了在2004年呈现出不协同外，其他各年均不断上升。

为了促进长三角地区的自主创新与利用侨（外）资的协同发展，本研究提出以下几点对策：

1. 长三角地区的企业、研究机构及大学与跨国公司的联合研发工作技术创新应以市场为导向。长三角地区的企业、研究机构、高等院校与跨国公司的合作应强化国际市场观念，能较快地追随国际先进技术，并融入到世界技术创新网络。通过合作，促进研发资源、设备、信息等共享，提高内资企业的自主创新能力。此外，跨国公司拥有先进的研发活动及网络的管理体系和模式。当长三角人员参与到跨国公司在本地的研发活动及管理时，必然会带动长三角地区产学研机构研发管理水平的提高。

2. 充分利用跨国公司的技术溢出效应，促进产业协同采取有效措施来提升长三角地区内资公司与跨国公司的产业关联，使之融入到跨国公司的产业链中，如鼓励长三角地区中小企业引进国外领先技术，积极承接跨国公司的原材料及零部件生产，不断跟上国外的技术水平。通过聘请的国外专家到长三角地区的中小企业工作，来提高他们的生产及管理水平。

3. 不断优化环境，为长三角地区自主创新与利用侨（外）资的协同发展提供完善的基础条件。尽快打破条块分割，建立长三角地区统一开放的市场体系，使技术市场、人才市场、金融市场、商品市场等能更好地服务于对外开放，为长三角地区自主创新与利用侨资的协同发展提供完善的基础条件。进一步提高政府的服务水平与效率，建立健全"一站式办公"和"电子政务工程"。加强城市规划，创造一个有吸引力的居住环境，居住环境和商业环境一样重要。切实解决跨国公司研发人员的生活配套服务问题，为外资研发工作的顺利进行提供必要的保障。

第五节 侨（外）资对创新驱动增长影响机制的理论分析

一、问题提出

随着经济全球化的日益深化，自主创新能力在国际竞争中的作用日益凸显。发展中国家希望通过吸引外商直接投资发挥其对自主创新能力的基础性作用，中国也先后实行了"以市场换技术"和"以竞争促技术"的引资战略来促进技术创新。作为主要的发展中国家之一，过去40年我国的侨资约占外资的60%—70%，因此，侨资的引入对促进我国经济增长起到至关重要的作用。"科技创新驱动侨（外）资促进经济增长"的思想，最早源于熊彼特提出的"创新思想"。20世纪60年代，学界开始关注侨（外）资的溢出效应。侨（外）资的流入会带来新的生产技术和组织管理经验，东道国企业可以通过学习、模仿等渠道提高自身的生产率（Swan，1973；Caves，1974）。随着侨（外）资流入额的增加及自主创新政策的实施，作为全球侨（外）资流入较多的发展中国家之一，侨（外）资的激增究竟是激发了中国的自主创新能力，还是造成了内资企业的过度依赖，致使自主创新能力被削弱？自主创新能力的提升是否对吸引侨（外）资产生影响？即侨（外）资和中国自主创新能力之间的相互关系愈来愈受到国内外学术界的关注。

二、侨（外）资影响创新驱动增长的机制

侨资企业是介于本土企业和纯外资企业之间的一种特殊企业形式，因此华侨华人投资一方面受本土资本的"挤出效应"影响，另一方面还受到来自纯外资的技术外溢效应影响。这两方面共同影响了侨资在促进国内经济发展过程中的作用发挥。侨资企业是在与本土企业和纯外资企业的竞争交锋中不断前行的，不仅拥有本土企业熟悉本国经济形势的优势，还拥有较为先进的管理模式、资源配置理念以及技术设备。这些优势均有利于侨资企业在激烈的市场竞争中砥砺前行。

本节围绕这两个方面，从侨（外）资影响创新驱动增长的竞争机制、人力资本累积机制、上下游辐射关联机制和同行业间的学习模仿机制这4种机制出发，探讨侨（外）资的引入快速促进东道国企业技术进步或生产率提升的内在动机。

（一）侨（外）资影响创新驱动增长的竞争机制

侨（外）资的持续流入打破了我国原有的市场结构，加剧了市场竞争，特别是对有垄断性质的行业有较大冲击，这在一定程度上消除了这些行业的垄断格局，促进了国内市场的公平竞争和技术进步。对生产性服务业而言，侨（外）资企业带来了较为高效的管理模式、较为成熟的生产经验以及较为先进的生产技术，这在很大程度上改变了本土企业原有使用资源的效率和方式，也在无形中使得同领域内的企业面临着严峻的竞争形势，强烈地刺激企业进行要素的重新组合及生产率的提升，进而提高企业的技术创新能力。

华侨华人投资还打破了原有的资源分配格局，使得资源竞争愈发激烈。对生产性服务业而言，侨（外）资企业会导致我国固有的资源格局重新分配，造成资金信贷、人力资本、原材料等成本价格的上涨。而在要素价格上涨和产品创新面临双重竞争的情况下，企业和国家的经济就必须通过提高技术创新水平才能在激烈的竞争格局中得以生存并取得良好的发展。

当侨（外）资企业向市场提供了更具附加值的产品时，本土企业在巨大的竞争压力下，为了在市场上站稳脚跟，就更有动力去关注消费者偏好，改善并提高其服务质量和管理水平，从而刺激我国企业不断改良技术、提高生产效率，并最终实现以创新拓宽生存空间的发展途径。为了吸引消费者必须加大研发力度，投资于学习过程。学习过程的投资越大，本土企业的技术能力就越强，便会获得溢出效应，以此提高整个生产性服务业的资源使用效率。在此过程中，侨（外）资

企业也势必会为进一步扩大技术差距、保持竞争实力而被迫引进新技术,从而又会引发新一轮的技术溢出,技术势差也会进一步扩大。因此,侨(外)资企业的知识溢出所引致的竞争激励是一种螺旋式推动机制。

当然,有关侨(外)资竞争激励的实证研究结论存在两面性,正向论观点认为侨(外)资进入的确为本土企业的发展创造了机会,对本土企业增加研发投资、引进先进技术以及提升技术创新能力等方面均有促进作用;而反向论观点则认为侨(外)资的进入可能将部分低效率的内资企业挤出市场,Aitkin和Harrison(1999)称这一效应为"市场窃取效应"。由此可见,侨(外)资技术溢出的竞争激励效果伴有许多不确定性,但对于提升企业效率、促进企业技术创新等方面的确具有重要作用。

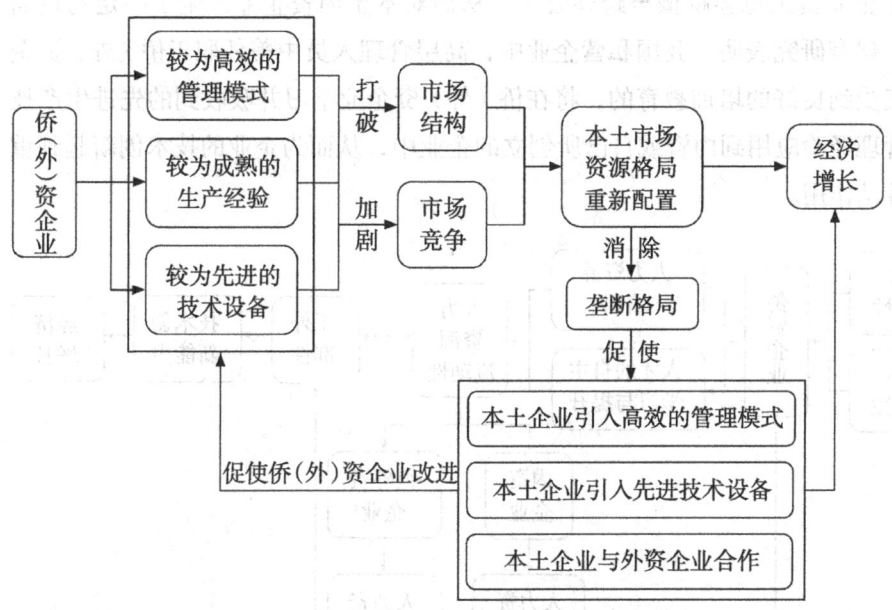

图4-2 侨(外)资影响创新驱动增长的竞争机制

(二)侨(外)资影响创新驱动增长的人力资本累积机制

随着侨(外)资规模的扩大,资本的逐利性和扩张性会对管理人员和科技人员有着更高的要求。侨(外)资企业会针对东道国的人力资源进行开发,针对可适用的潜在人员进行管理模式、生产流程、产品研发技术和销售体系等方面的综合能力培训。通过侨(外)资企业先进的培训体系、高效的培训模式,实现人力资源对管理模式、新产品、新工艺和新技术的快速认识,促进新厂商的本土化发展,进而优化资源配置。这种针对人力资源投资性的培训,产生了"正外部性",使得本土人员低成本、高效率的接触和学习新的管理模式和技术研发能力,进而有利于提高自身的技术创新能力。

近年来,经济全球化的飞速发展促使产品的生产方式发生了革命性的变化,许多外资企业的生产过程不仅局限于一国之内,而是各个环节被分散到不同的国家。这种竞争环境有利于资源得到更加优化的配置,特别是人力资源在侨资企业、本土企业和纯外资企业之间流动现象的发生。侨(外)资企业员工一旦跳槽到内资企业,就必然将侨(外)资企业先进的生产技术及管理经验传播至他们所受聘的企业,随着积累技能的逐渐外流,溢出效应随之发生。当然,侨(外)资企业为了抑制这类人员流动的知识溢出也大多采取了高薪聘用策略,这样,优秀的本土企业员工也会跳槽至跨国公司,从而对本土内资企业产生了一定的负面影响。现有研究表明,我国私营企业中,高层管理人员中曾任职于侨(外)资企业并接受到良好的培训教育的,将在侨(外)资企业学习并吸收到的先进生产技术、管理经验应用到内资或自己所创立的企业中,从而为企业的技术创新起到重要的推动作用。

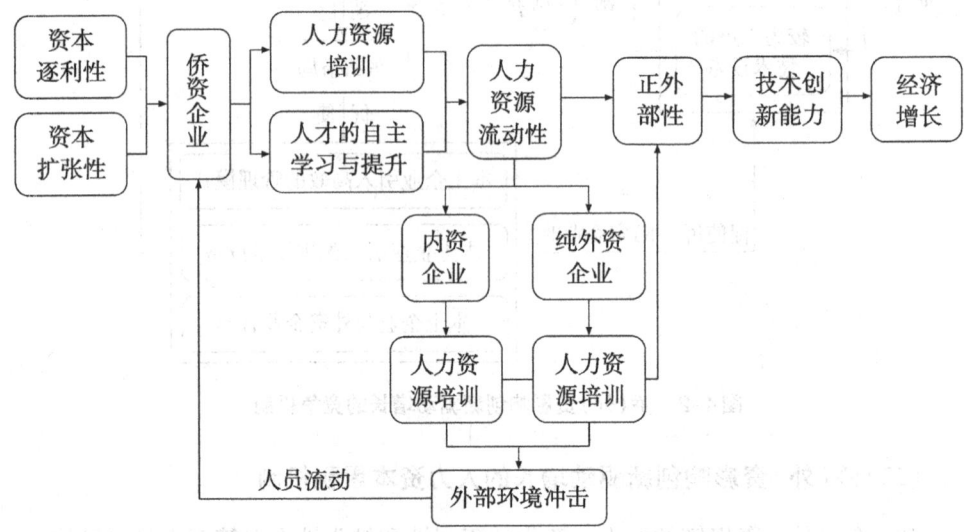

图4-3 侨资企业影响创新驱动增长的人力资本累积机制

侨(外)资公司对其雇员的培训是侨(外)资企业发生技术溢出的基础。随着全球化经济的深入发展,国际竞争愈发激烈,使得侨商对知识的需求越来越大,人员培训的重要性就越来越突出。越来越多的管理和技术人员到母公司或者同领域的公司进修学习，甚至自费出国进修。一旦这些训练有素或完成进修的管理人员或技术人员受雇于其他企业或自主创业，便可以实现人员培训的"正外部效应"，扩散的技术和管理经验由于人员的流动而得到加强，而人员的不断流动也迫使原来的服务业跨国企业进行更多的培训。

(三)侨(外)资影响创新驱动增长的上下游辐射关联机制

一般情况下，侨（外）资企业进入东道国市场会与当地的供应商、生产商以及客户群等发生一定的关联交易，本土企业便可借助业务网络从中学习到先进的生产、工艺以及管理知识。因此，侨（外）资企业基于当地产业链条的辐射关联也是侨（外）资溢出效应发挥的主要渠道。辐射关联又可细分为前向关联与后向关联。

前向关联是指侨（外）商与本土销售商等下游厂商所发生的关联关系。作为侨商产品的下游环节，本土企业可采购其高质量投入品，通过研究产品的内含技术与使用设备，改进自身生产工艺，推动生产技术升级。生产性服务业侨（外）资企业与国内代理商等下游厂商进行业务合作时，通常有着非常严格的要求，这就迫使国内厂商加大研发力度进行技术创新，改善生产工艺，提高产品标准，以迎合外商需求和增加自身利润。而反过来，为了能提高供应链的高效性，外国厂商通常会为下游厂家提供技术援助、信息咨询及人员培训等服务，这样就使得国内企业能够更好地消化吸收侨（外）商的先进技术，通过逆向学习，进而提高自身技术创新的能力。

后向关联是指侨（外）商与本地原材料、零部件供应商等上游厂商所发生的采购与服务关联关系。侨（外）商为确保产品生产质量，通常会在供货计划、生产技术、制作工艺等各流程方面对本土企业进行严格要求。外商的高标准、严要求会促进本土企业技术水平的提升。通常情况下，外资产品的技术越复杂、产业链条越长，由此所形成的产业关联度就越高，溢出效应也就越大。侨（外）商与上游厂商（即国内要素供应商）的关联。

通常，侨（外）商会利用技术专利、知识产权保护或者高工资等保护手段防止技术外溢的发生。但针对上游厂商，生产性服务业侨（外）资企业通常会采取截然不同的做法。首先，生产性服务业侨（外）资企业对国内上游供应商的高标准，要求上游厂家对生产系统进行升级改造，这就迫使其进行技术创新；同时随着中间投入品需求的扩大，会促使生产性服务业侨（外）资企业对有业务往来的上游厂商进行技术培训和指导，这样有助于上游厂商免费"搭便车"，接触到最核心的关键技术，更好地消化吸收侨（外）商技术，形成自己的技术体系，提高技术创新能力。

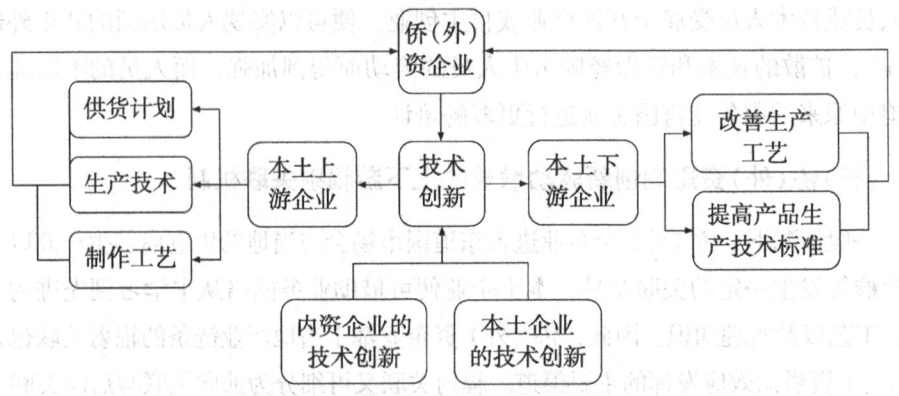

图4-4　侨(外)资影响创新驱动增长的上下游辐射关联机制

(四)侨(外)资影响创新驱动增长的学习模仿机制

模仿学习也是侨(外)资企业溢出效应发挥的重要渠道。侨(外)资的进入带来了先进技术和生产工艺，使其提升自身技术及生产力水平的同时降低对新技术应用的风险。除了生产技术，侨(外)资企业的管理经验、营销策略等非物化技术也会随着企业的运营而不断溢出，这也会为本土企业起到良好的示范作用。

一般情况下，模仿学习存在两条路径：直接模仿学习与逆向反推学习。其中，直接模仿学习是指就外资企业生产产品的外观、性能等特征进行直接模仿，通过"干中学""看中学"的途径学习外资企业生产技术，以促进本土企业进行技术创新。而逆向反推学习主要指以侨(外)资企业最终产品为出发点，逆推出产品的生产工艺、制作流程，剖析其内在隐含技术。这种反向学习方法也是知识溢出效应发挥的重要途径。

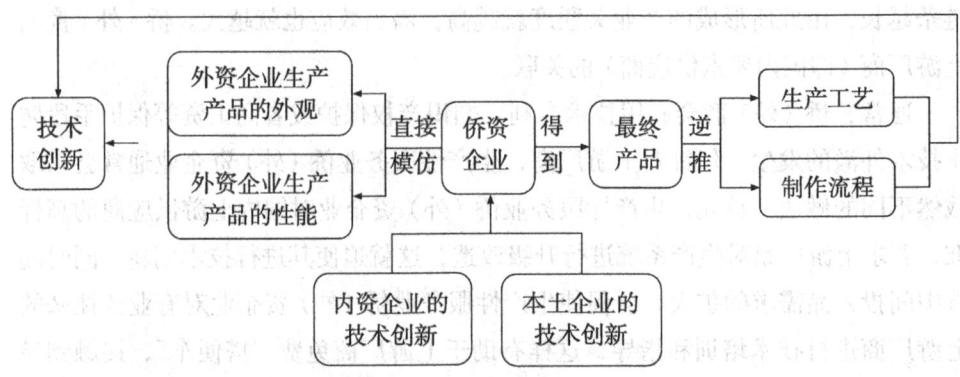

图4-5　侨资影响创新驱动增长的学习模仿机制

Arrow(1971)的研究指出技术扩散类似于传染病的传播,模仿者对原有技术的了解和研究越深入,示范—模仿效应就会越显著,就越有可能成为新技术的创新者。侨(外)资的流入改善了我国的资本质量,带来了先进的技术和管理经验,会产生竞争和示范效应,有力地提高了我国服务部门的创新能力和供给能力。Findlay(1978)指出东道国企业自身与跨国公司之间较大的技术差距,会促使东道国企业愈发积极主动地模仿和学习跨国公司的管理模式、生产流程、新产品及新技术,进而提高自己的技术水平。一方面,生产性服务业侨(外)资企业的入驻,带来了先进的管理模式和人才激励制度、高效的销售策略以及产品选择,使得东道国企业能以极低的成本进行消化吸收与再创新。如通过与跨国企业的业务合作和技术讨论,可以探悉到跨国企业为适应东道国市场环境而设计的新型经营模式和最新的产品技术研发动向。跨国企业作为成功的现实"模板",为东道国企业的发展提供了路径示范。另一方面,生产性服务业侨(外)资企业作为生产系统中的一个重要组成部分,其使用的技术和生产的产品一般要优于本土企业。侨(外)资企业产品的高技术含量和高利润特征通过示范效应,会刺激本土企业通过逆向的模仿和研究跨国企业的技术和产品,这就降低了本土企业采用新技术的市场风险以及减少了企业初期的研发投入,从而认识到这些技术创新的可行性,更加主动地进行模仿。

三、侨(外)资驱动增长的替代效应

(一)侨(外)资驱动增长的自我技术锁定

侨(外)资的进入为内资企业树立了技术创新标杆,企业在接受知识溢出的同时也易于陷入自我锁定的被动困局。单一的技术模仿学习及加工制造途径致使内资企业为节约R&D投资、缩减创新时间并快速获益而松懈研发努力,长此以往,企业的创新动力及消化吸收能力将会逐步衰减,对侨(外)资企业的技术依赖会使本土企业陷入"引进—落后—再引进"的怪圈,从而沦为侨资企业或纯外资企业的制造加工工厂。与此同时,侨(外)资企业将高端产品注入本土市场还会对其他本土产品产生冲击。这种在技术层面不对等的竞争机制不仅减弱了本土企业的技术创新动力,也降低了本土产品的市场竞争力。

(二)侨(外)资驱动增长的被动技术锁定

通常情况下,侨(外)资企业进入我国是为了追求广阔的市场空间或廉价的

生产要素，技术溢出绝非本意，侨（外）资企业会对其核心技术进行严格封锁以巩固技术垄断地位。其中，抑制技术溢出的手段主要有：第一，封锁高端与核心技术。技术转让虽为吸收侨（外）资技术溢出的主要途径，但转让的先进技术在发达国家大多已趋于淘汰，真正高端与核心技术基本被发达国家封锁。第二，"片段化"生产环节。侨（外）资企业通过业务外包模式将生产环节切分为不同的片段，技术便可被多个外包主体分散掌握，完整的技术被切割成了不同的黑箱，而高昂的交易费用使得各外包企业间只能"管中窥豹"。第三，独资化生产方式。一般情况下，侨（外）资企业会采取绝对控股的投资方式以减少在东道国的核心研发，关键性核心技术研发中心依然设立在母国，而东道国只从事些许辅助性的研发活动。第四，设置技术垄断。侨（外）资企业会设置一些技术标准等垄断障碍限制本土企业技术赶超。本土企业如使用其先进技术，必须支付高额专利费用。

四、小结

本节通过对侨（外）资影响创新驱动增长的机制进行梳理，在现有研究的基础上，通过理论分析指出，侨（外）资影响创新驱动增长的机制主要通过竞争机制、人力资本累积机制、上下游关联机制以及模仿学习机制来直接或间接作用于本土企业。同时侨（外）资驱动增长导致我国存在自我技术锁定和被动技术锁定的问题，这使得我国企业充分重视技术创新的作用，加大资金和人才投入，进一步提高我国自身的技术创新能力。

第六节　侨资影响创新驱动增长的模型构建和实证检验

一、问题提出

经济全球化的日益深化使得自主创新能力在国际竞争中的作用日益凸显。我国先后实行了"以市场换技术"和"以竞争促技术"的引资战略来促进技术创新。随着侨资流入额的增加及自主创新政策的实施，作为全球侨资流入较多的发展中国家之一，侨资的激增究竟是激发了中国的自主创新能力，还是造成了内资企业的过度依赖，致使自主创新能力被削弱？自主创新能力的提升是否对吸引侨资产生影响？即侨资和中国自主创新能力之间的相互关系愈来愈受到国内外学术界的关注。侨资企业是属于本土企业和纯外资企业之间的一种企业类型。由于发达国家先进技术的溢出效应,纯外资企业的技术较为领先,本土企业会试图利用纯外资企业的资源来提高自身企业的技术水平。侨资企业是介于本土企业和纯外资企业之间的特殊企业,主要是秉承家国情怀来传达希望祖国能不断富强的思想。为了吸引侨资,我国也需要制定差异政策来鼓励华侨华人投资。

二、研究设计

(一)研究假设

依据现有文献,侨资企业投资与纯外资企业投资的差异主要表现在以下4个方面:

(1)纯外资企业一般是进行生产性和创新性的短期投资,具有自由流动的性质,因此纯外资资本仅具有短期的资本累积效应。假定其对一国的资本累积无影响,而侨资具有家国情感的依附,一旦流入国内市场,资本就会在国内市场长期流动;短期内,对国内进行生产性投资和创新性投资的企业不仅包括本地企业和侨资企业,还包括纯外资企业,而长期条件下本地企业和侨资企业是生产性投资和创新性投资的主体企业,因此资本对最终产出或创新产出的短期贡献大于长期贡献。

(2)相对于纯外资企业,侨资企业对国内市场发展的情形较为熟悉,一般无需进行全面长期的市场调研,因此这里假定侨资企业投资的资本可以独立对国内技术创新能力提升有促进作用。但纯外资企业的资本不仅需要依附本土企业的市场调查状况,无法独立有效地对国内市场进行投资,而且纯外资资本对国内技术创新的投资仅具有短期投资效应。

(3)侨资的引入有利于打破国内市场结构,加剧市场竞争,使侨资企业向市场提供更具附加值的产品,以提升消费者的消费质量,因此金融发展程度越高,流入的侨资越多,消费者效用越高。

(4)在最终产品部门,短期内物质资本投资对经济增长的贡献大于人力资本投资对经济增长的贡献;长期条件下,人力资本投资的贡献大于物质资本投资的贡献。技术创新部门同理。

(二)模型构建

在第三节构建侨资影响资本驱动增长模型的基础上,为进一步探究侨资影响创新驱动增长的机制，本文将企业的"技术创新部门"引入第二节的新经济增长模型，并将侨资在最终产品部门、人力资本累积部门和技术创新部门之间进行配置，据此构建了含最终产品部门、中间产品部门、人力资本累积部门和技术创新部门的四部门经济增长模型。在该模型中，假定侨资总量和劳动力总数均保持不变，且移民家庭的消费均可在个人收入中列支，为提升资产的可延续性，单一代表性移民家庭仅将侨资用于投资，即通过生产性投资、教育投资以及技术创新投资的方式来提高家庭资本的累积水平，由此分别将侨资的投资份额设定为 γ_1、γ_2 和 γ_3，即 $\gamma_1+\gamma_2+\gamma_3=1$。

（1）最终产品部门

假设市场上存在 N 个完全竞争的同质企业，生产函数为柯布—道格拉斯形式，社会总生产函数为 $Y=K^{\theta}(AH)^{1-\theta}$。其中，$A$ 为生产效率参数；K 为总物质资本，其中包括本土企业、侨资企业和纯外资企业的投资资本，分别设定为 K_n、X 和 K_f；H 为人力资本；θ 衡量了物质资本投入对产出的贡献。

（2）中间产品部门

纯外资具有自由流动的不稳定性，因此其对国内资本的影响仅具有短期性，假定其对一国的资本累积仅有短期影响，而侨资具有家国情感的依附，一旦流入国内市场，资本就会在国内市场长期流动。因此，资本累积率 k 可以由移民家庭的个人收入水平 w 及其对教育的投资份额决定，还可以由华侨华人通过移民家庭对教育投资的份额、对创新投资的份额和消费水平 c 决定。单个移民家庭的资本累积方程为

$$\dot{K}=(1-e)Y-K_T-(\gamma_2/\tau_2+\gamma_3/\tau_2)X-C \qquad (4.10)$$

其中，e 为个人收入中用于教育投资的比例；γ_2 为侨资中用于教育投资的比例；τ_1 为金融发展程度；γ_2 为侨资中用于创新投资的比例；τ_2 为技术进步水平；C 为消费水平。若金融发展程度越高，那么国内发展教育等第三产业的成本就越小，华侨华人投资教育领域所产生的成本也会越小；若技术创新能力越强，那么国内开展创新活动成功的概率就越大，侨资投入创新过程中产生沉没成本的概率越小。总的来说，地区的金融发展和技术进步均有利于降低华侨华人投资所产生的成本，并提高家庭的资本累积水平。

（3）技术创新部门

相对于纯外资企业，侨资企业对国内市场发展的情形较为熟悉，一般无需进行全面长期的市场调研，因此这里假定侨资企业投资的资本可以独立对国内技术

创新能力提升有促进作用。但纯外资企业的资本不仅需要依附本土企业的市场调查状况，无法独立有效地对国内市场进行投资，而且对国内技术创新的投资仅具有短期投资效应。企业的技术创新生产函数为

$$\dot{A} = \varepsilon K_T^{\eta_1}(\gamma_3\tau_2 X)^{\eta_2} H_T^{\phi}(\frac{A^*}{A})^{\nu}, \tag{4.11}$$

其中，ε 为技术创新累积效率；K_T 为本土企业和纯外资企业对技术创新的投资；η_1 为本土企业和纯外资企业投资对技术创新的贡献；η_2 为侨资企业投资对技术创新的贡献；H_T 为参与技术创新的人力资本；ϕ 为参与技术创新的人力资本对创新活动的贡献；A^* 为纯外资企业所在国的技术创新水平；A^*/A 表示国内与纯外资企业所在国的技术差距水平；ν 技术差距对技术创新产出的贡献。

（4）教育部门

人力资本累积率 $\dot{H}$ 主要受教育投资水平（eY 和 $\gamma_2 X$）以及现有的人力资本 H 影响。用于教育投资的侨资能够提高人力资本的累积水平，但生产性投资是对产量利润的追求，与人力资本投资追求产品创新"红利"的目标存在本质差别，由此削弱了人们试图提高人力资本累积水平的积极性。人力资本累积方程为

$$\dot{H} = \zeta(eY)^{\delta_1}(\gamma_2\tau_1 X)^{\delta_2-\omega} H^{1-\delta_1-\delta_2}, \tag{4.12}$$

其中，ζ 为人力资本累积效率；δ_1 为个人收入中用于教育投资份额对人力资本累积的贡献；δ_2 为侨资中用于教育投资份额对人力资本累积的贡献；ω 为侨资对人力资本累积存在的抑制效应。

侨资的引入有利于打破国内市场结构，加剧市场竞争，使侨资企业向市场提供更具附加值的产品，以提高消费者的消费质量，因此金融发展程度越高，流入的侨资越多，消费者效用越高。假设经济由无限期生存的移民家庭构成，若消费者的瞬时效用与金融发展程度、消费数量以及相对风险厌恶系数有关，那么代表性家庭追求的无限时域上所有瞬时效用贴现值加总最大化方程为

$$\max\int_0^{\infty}(1+\gamma_2)\frac{C^{1-\sigma}-1}{1-\sigma}e^{-\rho t}\mathrm{d}t, \quad \sigma>0 。 \tag{4.13}$$

其中 σ 为相对风险厌恶系数；ρ 为主观时间偏好率。

整个规划在无限时域上，在最大化代表性家庭的所有瞬时效用的前提下，以中间产品累积率、技术创新累积率和人力资本累积率为约束，在此基础上通过控

制消费、侨资中用于教育投资的比例、侨资中用于创新投资的比例和个人收入中用于教育投资的比例，来探究侨资影响创新驱动增长的内在机制。整个规划可以表述成

$$\underset{C,\gamma_2,\gamma_3,e}{\text{Max}} \int_0^\infty (1+\gamma_2) \frac{C^{1-\sigma}-1}{1-\sigma} e^{-\rho t} \mathrm{d}t$$

$$\text{s.t.} \begin{cases} \dot{A} = \varepsilon K_T^{\eta_1} (\gamma_3 \tau_2 X)^{\eta_2} H_T^{\phi} \left(\dfrac{A^*}{A}\right)^{\nu} \\ \dot{K} = (1-e)Y - K_T - (\gamma_2/\tau_1 + \gamma_3/\tau_2)X - C \\ \dot{H} = \zeta (eY)^{\delta_1} (\gamma_2 \tau_1 X)^{\delta_2-\omega} H^{1-\delta_1-\delta_2} \\ Y = K^\theta (AH)^{1-\theta} \end{cases} \quad (4.14)$$

（三）模型求解与命题提出

为求解规划问题，定义现值Hamilton函数为

$$J = (1+\gamma_2) \frac{C^{1-\sigma}-1}{1-\sigma} + \lambda_1 \left[\varepsilon K_T^{\eta_1} (\gamma_3 \tau_2 X)^{\eta_2} H_T^{\phi} (A^*)^{\nu} (A)^{-\nu} \right]$$
$$+ \lambda_2 \left[(1-e) K^\theta (AH)^{1-\theta} - K_T - (\gamma_2/\tau_1 + \gamma_3/\tau_2)X - C \right]$$
$$+ \lambda_3 \left[\zeta (e K^\theta (AH)^{1-\theta})^{\delta_1} (\gamma_2 \tau_1 X)^{\delta_2-\omega} H^{1-\delta_1-\delta_2} \right]$$

依据Hamilton函数的一阶条件和欧拉方程，可得到以下等式。

$$C = \left(\frac{\lambda_2}{1+\gamma_2}\right)^\sigma, \quad (4.15)$$

$$\frac{C^{1-\sigma}-1}{1-\sigma} - \lambda_2 \frac{X}{\tau_1} + \lambda_3 \frac{(\delta_2-\omega)\dot{H}}{\gamma_2} = 0, \quad (4.16)$$

$$\lambda_1/\lambda_2 = \gamma_3 X / \tau_2 \eta_2 \dot{A}, \quad (4.17)$$

$$\lambda_2/\lambda_3 = \delta_1 \dot{H}/eY, \quad (4.18)$$

$$\rho + \nu \frac{\dot{A}}{A} - \frac{\lambda_2}{\lambda_1} \frac{(1-\theta)(1-e)Y}{A} - \frac{\lambda_3}{\lambda_1} \frac{(1-\theta)\delta_1 \dot{H}}{A} = 0, \quad (4.19)$$

$$\rho - \frac{(1-e)\theta Y}{K} - \frac{\lambda_3}{\lambda_2}\frac{\theta \delta_1 \dot{H}}{K} = 0, \tag{4.20}$$

$$\rho - \frac{\lambda_2}{\lambda_3}\frac{(1-\theta)(1-e)Y}{H} - \frac{(1-\theta)\delta_1 + (1-\delta_1-\delta_2)}{H}\dot{H} = 0. \tag{4.21}$$

假定资本的边际产量保持不变 $Y/K = y_k$，设侨资的边际产量为 $Y/X = y_x$，可以计算得到

$$g_Y = g_K = g_A = g_H = \frac{\theta}{\frac{1-\theta}{e}\delta_1 - \delta_1 + 1 - \delta_2} y_k, \tag{4.22}$$

$$y_x = \frac{Y}{X} = \left(\frac{1-\theta}{e}\delta_1 + \nu + 1 - \delta_1 - \delta_2\right)\frac{\gamma_3}{(1-\theta)\tau_2\eta_2}, \tag{4.23}$$

$$Y = \frac{\dfrac{(1+\gamma_2)X}{\tau_1} - \dfrac{(C^{1-\sigma}-1)}{(1-\sigma)C^{-\sigma}}}{(1+\gamma_2)(\delta_2-\omega)e}\delta_1\gamma_2, \tag{4.24}$$

$$X = \frac{\left[\dfrac{(1+\gamma_2)X}{\tau_1} - \dfrac{(C^{1-\sigma}-1)}{(1-\sigma)C^{-\sigma}}\right]\dfrac{(1-\theta)\delta_1\tau_2\eta_2\gamma_2}{(1+\gamma_2)(\delta_2-\omega)e}}{\left(\dfrac{1-\theta}{e}\delta_1 + \nu + 1 - \delta_1 - \delta_2\right)\gamma_3}, \tag{4.25}$$

本节从长短期角度，分别探究侨资对技术创新、经济增长的影响。假定在一般情形下，短期内物质资本对最终产出的贡献大于人力资本对最终产出的贡献，即 $\theta>1-\theta$。长期条件下，人力资本的贡献大于物质资本的贡献，即 $\theta<1-\theta$。同时，短期内，对国内进行生产性投资和创新性投资的企业不仅包括本地企业和侨资企业，还包括纯外资企业。而长期条件下本地企业和侨资企业是生产性投资和创新性投资的主体企业，因此资本对最终产出或创新产出的短期贡献大于长期贡献。

1. 侨资对创新、经济增长的影响

$$\frac{\partial g_Y}{\partial \delta_2} = \frac{\partial g_K}{\partial \delta_2} = \frac{\partial g_A}{\partial \delta_2} = \frac{\partial g_H}{\partial \delta_2} = \frac{\theta y_k}{\left(\frac{1-\theta}{e}\delta_1 - \delta_1 + 1 - \delta_2\right)^2} \quad (4.26)$$

$$\frac{\partial g_Y}{\partial \delta_1} = \frac{\partial g_K}{\partial \delta_1} = \frac{\partial g_A}{\partial \delta_1} = \frac{\partial g_H}{\partial \delta_1} = \frac{\theta y_k\left(1 - \frac{1-\theta}{e}\right)}{\left(\frac{1-\theta}{e}\delta_1 - \delta_1 + 1 - \delta_2\right)^2} \quad (4.27)$$

在均衡增长路径上，$\partial g_Y/\partial \delta_2 > 0$ 和 $\partial g_A/\partial \delta_2 > 0$ 恒成立，而 $\partial g_Y/\partial \delta_1 > 0$ 且 $\partial g_A/\partial \delta_1 > 0$ 成立的条件是 $\theta + e > 0$。这一结果意味着，侨资对教育产出的贡献越大，经济增长得越快，且创新成果也越多。但只有当资本对最终产出的贡献与收入投入教育的份额之和大于1，收入对教育产出的贡献越大，经济增长率和创新产出增长率才会越大。依据假设，从短期来看，资本对增长的贡献率 $\theta > 0.5$，且 $e > 0.5$。这两个条件均有利于经济的快速增长和创新水平的提升。据此，可以得到命题（1）。

命题（1）：侨资对教育产出的贡献越大，经济增长率则越高，创新产出增长率也越高。若资本对最终产出的贡献与教育投入占收入比重之和不满足"两者之和大于1"的条件，收入对教育产出的贡献越大，经济增长率和创新产出增长率则越低。

若全社会资本投入对增长的贡献较大，或收入的教育投入较多时，任一条件满足均能快速提升经济增长水平和创新水平。我国的创新成果正处于飞速发展阶段，创新水平的快速提高和经济的高质量增长仍需要大量物质资本的有效支撑。虽然我国已步入创新驱动经济增长的阶段，但大量资金的有效支持仍是实现经济水平和创新能力飞跃的重要前提。

在均衡增长路径上，由于 $\delta_1 + e + ev > \theta\delta_1 + (1+\delta_2)\delta_1 e$ 不一定恒成立，因此若技术差距对技术创新产出的贡献为负，那么可能产生侨资投入的边际产量为负的情况，即 $y_x < 0$。依据目前学界对前沿技术势差与创新产出关系的实证分析可以看出，技术势差对创新成果的推动作用具有不确定性，这取决于技术势差的大小与国内的技术创新水平。

$$\frac{\partial y_x}{\partial \delta_2} = \frac{-\gamma_3}{(1-\theta)\tau_2\eta_2} \quad (4.28)$$

$$\frac{\partial y_x}{\partial \gamma_3} = \left(\frac{1-\theta}{e}\delta_1 + v + 1 - \delta_1 - \delta_2\right)\frac{1}{(1-\theta)\tau_2\eta_2} \quad (4.29)$$

$$\frac{\partial y_x}{\partial \eta_2} = \left(\frac{1-\theta}{e}\delta_1 + v + 1 - \delta_1 - \delta_2\right)\frac{-\gamma_3}{(1-\theta)\tau_2\eta_2^2} \quad (4.30)$$

从参数对侨资的边际产量影响来看，$\partial y_x/\partial \delta_2 < 0$，$\partial y_x/\partial \gamma_3 > 0$，$\partial y_x/\partial \eta_2 > 0$，$\partial y_x/\partial \tau_2 > 0$。该结果意味着，侨资对教育产出的贡献越大，侨资投入的边际产量却越小；而侨资对创新活动的投入份额越大且贡献越大，技术创新能力越强，侨资的边际产量则越大。短期内，由于市场资源的稀缺性，开展创新活动所需资源需要在本地企业、侨资企业和纯外资企业之间进行配置，因此纯外资企业对创新活动的投资资本会"挤出"侨资资本，导致短期内侨资对创新活动的贡献减弱，侨资的单位产量也越小。但在长期条件下，创新资源只需在本地企业和侨资企业之间进行配置，由此使得侨资对创新活动的贡献增加，侨资的单位产量也随之增加。

命题（2）：侨资对教育产出的贡献越大，侨资的边际产量则越小；侨资对创新活动的投入份额越大且贡献越大，技术创新能力越强，侨资的边际产量则越大。且相较于短期条件，长期条件下，侨资对创新产出的贡献会更显著地影响侨资的边际产量。

而$\partial y_x/\partial \delta_1 > 0$成立的条件是$\theta + e < 1$，这意味着只有当资本对最终产出的贡献与收入投入教育的份额之和小于1时，才能实现收入对教育产出的贡献越大，侨资的边际产量越大。由假设可知，短期内，资本对最终产出的贡献$\theta > 0.5$，此时收入在教育领域的投入较小，其对侨资在教育领域投资的挤出效应较小，有利于侨资的边际产量的提高。长期条件下，收入在教育领域的投入可以较大，此时挤出效应也较大，因此收入对教育产出的贡献会较不显著地影响侨资的边际产量。

2. 侨资对创新、经济增长的长短期效应对比

从长期来看，对国内进行生产性投资的企业仅包括本地企业和侨资企业，且此时人力资本投资对最终产出的贡献$(1-\theta)$大于物质资本投资对最终产出的贡献(θ)，即$\theta_{long} < \theta_{short}$，$(1-\theta)_{long} > (1-\theta)_{short}$，$\delta_{1long} < \delta_{1short}$，且$\delta_{2long} < \delta_{2short}$。因此，

与短期相比，$g_{Ylong} < g_{Yshort}$ 且 $g_{Along} < g_{Ashort}$。

命题（3）：侨资对教育产出贡献的长期经济增长效应小于短期经济增长效应，侨资对教育产出贡献的长期创新效应小于短期创新效应。短期内，对国内进行生产性投资的企业不仅包括本地企业和侨资企业，还包括纯外资企业。从这一角度分析，短期内所产生的经济增长效应还包括了纯外资企业投资所产生的冲击。这一冲击加剧了侨资对教育投入的经济增长效应，同理纯外资企业的创新投资效应也会在短期内加剧侨资对教育投入的创新效应。

三、实证分析

通过均衡增长路径分析，上文得到侨资与技术创新、经济增长的两类关系。本节将利用现实值或经验值进行数值模拟来检验它们的合理性。

（一）数据来源

（1）物质资本对最终产出的贡献来源于国家统计局公布的1979—2017年按不变价格计算的资本形成总额增量与国内生产总值增量之比，反映了单位GDP增加值所产生的全社会资本形成总额增加值。[①]资本形成总额增量是以全社会固定资产投资为替代指标。全社会固定资产投资的统计起点发生了三次变化，分别是，1995—1996年，除房地产投资、农村集体投资、个人投资以外，投资统计的起点为5万元；自1997年起，除房地产投资、农村集体投资、个人投资外，投资统计起点由5万元提高到50万元；自2011年起，除房地产投资、农村个人投资外，固定资产投资的统计起点由50万元提高至500万元。固定资产投资等于原口径的城镇固定资产投资加上农村企事业组织的项目投资。

（2）个人收入中的教育投资占比，是指全国居民人均可支配收入与人均教育文化娱乐消费支出之比。但由于居民人均教育文化娱乐消费支出仅有2013—2017年数据，数据缺失的年份较多，如表4-9所示，因此本文采用全国教育经费来源占国内生产总值的比重作为替代指标。之所以采用这一替代指标是因为，首先，我国从1986年就开始实施九年义务教育制度，因此对于个体或家庭来说，其个人可支配收入投入教育的比例很少，很难进行有效统计，特别是20世纪八九十年代，相关统计部门也未对这方面开展统计活动。其次，我国的教育经费是由国

---

① 数据来自国家统计局的统计数据，网址 http://data.stats.gov.cn/search.htm。http://www.stats.gov.cn/tjsj/zxfb/201506/t20150603_1114905.html。

家财政性教育经费、民办学校中举办者投入经费、社会捐赠经费、事业收入和其他教育经费构成,能够有效反映我国对教育领域的整体重视程度,该比值也能较好地反映我国个人收入用于教育投资的比例。

表4-9 可支配收入用于教育投资的比例

年份	全国居民人均可支配收入(元)	人均教育文化娱乐消费支出(元)	占比	教育经费情况(万元)	国内生产总值(亿元)	占比
2013	18311	1398	7.63%	303647182	596962.86	5.09%
2014	20167	1536	7.62%	328064609	647181.68	5.07%
2015	21966	1723	7.84%	361291927	699109.44	5.17%
2016	23821	1915	8.04%	388883850	745632.4	5.21%
2017	25974	2086	8.03%	—	—	—

资料来源:http://data.stats.gov.cn/easyquery.htm?cn=C01。

(3) 收入用于教育投资对人力资本累积的贡献

收入的教育投资对人力资本累积的贡献,采用我国教育经费增长率与普通高等学校毕业生增长率的比重为替代指标。我国自1977年恢复高考以来,教育经费不仅被用于义务教育,还被投入普通高中教育、普通高等学校教育等。据2017年公开数据显示,一半以上的财政性教育经费被用于九年义务教育,还被用于普通高中、中等职业学校和普通高等学校的教育事业、基建、科研活动等,因此这里采用普通高等学校毕业生的数据。

(4) 单位资本的产量

单位资本的产量,采用资本形成总额与支出占国内生产总值的比重为替代指标,其中资本形成总额采用的是国家统计局公布的1979—2017年按不变价格计算得到的全社会固定资产投资。该指标能够反映全社会固定资产投资的边际产量,即固定资产的投资效率。

(5) 技术差距对创新产出的贡献

技术差距不仅对创新产出有促进作用,还有抑制作用。技术差距大且技术引进方学习能力强,学习的空间大,技术进步幅度就越大,创新产出就越多。技术差距大但技术引进方学习能力低,本地企业难以学习,引进技术可能出现空心化,就会抑制本地的技术进步。技术差距越小,本地企业越容易消化吸收引进技术，市场竞争激烈，技术升级速度越快，技术进步效应就会越明显。因此，假定技术差距对创新产出的贡献处在一个区间内，设定该区间为[-0.5, 0.5]。

（6）技术进步水平

技术进步水平的测算采用全要素生产率的核算方法，即随机前沿分析法（Stochastic Frontier Analysis，SFA）。基于卡尔多程式化事实，我国首先将中国的国民经济生产函数设定为柯布—道格拉斯形式随机前沿模型，具体为：

$$\ln Y_{it} = \beta_0 + \beta_1 \ln K_{it} + \beta_2 \ln L_{it} + \beta_3 t + (v_{it} - u_{it})$$
$$u_{it} = \{u_t \exp[\eta(t-T)]\} \sim iidN^+(\mu, \sigma_{it}^2) \quad (4.31)$$

式（4.31）中，K，L 分别表示物质资本和劳动力数量；系数 β_1，β_2，β_3 为待估参数；脚标 i 为样本标示；t 为样本观察期；T 为样本的基期年度；v_{it} 为随机干扰项，服从标准正态分布；u_{it} 为技术无效率项，且服从零点截断的半正态分布；μ 为非截断正态分布条件下的期望值；η 为技术效率水平的时变参数。LR单边似然比检验表明，允许参数 μ 和 η 自由取值较之对其施加0约束更具适宜性。为此，我们在下面的计算过程中允许 μ 和 η 自由取值。利用Frontier 4.1软件计算得出的上述模型具体估计结果如表4-10所示：

表4-10 中国经济生产函数模型的估计

变量	系数	估计值	统计量
截距	β_0	1.153***	7.028
$\ln K$	β_1	0.510***	22.515
$\ln L$	β_2	0.394***	19.401
t	β_3	0.023***	7.544
	σ^2	0.056***	15.855
	γ	0.963***	182.006
	μ	0.465***	6.269
	η	0.009***	2.986
Log似然函数值		344.495	
技术无效率不存在的LR检验		447.033***	

注：***表示在1%的显著性水平下通过了检验。

表4-10显示，模型的拟合效果极佳，所有参数的估计结果均在1%的高显著

性水平下通过了检验。同时，高达0.963的γ值显示出模型存在明显的复合结构，且技术无效率不存在的LR检验拒绝了原假设。这些均表明运用随机前沿模型要较之传统计量模型更为适合刻画中国的国民经济生产函数。基于上述估计结果，TFP可通过式（4.32）求得：

$$TFP_t = \exp(\beta_0 + \beta_3 t) \cdot TE_t \qquad (4.32)$$

式（4.32）中，$\exp(\beta_0 + \beta_3 t)$ 为t时期的前沿面技术水平，TE_t为t时期的技术效率。

（二）数值模拟

将相关参数的赋值代入式（4.28）、式（4.31）和式（4.32），由此得到图4-6、图4-7。

图4-6中，4条折线分别表示$\delta_2=0.2$、$\delta_2=0.5$、$\delta_2=0.8$以及实际GDP增长率这4种情形，且δ_2越大，经济均衡增长率越高，创新产出增长率也越高。与实际GDP增长率的波动水平对比，经济均衡增长率的行为差异包括以下几个方面。首先，1992—1999年，实际GDP增长率的波动幅度较大，由0.24增加到0.36，再逐渐减小到0.06，而经济均衡增长率的变化非常平稳；其次，2005—2008年，实际GDP增长率呈先上升后下降的趋势，而经济均衡增长率则呈现逐渐降低的趋势。从图中还可以看出，随着侨资的教育投资对人力资本累积的贡献不断增加，经济均衡增长率分别在2003年、2009年和2013年出现较大波动。

四、研究结论

本研究通过构建新的经济增长模型，采用均衡增长路径分析法探究了华侨华人投资影响创新驱动经济增长的路径并得到相关命题，随后运用模拟仿真法进行了实证分析。

实证结果显示：第一，侨资对教育产出的贡献越大，经济增长率则越高，创新产出增长率也越高。第二，侨资对教育产出的贡献越大，侨资的边际产量则越小；侨资对创新活动的投入份额越大且贡献越大，技术创新能力越强，侨资的边际产量则越大。且相较于短期条件，长期条件下，侨资对创新产出的贡献会更显著地影响侨资的边际产量。第三，侨资对教育产出贡献的长期经济增长效应小于短期经济增长效应，侨资对教育产出贡献的长期创新效应小于短期创新效应。

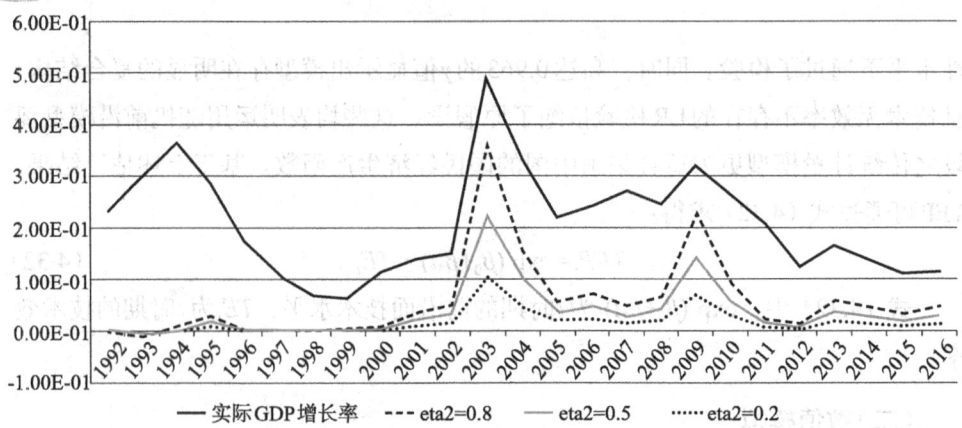

图4-6 对式(4.28)经济均衡增长率的模拟

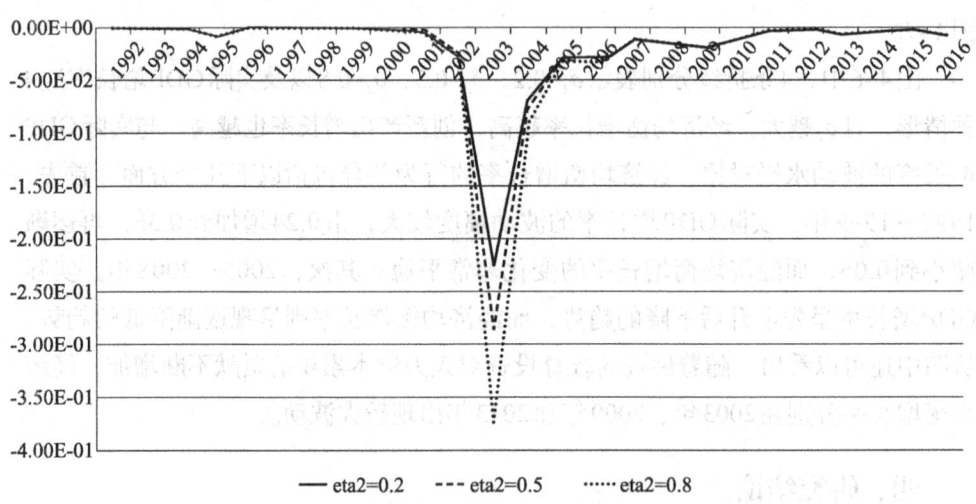

图4-7 对式(4.32)的模拟

(卢雨婷 林 勇)

参考文献

一、中文文献

[1] 蔡勇志. 福建推进21世纪海上丝绸之路核心区建设的实践与探索[M]. 福州：福建人民出版社，2017.

[2] 林勇. 海上丝绸之路上的闽商[M]. 广州：世界图书出版广东有限公司，2017.

[3] 林勇. 华侨华人与国际移民研究报告2015[M]. 北京：光明日报出版社，2016.

[4] 林勇. 海外华商资源与我国企业海外投资战略浅析[J]. 国际贸易问题，2004（2）.

[5] 林勇. 海外华商与国际侨汇研究报告2016[M]. 广州：世界图书出版广东有限公司，2016.

[6] 李鸿阶. 华侨华人经济新论[M]. 福州：福建人民出版社，2002.

[7] 林勇. 华侨华人与福建改革开放40年[M]. 广州：世界图书出版广东有限公司，2018.

[8] 许利平. "21世纪海上丝绸之路"与"全球海洋支点"对接研究——中国福建省、印度尼西亚调研报告[M]. 北京：中国社会科学出版社，2017.

[9] 李永全. "一带一路"建设发展报告（2016）[M]. 北京：社会科学文献出版社，2016.

[10] 张明，王永中. 海上丝绸之路调研报告[M]. 北京：中国社会科学出版社，2017.

[11] 孙锐. 海外华商与中国经济发展[M]. 北京：社会科学文献出版社，2018.

[12] 陈肖英. 从义乌市场透视全球化时代的海外华商网络[M]. 北京：中国社会科学出版社，2018.

[13] 蒙英华，黄建忠. 海外华商网络与中国对外贸易[M]. 北京：中国经济出版社，2015.

［14］龙登高. 跨越市场的障碍：海外华商在国家、制度与文化之间［M］. 北京：科学出版社，2007.

［15］龙登高，张洵君. 海外华商在中国（2014中国侨资企业发展报告）［M］. 北京：中华工商联合出版社，2014.

［16］王辉耀，苗绿. 海外华侨华人专业人士报告（2014）［M］. 北京：社会科学文献出版社，2014.

［17］王辉耀，康荣平. 世界华商发展报告（2017）［M］. 北京：中国华侨出版社，2017.

［18］刘宏. 海外华侨华人与中国的公共外交：政策机制、实证分析、全球比较［M］. 广州：暨南大学出版社，2015.

［19］朱东芹，胡越云，孙达. 多元视角下的海外华侨华人社会发展［M］. 北京：社会科学文献出版社，2018.

［20］张向前. "一带一路"倡议下海外华侨华人与中国企业"走出去"战略研究［M］. 北京：红旗出版社，2018.

［21］郑一省. 多重网络的渗透与扩张——海外华侨华人与闽粤侨乡互动关系研究［M］. 北京：世界知识出版社，2006.

［22］陈衍德. 闽南海外移民与华侨华人［M］. 福州：福建人民出版社，2007.

［23］福建师范大学自贸区综合研究院. 从福建自贸试验区到21世纪海上丝绸之路核心区［M］. 北京：北京大学出版社，2015.

［24］国家信息中心"一带一路"大数据中心. "一带一路"大数据报告（2017）［M］. 北京：商务印书馆，2017.

［25］刘伟，郭濂. "一带一路"：全球价值双环流下的区域互惠共赢［M］. 北京：北京大学出版社，2016.

［26］李其荣，陈志强，谭天星，等. 跨越与转型：国际商务视野下的华侨华人与华商［M］. 上海：复旦大学出版社，2015.

［27］贾益民，许培源. 21世纪海上丝绸之路研究［M］. 北京：社会科学文献出版社，2018.

［28］陈初昇，刘晓丹，衣长军. 海外华商网络、东道国制度环境对中国OFDI的影响——基于"一带一路"研究视角［J］. 福建师范大学学报，2017（1）.

［29］陈肖英. 海外华商网络空间结构新探——以义乌市场为切入点［J］. 华侨华人历史研究，2018（3）.

[30] 刘娇.世界华商发展报告：海外华商主导外商对华投资[J].中国外资，2017(5).

[31] 龙登高，丁萌萌，张洵君.海外华商今年投资中国的强势成长与深刻变化[J].华侨华人历史研究，2013(2).

[32] 林逢春，叶珊珊，叶晓慧.自由主义视野下侨务公共外交的动力机制探析——基于中国与海外华商的互动考察[J].攀登，2017(6).

[33] 毛华配，徐华炳.影响海外华商投资风险认知的因素分析——以温州籍华商样本为例[J].华侨华人历史研究，2013(2).

[34] 唐礼智，黄如良.海外华商网络分析及启示[J].宁夏社会科学，2007(5).

[35] 张禹东.海外华商网络的构成与特征[J].社会科学，2006(3).

[36] 刘权.经济全球化中的海外华商网络[J].东南亚研究，2005(2).

[37] 邓江年.海外华侨华人经济与"一带一路"建设的互动机制[J].华南师范大学学报，2016(3)

[38] 李鸿阶，廖萌.海外华侨华人参与"一带一路"建设研究[J].统一战线学研究，2018(3).

[39] 叶飞文.福建加快"海丝"核心区建设步伐[J].中国投资，2017(5).

[40] 黄端，林坚强，陈俊艺，等.以21世纪海丝核心区建设为主线加快福建各市开放型经济错位发展、协调发展[J].发展研究，2017(4).

[41] 康晓丽."一带一路"建设中提高福建对外开放水平研究——以福建海丝核心区建设与东南亚闽籍华人社团合作为例[J].厦门特区党校学报，2017(2).

[42] 张治中.欢迎华侨投资[J].华侨战线，1938(5).

[43] 董直.华侨投资与浙江建设[J].浙江省建设月刊，1933(4).

[44] 吴铁城.华侨对建设西南应有的认识和责任[J].西南实业通讯，1940(6).

[45] 张赛群.抗日战争期间华侨在国内投资分析[J].八桂侨刊，2008(4).

[46] 钟铁.论抗战时期华侨对西南后方的经济开发[J].华侨华人历史研究，1992(4).

[47] 周龙.抗战时期东南亚华侨在西南大后方的投资[J].贵州文史丛刊，2013(3).

[48] 曾瑞炎.华侨支援抗日根据地的事迹述略[J].西南师范大学学报，1987(2).

[49] 钟铁.抗战时期华侨在延安和重庆投资的比较[J].八桂侨史，1993(4).

[50] 陈安仁.华侨对于西南后方建设注意的要点[J].华侨先锋,1940(5).
[51] 陈高傭.开发西北与华侨[J].华侨周报,1933(23).
[52] 武菁.抗战时期的侨务政策与华侨的历史作用[J].安徽大学学报,2006(10).
[53] 陈国威.1924—1945年国民党海外部与侨务工作考论[J].华侨华人历史研究,2008(3).
[54] 任贵祥.抗日战争时期国民政府侨委会侨务工作述评[J].史学月刊,2016(1).
[55] 叶绍纯.从几种统计数目上来观察南洋华侨的苦况[J].南洋情报,1933(3).
[56] 林作梅.华侨之危厄及救济[J].新闻前锋,1931(1).
[57] 杨世海.加拿大第四批失业华侨被遣回国[J].南洋研究,1936(6).
[58] 浙江省中共党史学会.中国国民党历次会议宣言决议案汇编(第一分册)[C],杭州:浙江省中共党史学会,1980.
[59] 陈安仁.华侨对于西南后方建设注意的要点[J].华侨先锋,1940(5).
[60] 周勇.抗日战争研究视角、方法与途径的探讨——以大后方研究为例[J].抗日战争研究,2012(3).
[61] 中国社会科学院近代史研究所,中国第二历史档案馆.抗战时期西北开发档案史料选编[C].北京:中国社会科学出版社,2009.
[62] 唐润明.抗战时期大后方经济开发文献资料选编[C].重庆:重庆出版社,2012.
[63] 潘洵.论抗战大后方战略地位的形成于演变——兼论"抗战大后方"的内涵和外延[J].西南大学学报,2012(2).
[64] 政府鼓励工厂内迁,多种工业移往川省[N].大公报(香港版),1938-11-05.
[65] 中国第二历史档案馆.中华民国史档案资料汇编第五辑第二编财政经济(一)[C].南京:江苏古籍出版社,1997.
[66] 云南侨胞垦殖委员会工作概述[J].现代华侨月刊,1940(5).
[67] 任贵祥.华侨对祖国抗战经济的贡献[J].近代史研究,1987(5).
[68] 广西壮族自治区地方志编纂委员会.广西通志·侨务志[M].南宁:广西人民出版社,1994.
[69] 李拂一.南洋失业华侨与开发滇边[J].新亚细亚,1931(6).
[70] 中国第二历史档案馆.中华民国史档案资料汇编第五辑第二编政治(四)[C].

南京：凤凰出版社，1998.
[71] 方国瑜.中国西南历史地理考释[M].北京：中华书局，1987.
[72] 唐泽江.论大西南战略地位及其开发[M].成都：四川省社会科学院出版社，1986.
[73] 谢本书，冯祖贻.西南军阀史（第1卷）[M].贵阳：贵州人民出版社，1991.
[74] 陈红民.胡汉民、西南政权与广东实力派（1932—1936）[J].浙江大学学报，2007（1）.
[75] 张轲风.民国时期西南大区域区划演进研究[M].北京：人民出版社，2012.
[76] 中国人民银行上海市分行金融研究室.金城银行史料[C].上海：上海人民出版社，1983.
[77] 开发桂省金矿[J].湖南省银行半月刊，1941（6）.
[78] 唐凌.论抗战时期西南矿业生产布局的形成[J].玉林师专学报，1994（2）.
[79] 万东升.抗战时期广西难民群体构成管窥[J].广西地方志，2010（2）.
[80] 中国第二历史档案馆.中华民国史档案资料汇编第五辑第一编财政经济（五）[C].南京：江苏古籍出版社，1994.
[81] 华西垦殖公司在菲招股，侨胞认股踊跃[N].大公报（香港版），1939-10-24.
[82] 陈守明视察西南将投资开发实业[J].华侨先锋，1939（9）.
[83] 国大代表黄寄生离桂时谈话：国内民气振奋充满乐观信念，深信海外侨胞必能追随奋斗[N].大公报（香港版），1941-02-03.
[84] 重庆市档案馆，重庆师范大学.中国战时首都档案文献·战时工业[C].重庆：重庆出版社，2014.
[85] 中国第二历史档案馆.中华民国史档案资料汇编第五辑第二编财政经济（六）[C].南京：江苏古籍出版社，1997.
[86] 翁善甫.华侨回国投资应有的准备[J].华侨半月刊，1932（4）.
[87] 李昌庆.冲破开发的困难[N].大公报（香港版），1939-12-28.
[88] 潘文安.华侨投资与国货工业[N].大公报（香港版），1940-11-24.
[89] 朱德莉.国民政府要员的西北经济开发主张及启示意义[J].党史文苑，2015（6）.
[90] 徐旭.西北建设论[M].上海：中华书局，1944.
[91] 黄吉宸.开发西北与抗日救国：上月在侨务委员会纪念周演讲[J].华侨半月刊，1932（1）.

[92] 陈树人. 西北与华侨[J]. 西北问题研究会会刊, 1934(1).
[93] 何挺杰. 欢迎侨胞向西北投资去[J]. 海外月刊, 1934(16).
[94] 韶倦. 怎样去奖励华侨投资[J]. 西北春秋, 1934(17).
[95] 张继. 希望归侨投资西北[J]. 华侨半月刊, 1935(68).
[96] 吉鸿昌. 劝告两粤同志南洋侨胞兴办西北实业文[J]. 华侨周报, 1933(23).
[97] 林鸿滨. 国民政府应如何救济南洋华侨[J]. 华侨周报, 1932(4).
[98] 萧吉珊. 行政院通过救济失业华侨办法[J]. 时事月报, 1933(4).
[99] 蒋展民. 从侨垦计划说到利用侨资与复兴农村[J]. 侨务月报, 1935(2).
[100] 体仁. 海外代表将赴西北考察[J]. 侨务月报, 1935(4).
[101] 陈孟瑜. 西北考察旅途杂记[J]. 华侨半月刊, 1933(31).
[102] 海外代表分别出国[N]. 申报, 1935-02-14.
[103] 林鹏侠. 西北行[M]. 王福成点校, 兰州: 甘肃人民出版社, 2002.
[104] 马敏, 洪振强. 民国时期国货展览会研究: 1910—1930[J]. 华中师范大学学报, 2009(4).
[105] 韶倦. 华侨与开发西北[J]. 西北春秋, 1934(16).
[106] 萧吉珊. 华侨陈振奎拟住西北办实业[J]. 时事月报, 1934(6).
[107] 戴一峰, 宋平. 福建侨乡研究的回顾与前瞻[J]. 华侨华人历史研究, 1998(1).
[108] 潮龙起, 邓玉柱. 广东侨乡研究三十年: 1978—2008[J]. 华侨华人历史研究, 2009(2).
[109] 蒋婉. 广西侨乡研究的回顾与思考[J]. 八桂侨刊, 2009(2).
[110] 徐文永. 青田华侨华人与侨乡研究综述[J]. 丽水学院学报, 2011(6).
[111] 石坚平. 近年来广东侨乡研究述评[J]. 五邑大学学报, 2012(2).
[112] 张应龙. 输入与输出: 广东侨乡文化特征散论——以五邑与潮汕侨乡建筑文化为中心[J]. 华侨华人历史研究, 2006(3).
[113] 郑德华. 关于"侨乡"概念及其研究的再探讨[J]. 学术研究, 2009(2).
[114] 张恒艳, 庄国土. 侨乡研究的知识积累和现代资料体系建设[J]. 华侨大学学报, 2016(1).
[115] 夏翠君. 地方建构视角下的青天侨乡——幸村之民居景观研究[J]. 华侨华人历史研究, 2016(4)
[116] 段颖. 作为方法的侨乡——区域生态、跨国流动与地方感知[J]. 华侨华人

历史研究，2017(1).

[117] 陈凤兰.华侨村官与侨乡社会治理资源的跨国动员——以福建省明溪县为例[J].华侨华人历史研究，2017(1).

[118] 林金枝.近代华侨投资国内企业的几个问题[J].近代史研究，1980(1).

[119] 林金枝.近代华侨在福建的投资及其作用[J].福建论坛，1982(1).

[120] 林金枝.近代华侨投资企业的历史及其特点[J].中国社会经济史研究，1983(3).

[121] 林金枝.1875—1949年华侨在厦门的投资及其作用[J].厦门大学学报，1987(4).

[122] 林金枝.两次世界大战期间东南亚华侨汇款及其作用[J].近代史研究，1988(3).

[123] 张莉.近代华侨投资与东南沿海地区的社会经济变迁——以闽南地区为中心[J].重庆工商大学学报，2010(4).

[124] 胡乐伟.近代梅州侨资房地产业与三级商业体系[J].五邑大学学报，2013(3).

[125] 胡乐伟.近代汕头的侨资房地产业及其对城市发展的影响[J].汕头大学学报，2014(1).

[126] 贺金林.20世纪三四十年代华侨在广西的投资与侨乡发展[J].八桂侨刊，2016(3).

[127] 林金枝，庄为玑.近代华侨投资国内企业史资料选辑(广东卷)[C].福州：福建人民出版社，1989.

[128] 林金枝，庄为玑.近代华侨投资国内企业史资料选辑(福建卷)[C].福州：福建人民出版社，1985.

[129] 福建省档案馆.福建华侨档案史料[C].北京：档案出版社，1990.

[130] 林金枝.近代华侨投资国内企业史资料选辑(上海卷)[C].厦门：厦门大学出版社，1994.

[131] 耿素丽.民国华侨史料汇编[C].北京：国家图书馆出版社，2011.

[132] 福建省图书馆.民国时期福建华侨史料汇编[C].北京：国家图书馆出版社，2016.

[133] 贺金林.抗战期间华侨与国内的垦殖事业[J].抗日战争研究，2010(1).

[134] 吴元.近代华侨在闽投资分析——以农林渔牧产业为中心[J].八桂侨刊，

2018(2).

[135] 吴建新. 华侨与近代广东农垦事业[J]. 学术研究, 1987(5).

[136] 肖文燕. 华侨与近代侨乡农业变迁——广东省梅县个案研究[J]. 东南亚研究, 2007(2).

[137] 肖仁龙. 民国时期广东侨资垦殖问题研究(1939—1949)[D]. 暨南大学硕士学位论文, 2008.

[138] [日]成田节男. 华侨史[M]. 东京萤学书院, 1941.

[139] 振道. 香港闽侨组组建设公司[J]. 闽政月刊, 1940(3).

[140] 振道. 侨领陈嘉庚氏返闽慰问[J]. 闽政月刊, 1940(3).

[141] 屈若搴. 三门湾辟埠之港湾经济的检讨[J]. 中国实业, 1935(9).

[142] 高寒梅. 论华侨投资屯垦三门湾[N]. 上海报, 1935-01-11.

[143] 萧吉珊. 华侨拟投资屯垦三门湾[J]. 时事月报, 1935(2).

[144] 赵镜元. 浙江省亟应开辟的一个港埠——三门湾[J]. 浙江青年, 1935(6).

[145] 姚树洁, 韦开蕾. 中国经济增长、外商直接投资和出口贸易的互动实证分析[J]. 经济学(季刊), 2007(1).

[146] 姚树洁, 冯根福, 韦开蕾. 外商直接投资和经济增长的关系研究[J]. 经济研究, 2006(12).

[147] 江永亮. 利用海外华商投资问题的研究[J]. 发展研究, 2002(4).

[148] 刘志中. 中国服务业利用侨资的就业效应研究[J]. 技术经济与管理研究, 2011(1).

[149] 林晓东. 试论华侨华人和港澳同胞对祖国大陆的投资及其法律保护[J]. 华侨华人历史研究, 2000(2).

[150] 林金枝. 外商在中国大陆的投资现状及其今后发展趋势[J]. 华侨与华人, 1992(2).

[151] 崔晨. 香港、东南亚华人企业集团的海外事业扩展[J]. 南洋资料译丛, 2005(4).

[152] 郑学益. 商战之魂——东南亚华人企业集团探徽[M]. 北京: 北京大学出版社, 1997.

[153] 梁云, 郑亚琴. FDI、技术创新与全要素生产率——基于省际面板数据的实证分析[J]. 经济问题探索, 2015(9).

[154] 徐毅, 张二震. FDI、外包与技术创新:基于投入产出表数据的经验研究[J].

世界经济,2008(9).

[155] 叶娇,王佳林.FDI对本土技术创新的影响研究——基于江苏省面板数据的实证[J].国际贸易问题,2014(1).

[156] 牛泽东,张倩肖.FDI创新溢出与门槛效应——基于非线性面板平滑转换回归模型的分析[J].产业经济研究,2011(6).

[157] 孔群喜,彭骥鸣,孙苏阳.FDI与东道国企业的能源效率——以江苏高新技术企业为例[J].产业经济研究,2011(5).

[158] 郑义,徐康宁.外资特征与技术创新——基于中国省际数据分析[J].管理科学,2011(5).

[159] 沈坤荣,耿强.外国直接投资、技术外溢与内生经济增长——中国数据的计量检验与实证分析[J].中国社会科学,2001(5).

[160] 郭克莎.加快我国经济增长方式的转变[J].管理世界,1995(5).

[161] 金宏平,周晓博,张俏有.合资型FDI、独资型FDI与中国经济增长——基于省际面板数据的实际分析[J].当代经济科学,2016(3).

[162] 陈继勇,盛杨怿.外商直接投资的知识溢出与中国区域经济增长[J].经济研究,2008(12).

[163] 于津平,许小雨.长三角经济增长方式与外资利用效应研究[J].国际贸易问题,2011(1).

[164] [日]小岛清.对外贸易论[M].周宝廉译,天津:南开大学出版社,1987.

[165] 黄传荣、陈丽珍.自主创新与利用FDI的关系研究现状与展望[J].湖南社会科学,2013(1).

[166] [美]H·哈肯.协同学——自然成功的奥秘[M].戴鸣钟译,上海:上海科学普及出版社,1988.

[167] 曾健、张一方.社会协同学[M].北京:科学出版社,2000.

[168] 徐浩鸣,徐建中,康姝丽.中国国有医药制造产业组织系统协同度模型及实证分析[J].中国科技论坛,2003(1).

[169] 季玉群,黄鹍.旅游业系统经济——文化特性协同关系研究[J].科研管理,2005(1).

[170] 陶长琪、陈文华、林龙辉.我国产业组织演变协同度的实证分析[J].管理世界,2007(12).

[171] 刘志迎,谭敏.纵向视角下中国技术转移系统演变的协同度研究[J].科学

学研究，2012(4).

[172] 孙鹏，罗新星. 区域现代物流服务业与制造业发展的协同度评价[J]. 系统工程，2012(7).

[173] 王宏起，徐玉莲. 科技创新与科技金融协同度模型及其应用研究[J]. 中国软科学，2012(6).

[174] 孙冰. 企业自主创新动力系统的协同论解释[J]. 商业经济与管理，2008(4).

[175] 张国华，张二震. 开放条件下的昆山自主创新之路[M]. 北京：人民出版社，2007.

[176] 陈国宏. 我国工业利用外资与技术进步关系研究[M]. 北京：经济科学出版社，2000.

二、英文文献

[1] Y. A. Akinpelu, O. J. Ogunbi, O. T. Bada. Effects of Remittance Inflows on Economic Growth of Nigeria[J]. Developing Country Studies, 2013(3): 113-122.

[2] D. McKenzie, H. Rapoport. Can Migration Reduce Educational Attainment? Evidence from Mexico[J]. Journal of Population Economics, 2011(4): 1331-1358.

[3] B. O. Oke, O. M. Uadiale, O. P. Okpala, Impact of Workers' Remittances on Financial Development[J]. International Business Research, 2011(4): 218-225.

[4] IMF (International Monetary Fund). Balance of Payments Manual (6th ed)[M]. Washington D C: IMF, 2010.

[5] Stark O, Helmenstein C, Prskawetz A. A Brain Gain with a Brain Drain[J]. Economics Letters, 1997(2): 227-234.

[6] Stark O, Byra L. A Back-door Brain Drain[J]. Economics Letters, 2012(3): 273-276.

[7] Yao S. Economic Development and Poverty Reduction in China over 20 Years of Reforms[J]. Economic Development and Cultural Change, 2000(3): 447-474.

[8] Yao S, Zhang Z. On Regional Inequality and Diverging Clubs: A Case Study of Contemporary China[J]. Journal of Comparative Economics, 2001(29): 14-29.

[9] Groves T, Hong Y, McMilla J, Naughton B. Autonomy and Incentives in Chinese State Enterprises[J]. The Quarterly Journal of Economics, 1994(1): 183-209.

[10] Hay D, Morris D, Liu S, Yao S. Economic Reform and State-owned Enterprises in China 1979—1987[M]. Oxford: Oxford University Press, 1994.

[11] Chen C, Chang L, Zhang Y. The Role of Foreign Direct Investment in China's Post1978 Economic Development[J]. World Development, 1995(4): 691-703.

[12] Mundell R A. International Trade and Factor Mobility[A]. International Trade: Selected Readings (second edition)[C], The MIT Press, 1987: 21-36.

[13] Dunning, J. H. Reappraising the Eclectic Paradigm in An Age of Alliance Capitalism[J]. Journal of International Business Studies, 1995(3): 461-474.

[14] Abramovsky L, Harrison R, Simopson H. University Research and the Location of Business R&D[J]. The Economic Journal, 2007(519): 114-141.

[15] Teece D J. Reflections Onprofiting from Innovation[J]. Research Policy, 2006(8): 1131-1146.

[16] Rainey D V, Mcnamara K T. Taxes and the Location Decision of Manufacturing Establishments[J]. Review of Agricultural Economics, 1999(1): 86-98.

[17] Mai P H. Regional Economic Development and Foreign Direct Investment Flows in Vietnam, 1988—1998[J]. Journal of the Asia Pacific Economy, 2002(2): 182-202.

[18] Wassmer R W, Anderson J E. Bidding for Business: New Evidence on the Effect of Locally Offered Economic Development Incentives in a Metropolitan Area[J]. Economic Development Quarterly, 2001(2): 132-148.

[19] Haddad E A, HEWINGS G J D. The Short-run Regional Effects of New Investments and Technological Upgrade in the Brazilian Automobile Industry: An Interregional Computable General Equilibrium Analysis[J]. Oxford Development Studies, 1999(3): 359-383.

[20] Schalk H J, Untiedt G. Regional Investment Incentives in Germany: Impacts on Factor Demand and Growth[J]. The Annals of Regional Science, 2000(2): 173-195.

[21] Axarloglou K. What Attracts Foreign Direct Investment Inflows in the United

States[J]. The International Trade Journal, 2005(3): 285-308.

[22] Bartik T J. Solving the Problems of Economic Development Incentives[J]. Growth and Change, 2005(2): 139-166.

[23] Killian S. Where's the Harm in Tax Competition? Lessons from US Multinationals in Ireland[J]. Critical Perspectives on Accounting, 2006(8): 1067-1087.

[24] Fröbel F, Heinrichs J, Kreye O. The New International Division of Labour[M]. Cambridge Books, 1981.

[25] Etzkowitz H, Leydesdorff L A. Universities and the Global Knowledge Economy: A Triple Helix of University-Industry-Government Relations[M]. London: Cassell Academic, 1997.

[26] Dahlander L, Wallin M W. A Man on the Inside: Unlocking Communities as Complementary Assets[J]. Research Policy, 2006(8): 1243-1259.

[27] Krugman P. Good News from Ireland: A Geographical Perspective[A]// International Perspectives on the Irish Economy[C]. Dublin: Indecon, 1997: 38-53.

[28] O'malle E, O'gorman C. Competitive Advantage in the Irish Indigenous Software Industry and the Role of Inward Foreign Direct Investment[J]. European Planning Studies, 2001(3): 303-321.

[29] Egeraat C, Jacobson D. The Rise and Demise of the Irish and Scottish Computer Hardware Industry[J]. European Planning Studies, 2004(6): 809-834.

[30] Bayliss D. Dublin's Digital Hubris: Lessons from an Attempt to Develop a Creative Industrial Cluster[J]. European Planning Studies, 2007(9): 1261-1271.

[31] Barrio S, Gorg H, Strobl E. Foreign Direct Investment, Competition and Industrial Development in the Host Country[J]. European Economic Review, 2005(49): 1761-1784.

[32] Venables A. Equilibrium Locations of Vertically Linked Industries[J]. International Economic Review, 1996(2): 341-359.

[33] Glass A J, Saggi K. International Technology Transfer and the Technology Gap [J]. Journal of Development Economics, 1998(55): 369-398.

[34] Dunning J. Multinational Enterprises and the Global Economy[M]. Reading, MA: Addison Wesley, 1993.

[35] Brainard L, A Simple Theory of Multinational Corporations and Trade with a Trade-off between Proximity and Concentration[J]. NBER Working Paper, 1993(4269).

[36] Romer P M. Increasing Return and Long Run Growth[J]. Journal of Political Economy, 1986(5): 1002-1037.

[37] Romer P M. Growth Based on Increasing Returns Due to Specialization[J]. American Economic Review(papers and proceedings), 1987(77): 56-62.

[38] Grossman G, Helpman E. Innovation and Growth in the Global Economy[M]. Cambridge, MA: The MIT Press, 1995.

[39] Ullah, AKM A. Rationalizing Migration Decisions: Labour Migrants in South and South-East Asia[M]. Aldershot: Ashgate, 2010.

[40] Mamun, K. A. & H. K. Nath. Workers' Migration and Remittances in Bangladesh[J]. Journal of Business Strategies, 2010(27): 29-52.

[41] Cox Edwards, A., and Ureta, M. International Migration, Remittances, and Schooling: Evidence from El Salvador[J]. Journal of Development Economics, 2003(72): 429-461.

[42] Gupta D, Gerchak Y. Quantifying Operational Synergies in a Merger[J]. Acquisition Management Science, 2002(4): 517-533.

[43] Fandel G, Mohn B. Measuring Synergy Effects of a Public Social Private Partnership (PSPP) Project[J]. International Journal of Product Economics, 2012(2): 815-824.